U0672713

雲山不遠

云山不远处

李钢◎著

浙江大学出版社
ZHEJIANG UNIVERSITY PRESS

图书在版编目(CIP)数据

云山不远处/ 李钢著.—杭州:浙江大学出版社,
2018.6

ISBN 978-7-308-18145-7

Ⅰ.①云… Ⅱ.①李… Ⅲ.①中华文化—文集
Ⅳ.①K203-53

中国版本图书馆 CIP 数据核字(2018)第 075681 号

云山不远处

李 钢 著

责任编辑	胡 畔(llpp_lp@163.com)
责任校对	宋旭华
封面设计	杭州林智广告有限公司
出版发行	浙江大学出版社
	(杭州市天目山路 148 号 邮政编码 310007)
	(网址:http://www.zjupress.com)
排 版	杭州林智广告有限公司
印 刷	杭州钱江彩色印务有限公司
开 本	710mm×1000mm 1/16
印 张	20
字 数	320 千
版 印 次	2018 年 6 月第 1 版 2018 年 6 月第 1 次印刷
书 号	ISBN 978-7-308-18145-7
定 价	48.00 元

版权所有 翻印必究 印装差错 负责调换

浙江大学出版社发行中心邮购电话:(0571) 88925591;http://zjdxcbs.tmall.com

序言

　　"云山苍苍,江水泱泱。"作者李钢君以书名《云山不远处》把他的文稿汇成一本书出版,一般人总以为是一本"论文集",为纪念,也把毕生文字成果汇在一起。读起来往往乏味,其实这是一本非常接地气的、有情有义、有文采的文字的汇总。书中的主体内容是讲"传统墓葬"这个课题,它讲了《名人墓——杭州人文历史的印迹》,讲了《〈礼记〉与民俗及殡葬文化》,讲了《艺术精湛的陵墓建筑》,讲了《守望民族终极生命的精神净土》,讲了《现代殡葬与传统风水学》,讲了《墓园文化的作用、地位及其价值》,讲了《现代殡葬服务策划与市场营销》,又以"风骨郁越"为辑名,专述了《清明时节盼君还——女排名将陈招娣将军逝世一周年纪念活动纪实》《让历史成为我们前行的动力——记浙江安贤生命博物馆抗战胜利七十周年纪念活动》。

　　李钢君在上列文稿中,可以说是全面地论述了我国的殡葬文化,从历史、现实及现代策划与市场营销等方方面面叙述了这个课题。我搞历史教学与研究 60 多年,阅读此书是很好的学习机会,长了知识,懂了这个领域,又从情义上了解了杭州历史人物。李钢君的文章让我们读之有滋有味又辛辣。"殡葬这一行为是人类最具历史、最具人性本质、最具民族特性的一种文化现象,它充分反映了人类社会对生命本性的理解,揭示了人类自身心理活动的内在形式,也是人类社会文化心理终极释放的一种表象。""殊不知殡葬行业具有文化传承、社会规范、道德指向、生活形态和精神价值的综合属性,涵盖哲学意义、民族特性和社会导向。"这里讲的是本书的一个特色,也是读者读起来非常有趣的地方。

书中的另一个特色是,在"艺韵流芳"辑中叙述与歌颂了一批艺术家。第一位提及的是潘韵,"潘韵先生在1957年因大胆谏言而被错划为右派后的数十年间,面对社会的巨大压力和内心无比的痛苦,在困惑之中用画笔来表达自己的思想,曾多次反复创作了以'风雨归舟'为题的杰作。从前期的嫉愤和茫然的心态表露,到中期的不屈和抗争的铮铮铁骨,再到后期的面对山摇地动,我心平淡安然的无欲境界,我们不难感受到潘韵先生的率真已渐入大象。"第二位提及的是潘飞轮,"用笔着色从简入繁到由繁入简,并以偏师独出的雄豪魄力,开创了简笔山水的文人画品格高雅、意韵宏远的艺术格局,在当今画坛众多大家中异军突起,成为潘天寿弟子中的佼佼者……潘飞轮先生却偏偏以一颗顽愚之心,坚守在这条艰辛的险径上,成为为数不多的继承和发展潘天寿艺术的苦行者。潘飞轮的山水画从书法入画着手,飞跃到画入金石的诗书画印的完美融合"。第三位提及者是吴昌硕,李钢君用"梅花忆我我忆梅"为题,写诸乐三拜师吴昌硕,用了"吴昌硕育人传艺之道""吴昌硕关爱后辈之情""吴昌硕对近代画坛的影响""吴昌硕艺术思想对今天的影响"四个部分,叙述了吴昌硕,尤其是最后一段文字:"吴昌硕的艺术探索道路是文化人在书画艺术方面的一场革命性变革,也是中国文化人面对市场时对心灵的自我诉求。吴昌硕不但影响和引导了民族艺术在近现代的发展走向,在今天仍然具有深刻的精神内涵和现实的指导意义。吴昌硕先生坚持继承民族优秀的文化传统,打好坚实的功底方有成就的艺术思想,对青年学子具有非常重要的指导价值。吴昌硕先生注重艺术来源于生活,观察生活、品味生活、提炼生活、总结生活的创作思想,对我们不断探索和研究艺术的表现形式具有现实的意义。吴昌硕先生通情达理,因材施教,重在培养学生的观察能力和感悟能力的教育思想,对今天的美术教学仍然具有启示作用。虽然吴昌硕先生已离开我们七十多年了,我们仍然能够深刻地感受到他的艺术风采和影响力。所以我们纪念他,不仅是对过去的缅怀,而且能让我们看到从过去、今天到明天的中国文化艺术的脉络和走向,以及贯穿始终的精神。"第四位提及的是黄公望这位元朝四大绘画艺术家"之冠",李钢君在文中论述一个问题——黄公望是道士、佛僧还是士?在这个问题上,李钢君说了他的见解,不仅很有见地,而且把艺术生涯纳入论述之中。第五位提及的是黄宾虹,李钢君在文章一开头就用了一段叙述："国学艺术大师黄宾虹先生是我国近现代一位德高望重、贡献卓著和影响深远的艺术家、哲学家、教育家和思想家。丰厚的学识修养，深邃的哲学思想，广博的艺术造诣，使其成为当代国画艺术的一面旗帜。是中国自近代国运不济、国势颓废和西学东渐以来，黄宾虹逆市侩潮流而行，举国学艺术之大旗，以民族不朽之精神为生命支柱，自强不息，精研博思，匠心独运，不为时动，不为利趋，以书画求道，以笔墨为宗，坚守中华千古至纯至真之画学正理，成为中国书画艺术历史上继谢赫、石涛之后又一位开创性的画史画论大家。黄宾虹先生在我国乃至世界艺术史上享有崇高的地位和巨大的影响力，是当代民族艺术发展中尚待进一步挖掘和开发的一座丰富的宝库。"第六位提及的是诸乐三，李钢君在文章中论述了国画是借助于自然造化通过笔墨完成心画的表现。笔墨是国画的精髓，是作者的血液，是灵智的外溢，中国画的一笔一画又是哲学思维最富辩证性的体现，笔墨是中国画的灵魂。李钢君落笔："通过诸乐三先生纯正的笔墨功夫，我们感受到诸乐三先生作为一位大师，向后人传递和教化的深邃思想和人性至理。我们从先生的作品中领悟到儒学宏博的纯清、道性仙骨的无欲和无相大智的空明，纯清、无欲和空明正是国画艺术的大道坦途。"第七位提及的是石涛，李钢君只就石涛的"一画论"作了讲述，而且这种讲述只是就杨成寅对《石涛画学》有感而展开说了一些："《苦瓜和尚画语录》是清代大艺术家石涛总结一生绘画艺术实践，阐述绘画艺术的本质、自然规律和表现形式，对中国画艺术发展产生重大影响力的一部具有划时代意义的理论性著作，至今仍是美术界理论研究必读之书，并对当代书画艺术具有重要的指导意义。""石涛以'一画'这一哲学命题作为贯通全书的核心，更以《易经》及老庄的宇宙观统筹中华书画艺术的发展轨迹和创作意识，使其对绘画的理解达到'技与道'的统合。""'一画论'是由石涛总结并提出的，是石涛画学思想的一个十分重要的美学概念，也是研究者最关注并长期争论的一个难题。""综观石涛一生的道学修养和艺术探寻之路，他深受老庄哲学思想的影响，并通过参合儒释道三教的文化精髓而于画理画艺通而达之。老子'道生一，一生二，二生三，三生万物'的哲学思想，揭示了中国绘画艺术乃至一切事物的发展变化规律。"第八位提及的是周昌谷，李钢君用了"当代大写意人物画第一人""当代学者型人物画第一人""当代中体西用、以色为墨第一人"三题，评述"周昌谷先生正是凭着天赋悟觉，通过以色为墨达到技进于道的当代艺术大家"。而且李钢君在文章的最后一句："我们可以大胆推测，如先生假以天年，必定成为继黄宾虹、潘天寿之后的又一世界级巨匠。"第九位提及的是张正恒，李钢君在文章中把张正恒放在中国画史的三个重要节点上，"四川是绘画史起始地之一，浙江是近代绘画方向转折的一处衍生地，而北京则是融汇各种流派的政治文化聚集地，从而构成了中国绘画史上的一条文脉走向。画家张正恒正是当代一位从四川走出，深造于浙江，从事艺术事业于北京的在我国具有重要影响力的艺术名家"。第十位提及的是盛牧夫，盛是黄宾虹的门下，"盛牧夫先生正如中国传统文人一样，文章之余，兼修书画，以此陶冶情操，游戏笔墨，艺道两进……牧夫先生的画注重笔墨内涵，以宾虹画理为宗，太极阴阳转合为章法，篆籀用笔之法入画，水墨交融，气韵生动，浑厚苍郁，颇具田园气象，深得自然山水之神韵，于画中无时无刻不流动着浓郁的诗意。静观其画，如品其诗，细品其诗，如见其人。诗、画、人，浑然一体，卓然风骨。"上述李钢君论述十位艺术家，我完全是从李钢君简论中初学这些大师，深受入门之感，我只是摘录李钢君的文字，而且是断断续续，边学边摘。上述的两个特色是李钢君在全书中的体现。

李钢君将四篇讲范仲淹的文章放在本书前面，《范仲淹的人文情结与士人抱负——试析东方士人文化意识和人文精神的裂变》《外和内刚　守正察远——浅析范仲淹哲学思想及其形成原因》是专门的，讲王安石那篇，"王安石变法吸取了范仲淹'庆历新政'变法失败的教训，避开了政治上容易触及保守派利益的吏治问题，转而以国家财政为重点，以解决北宋因战争和社会矛盾引发的经济窘迫为主要方向，通过经济改革的成功来引发政治上的革新"。讲屈原与《离骚》的那篇，是把《离骚》与范仲淹的《岳阳楼记》合篇叙述，"……《岳阳楼记》，为《离骚》之后的又一经典杰作"。为什么李钢君在全书的开头专门讲了范仲淹呢？我读《古文观止》中的《岳阳楼记》，感受到范仲淹"先天下之忧而忧，后天下之乐而乐"的忧国忧民，而李钢君以范仲淹的人文情结与士人抱负为题意，论述了东方士人文化意识和人文精神的裂变，文中有许多充满情怀的文字：范仲淹"学说首开宋学之先河，且言行守一，刚柔相济，和而不同，唯德是依，风骨卓然"。"范仲淹十分注重身心修养和道德情致，以心交友，寄情山水，畅游物外。儒释道三教通达，与当时文豪高士心性相同，互致书信，相邀同游，诗赋唱和。儒释道三学实是中国文人的修为之道，也是东方哲学的精华所在。儒释道三者互通，各有所专。儒为立身之本，释为发慧之所，道为意境之源。范仲淹既有寄托忧国情怀的传世名篇《岳阳楼记》《桐庐郡严先生祠堂记》，又有豪放不失婉约的宋词《渔家傲·秋思》

《苏幕遮·怀旧》《御街行·秋日怀旧》等佳篇,还有寄情山水的神来之笔《献百花洲图上陈州晏相公》,更有传世书法作品《师鲁帖》《道服赞》等。这些作品境界高雅,情致潇散,意境深远。""千古传诵的《岳阳楼记》等名篇,体现了范仲淹的大雅风范。""以范仲淹为代表的宋代早期文化士夫群体开始登上了历史的舞台,从而造就了中华文化的高峰。""观先生之文,立见先生之浩然正气;品先生之人,耳闻先生之高山流水;思先生之德,叹绝先生之华章隽永;知先生之心,景仰先生之风骨卓然。"

　　我比较仔细地拜读了李钢君的这本书稿,要我写序实为难下笔,我只能边读边做笔记,然后写一点体会,相信读者读后会有不少收获。

杨树标

2017 年 10 月

风骨郁越

FENG GU YU YUE

范仲淹的人文情结与士人抱负
——试析东方士人文化意识和人文精神的裂变

东方文化精神具有强大的生命力,并在精神层面成为推动世界历史走向的一大重要力量,其代表就是中华文化先贤承袭和坚守的臻真弘雅的文化精神本性。我们文化的先祖穷天地之理,极万物之情,发乎于心,用精于神,探索万物之间的内在规律和精妙无形的变化机缘。从大合外象中禅悟相生相克的太极循环,并产生了以"合和"为核心的思想体系,故《易经》说:"天地合其德,日月合其明,四时合其序,鬼神合其凶吉。""合和"实为事物发展变化的根本大道。

但在中国历史发展过程中却形成了社会层面的巨大落差,即文化精神的高度发展与社会形态的低下落后。这主要是由于中华文化的结构是由三种文化相互并存、相互对立、相互作用,并在不同的发展脉络下产生的,从而形成我国独有的社会文化格局。这三种文化即以精神智慧观照天道万物的士人雅文化,从生理感官中求得自然生存延续的市井俗文化,游离于两种文化之间作用并控制社会进程的官僚痞文化。无论从文化形式、政治体制和社会状态来说,宋代的中国都在当时整个世界范围处于高度领先的地位,文化阶层从真正意义上按照自己的意愿参与社会政治活动,并对社会进程发生作用。所以从历史看,当先进文化与社会现实发生作用并成为引导和推动力量时,才会改变社会的进程和促进社会文明的发展。宋代的士人情怀和文化精神的成熟和蜕变,以及对后世的影响,从范仲淹的人生历程、人文情结中可见一斑。

一、中国文化阶层的诞生与分离

中国历史上的士族阶层最早可上溯到商代的贵族士大夫,主要由掌管天文、占卜、祭祀、礼乐、宗庙等的专职人员构成,并在此基础上逐步形成世袭的政治文化世家,因此中国自古就有文化与政治一体的传统。而孔子倡导的"学而优则仕"的教育思想和修身、齐家、治国、平天下的人生之道,则成为历代士人的理想追求。文化阶层在我国历史上最早以宫廷贵族和专职官员为主。到春秋战国时期开始形成由名门望族和文化世家所形成的士族群体,其主要传承途径是世袭制和门人制。在这一形式下形成的文化群体,是完全脱离于生产资料并沉湎于精神生活的贵族精英,他们拥有优越的生活环境,具备良好的文化素养,具备高尚的人格品性,充满独立的思想情怀。自从隋代首开科举制以后,士人多具有一定家学渊源,又来自于社会各阶层,凭着刻苦发奋读书实现人生的追求。因为他们大多与现实底层社会直接接触或产生于底层社会,所以具有较强的目的性和功利性,也充满了改变社会的抱负,心怀民本平等的道义主张。因此,诞生了精神贵族、文化士人和官僚门阀三大文化类型及其势力,并在三种文化交替过程中影响了中华文化的走向。范仲淹正是文化士人的一位杰出代表。

二、范仲淹的人文情结与西湖情缘

中华文哲先祖察观天地,存运覃思,含道映物,澄怀味象,心与万物相通而忧苍生黎民,神与山川相连而发万千感怀,所以孔子曰:"知者乐水,仁者乐山。知者动,仁者静。知者乐,仁者寿。"(《论语·雍也》)故穷变情思,以文传道,以诗怀情,以艺化境,以信立身。"于是闲居理气,拂觞鸣琴,披图幽对,坐究四荒。不违天励之藂,独应无人之野。"(南朝宋宗炳《画山水序》)以周易为象变,以老庄为道理,以礼乐为规制,以诗书为情致,由此生发修性而凸显其所必须具有的"意境、气韵、风骨"三大人文品性与文化特质。意境者,物外之意,心中之境也,无学则胸无境界,心无灵智。故南朝宋王微《叙画》曰:"本乎形者融灵,而动变者心也。灵亡所见,故所托不动。目有所极,故所见不周。"气韵者,合于阴阳,穷极妙理,造化机变,生动华发,自然律动与精神气象蕴藏于笔墨之中,实天赋耳。风骨者,"怊怅述情,必始乎风;沉吟铺辞,莫先于骨。故辞之待骨,如体之树骸;情之含风,犹形之包气。结言端直,则文骨成焉;意气骏爽,则文风清焉"(见刘勰《文心雕龙·风骨》)。中国所特有的诗赋书画的表达形式,体现了创作者身心的修为、人生的历练。

范仲淹出生于一个低级官吏之家,然考其先祖为仕宦之家,且其曾祖、祖父皆在吴越钱氏朝廷为官,故为读书世家。虽二岁而孤,母亲谢氏改嫁苏州朱家,但少年时发奋读书,精通经史子集。

范仲淹精于学问,以儒为宗,兼修百家,涉猎易、乐、道、史、经、文、诗、赋、棋、医等诸方面。其学说首开宋学之先河,且言行守一,刚柔相济,和而不同,唯德是依,风骨卓然。

范仲淹十分注重身心修养和道德情致,以心交友,寄情山水,畅游物外。儒释道三教通达,与当时文豪高士心性相同,互致书信,相邀同游,诗赋唱和。儒释道三学实是中国文人的修为之道,也是东方哲学的精华所在。儒释道三者互通,各有所专。儒为立身之本,释为发慧之所,道为意境之源。范仲淹既有寄托忧国情怀的传世名篇《岳阳楼记》《桐庐郡严先生祠堂记》,又有豪放不失婉约的宋词《渔家傲·秋思》《苏幕遮·怀旧》《御街行·秋日怀旧》等佳篇,还有寄情山水的神来之笔《献百花洲图上陈州晏相公》,更有传世书法作品《师鲁帖》《道服赞》等。这些作品境界高雅,情致潇散,意境深远。

中华民族的先人们在对"道"的不断体识中,逐步形成了自己的生死观。从万物的生生不息和生死两离中返璞归真地认识到,万物是由简到繁,再从繁归于简,而得出太极生两仪,两仪生四象,四象生八卦的阴阳相生相克、无往不复、无始不终的哲学体系。所以《易》曰:"一阴一阳之谓道。"阳为天,以气升为得形;阴为地,因水流而生韵;而阴阳相合,天地相融则因人而成。刘勰说:"仰观吐曜,俯察含章,高卑定位,故两仪既生矣。惟人参之,性灵所钟,是谓三才。"(见《文心雕龙·原道》)人通过自身修养以察天道、识地理则生动而有韵致,故天养其性,地育其德。范仲淹与杭州的因缘是他人生中精神升华的一次重要的经历。

杭州作为北宋的江南文化中心,其清灵秀毓的湖光山色和致雅温婉的风土人情,凸显其卓越天成和精华光丽的灵性。据范仲淹于宋皇祐三年作的《续家谱序》中说:"中原乱离,不克归,子孙为中吴人。皇宋太平兴国三年,曾孙坚、坰、墉、埙、填、昌言六人从钱氏归朝,仕宦四方,终于他邦。"而范仲淹为政时曾在睦州(今杭州淳安)、越州(今浙江绍兴)和杭州为官,可见他受江南文化的影响自有其渊源,一生与浙江结下了不解之缘。其一,范仲淹上任江南道是在官场失意之时,正是这一机缘使他与胡则、林逋、日观大师成为至交,而他们的品性、学问和情趣又影响到范仲淹的品格。其二,杭州的人文山水令人心扉敞开,又参悟了天地万象的佛性至理。这让范仲淹在远离政治中心的情况下,整个身心融入自然、忘情于山水,使得范仲淹的生命获得了又一次升华,达到"不以物喜,不以己悲"的境界。其三,由于以上原因,使范仲淹的诗意文心萌发出灿烂的光辉,从而确立了他在文学史上的地位,他留下的大量诗赋散文成为浙江的一份宝贵财富。所以江南是范仲淹一生的精神寄托,而杭州则是他记忆中挥之不去的心灵慰藉。

作者(左二)在第四届中国范仲淹国际学术交流大会上合影

三、范仲淹的士人意识与文人品质

自从隋开科举以来,历代应试学人基本上以改造社会从政治国为己任,具有修身、齐家、治国、平天下的政治抱负,以及立德、立功、立言三不朽的人生追求。范仲淹的人生历程也遵行这条道路，这就是"士"所体现的人生价值。宋代以前国家战争频繁，武人肆力天下，社会结构遭到了很大破坏，文化望族和士族阶层也遭到了极大的冲击，所以在大宋初定后实行科举选才制度，为国家招贤纳士。范仲淹从小就立志成才，遵从"学而优则仕"的儒家理念，踏上修身、齐家、治国、平天下的士人道路。

范仲淹立足于孔子所倡导的"志于道，据于德，依于仁，游于艺"（见《论语·述而》）的修行途径，发奋学习，一步步实现胸中抱负。"道"是思想，"德"是人性，"仁"是行为，"艺"是情趣，所以"立德、立功、立言"三不朽，首先是对"道德"的树立。范仲淹以孔子和孟子为道德典范，曾云："君不见仲尼之云兮，'予欲无言'。累累四方，曾不得而已焉。又不见孟轲之志兮，养其浩然。"（范仲淹《灵乌赋》）故慎于言、重于行、立其品、养其气为完善品德修养的基础。他在《蒙以养正赋》一文中比较详尽地阐述了自我道德修养的目标，他说："蒙者处晦而弗曜，正者居中而弗群。守晦蒙而靡失，养中正而可分。处下韬光，允谓含章之士；居上弃智，斯为抱一之君。"这是对孔子中庸思想的进一步发挥，并上升到哲学的高度来对修养综合体系进行构建。同时范仲淹也把对《周易》的研究统一到儒学道德标准中，他在《四德说》中认为："卦有四德，曰元亨利贞。《文言》具载其端……处必亲仁，元之基也；动能俟时，亨之始也；进思济物，利之方也；守诚不回，贞之道也。"把天演与道统结合在一起，作为士人安身立命的思想根据，并纳入忠君爱民的政治理念中。

范仲淹与欧阳修等一大批文化大家心性相通、文辞唱和，开一代文学新气象，为中华文化鼎盛的宋代文风做出了杰出的贡献。千古传诵的《岳阳楼记》等名篇，体现了范仲淹的大雅风范。

范仲淹一生严于律己，上对君忠，下忧民情，亲孝父母，交友重义，教子以礼。虽三次为京官，三度因直言被贬而不改其心。每至一地为官，则以济民、救灾、水利、兴教为要。少小贫寒，其母辛劳，唯母是从，依之以立，虽改姓还吴，仍念朱氏顾育恩。以文交友，不为文误，唯德是依，必推义先，其"先天下之忧而忧，后天下之乐而乐"之胸怀可谓宽广博大。

持节而行自古就是士大夫的道德操守，而范仲淹以"不以物喜，不以己悲"的修为，进退有度，秉持有节。受命抗击西夏，审时度势，战和机变。因小人谗

一 风骨郁越

言被贬离京畿时仍然坚持自己的原则,他在《饶州谢上表》中说:"有犯无隐,惟上则知;许国忘家,亦臣自信。"范仲淹一生恪守"无怨恶于一人"的处世交友原则,举荐人才无数,却不因个人喜好而为之。如范仲淹与梅尧臣同为当时文坛风云人物,且交谊颇多。梅尧臣文辞精严,闲远古淡,大概范仲淹以梅心胸偏激,多有怨怒之音而不宜为官之故,虽有欧阳修等多人引荐,范仲淹却始终无所表示。所以朱熹评价范仲淹时说:"本朝忠义之风,却是自范文正公作成起来也。""至范文正时便大厉名节,振作士气,故振作士大夫之功为多。"(朱熹《诸贤赞颂论疏》)连权相秦桧也题诗云:"高贤邈已远,凛凛生气存。韩范不时有,此心谁与论。"(秦桧《题范文正公书〈伯夷颂〉后》)

范仲淹以大雅之风、大忠之贞、大节之义,以"许国忘家"之文人正直本色,置个人仕途前程于度外,直言进谏,为士人树立典范,表现了一位大臣忠直耿介的风范。范仲淹作《灵乌赋》以明其志:"宁鸣而死,不默而生。"始终坚守自己的政治理念,这没有"先天下之忧而忧,后天下之乐而乐"的为天下苍生而生的博大精神境界是不敢为之的。范仲淹的好友韩琦评范公曰:"竭忠尽瘁,知无不为。……天下正人之路,始公辟之。"元代张临评价范仲淹曰:"以刚大毅决之资,拔出众人之中,进退超迈,萎靡之世为变。尊王黜霸,明义去利,凛然有洙泗之风。其后真儒辈出,圣学复明,如发洙泗之埋,先生实指其处,其可不谓有功于圣门乎?"

四、士夫精神品质及其文化意识的变异

大雅、大忠、大节、大直、大隐、大悟、大气、大痴是中国文化士夫所尊崇的人格气质,是注重精神修养和心灵净化而形成的人文逸致,是至高无上的精神品质。而这一切皆源于对生命与自然关系的考问,即对"道"的认识与体察过程,使精神意识与自然造化融为一体,心灵感受与生活情态融为一身,思维态势与艺术涵养熔为一炉,并且在相互作用和融合的过程中不断生发、延伸与拓展。由此从心理活动向心灵升华转变,从思维定式向精神修为转变,最终完成高度精神化的文化品格的塑造。

在中华民族悠远而漫长的历史长河中,产生了一个传承不绝并超然于世俗的文化精英群体,经数千年的探索、发展、演变和成熟所形成的博大精

深的思想体系,至今仍然对世界的走向产生巨大的影响。

中华文化群体发展到宋代已经形成了一个高度成熟的特殊阶层,士夫就是当时文化人的代表,由此形成的士夫精神品质也是中华文化的精神象征。宋代皇家对文化的开明和对文人的尊重,以及开放性的科举制度的实施,使得立德、立言、立功的三不朽精神和以身立德、以画立品、以书立文的生命意义成为整个文化脉络的灵魂支柱,并第一次在政治上使文人真正有实现自己的人生抱负和精神价值的希望。大开科举、文人参政和论政自由造就了一次文化的大解放,但是成也萧何,败也萧何,文人治国的弊病也从此蔓延,最终造成了文化群体的一次分解。

在中国传统的政治体制下,文人高度地参与政治,并成为治理国家的主体力量时,由于文化人特别是具有政治抱负的广大士人群体从长期与社会现实生活隔离的环境中走上陌生的政治舞台,不可避免地发生裂变。究其原因主要有以下几个方面。

其一是由于士人雅文化、市井俗文化和官僚痞文化这三种截然不同的文化现象,分别形成各自独立的社会群体,并一直主导着社会的不同层面。士人雅文化主要属于社会的精神层面,市井俗文化始终主导着社会的风俗,而官僚痞文化又在皇家集权的牢固把持下影响了社会的政治。因此它们始终处于矛盾的对立、制约和相互利用之中,从而形成一个稳定的体系。所以当它们相互之间特别是高雅文化与痞子文化一旦融合而结成联盟,则必然造成这种稳固的社会结构的破坏,由此产生一个民族特有的文化表象的衰落。

其二是由于皇权体制作为封建社会公认的形式,没有任何有效的社会机制来制约,因此政权的每一次更替,不过只是一次姓氏的改变,所以在我国都是以破坏来完成的。在这种不断破坏的历史进程中永远无法保持文化血脉(并非指家庭的血脉)延续的社会环境,而文化血脉的延续与自我调节、自我修复和自我完善能力,是一个民族保持其强大生命力的原动力,不是仅靠书本的记载、知识的传播和政治对文化的扶持能完成的。

宋代倡导文风,以开科举士来完成对官吏的选拔,实是迫不得已之举,却也创造了先进文化鼎盛的历史。这是在经过唐后期藩镇割据,五代十国连年战争和国家长期处于分裂状态之后,皇权对文化的一次修复,而这一修复本身却为纯正的文化本性注入了病毒。宋代科举的生源,特别在前期来源于各个阶层,成分家世较为复杂,因而大多靠后天发奋努力求得入仕,所以形成人人以科考为实现人生价值的文化意识。而他们在入仕后又因利益喜好的裙带关系相互唱和、控制朝政,这就使文化渐渐地失去了纯洁性而越来越世俗化。

其三是在失去了文化的纯洁性的特定条件下,世俗文人的习气也逐渐地充斥整个社会的官僚体系和文化群体。在我国文化群体中自汉代以后存在着自命清高、炫耀文辞、攀附名利、相互排斥、好大喜功等习气,所以"志道据德,依仁游艺"是完善君子修为的必由之路。然宋代大量品性不齐、各怀心机的士人进入朝廷,通过士人雅文化、市井俗文化与官僚痞文化这三类文化的融合,对整个社会产生巨大的影响。使高雅的文化仅剩下风雅的形式,文化士人常以名士自称,并与官僚相结交,风气互染,利益相合,习性相投,以致拉帮结派,朝廷内外无不结朋为党,从而开启了党派之争。大量的文化士人为功名利禄所诱惑,而以文章与风雅之名,行沽名钓誉之实,因此派生出一批靠出卖自己的人格而依附于官僚贵戚以获得自身生存空间的文化痞子。这种文化意识的转变导致精神品质的日渐庸俗化与文化品格的逐步失落。

其四是随着文化士人向世俗功利的靠拢,迫使仍然保持自身纯洁和修养的文化人抱道自守而与世俗保持距离,游离于官场之外寻找自己独立的自由空间。但他们只是隐居在自我的天地中,以绘画和诗赋来寄托自己的超然意境和笔墨情趣,并以怪异个性来抗拒庸俗,如元季四大家、清代四画僧等。他们在社会一隅的沉寂为后来民国时的文化复兴延续了一点文化的血脉。

其五是进入仕途的文化士人因地位和环境的改变而逐步使自己原有的求道文化意识变异,对权与利的欲望开始膨胀,并幻想凭自己的奇才大略一展改造社会的宏伟抱负,如范仲淹、王安石、康有为等层出不穷的变法,其结果必然是一次次的失败与一次次客观上造成对社会的破坏。其实就在于部分文人在参与政事和官场交际中助长了一些固有的习气,使得在治理社会过程中过于自我与自信,忽视了民生为重,玩弄聪明又无众才辅佐。因此从整个中国文化阶层的变迁与文化意识、精神品质的变异历程,我们可以看到中国文化从宋代以后开始了漫长的解体过程。

2012 年 10 月于杭州

黄鹤山中寻"山樵"

农历三月,风和日丽,万物复苏,大地又开始了新一轮生命的萌发,同时也唤醒了人们久已淡忘的记忆。于是乎,"向之所欣,俯仰之间,已为陈迹,犹不能不以之兴怀。况修短随化,终期于尽。古人云:'死生亦大矣。'岂不痛哉!"(《兰亭序》)所以先哲们为了使后人能常怀敬畏之心、敬仰之情和敬重之志,而行慎终追远之事,以延绵子孙后代,所以在不同时节必行祭祀之礼,而清明正是一年中之首祭。祭祀就是文化得以传续千古的重要形式之一。

在杭州北郊的余杭地区,河网密布,地势广阔,植被丰茂,群山环抱,形成气候适宜、土壤肥沃而又独具风貌的江南福地,中华文明的一处重要的源头良渚文化就起源于这片土地。特别是自钱塘江和外海潮流进出所携带的泥沙堆积成陆地后,由岛屿所形成的孤山,经数千年的风雨侵蚀和日月滋润,极具苍天造化之俊美深幽,历来为先贤高士和风雅文人所追寻,从而造就了众多文化积淀深厚且盛誉天下的名山大刹,著名的黄鹤山就坐落在余杭的崇贤镇和星桥乡境内。

据《余杭县志》记载,黄鹤山,与超山海云洞南北相对,相传仙人王子安乘鹤过此,故名。吴越王钱弘佐建有佛日院,后改名净慧寺。元画家王蒙晚年徙居此山,号"黄鹤山人",葬于山中。南宋时设班荆馆于此,为朝廷所设馆驿,陆游曾在此居住。黄鹤山也与我在冥冥之中结下了一段特殊的情缘,一则是2000年浙江省第一家人文纪念公园浙江安贤园在黄鹤山下的一处幽谷中创办,从一开始我就直接参与了整个园区的创建,并服务至今;二则是我父亲于2009年因病离世后,为尽其后孝,侍奉灵骨归葬此;三则源于我对中华历史和民族艺术的热爱,一直潜心于东方文化的思考和探索,而对元

一　风骨郁越

季四大家的绘画风格、人文气质和人格品性更是情有独钟。于是在举办"清明文化散文集"的征文活动过程中,借又一个清明时节到来之际,满怀恭敬地再次走进苍幽翠秀的黄鹤山中,走进蕴含记忆的大自然中,走进东方艺术的深邃意境中,去探寻王蒙所代表的艺术真谛。

王蒙(1308—1385),元代绘画四大家之一,字叔明,号黄鹤山樵、黄鹤樵者、黄鹤山人和香光居士等,浙江吴兴(今湖州)人。王蒙出生于官宦及书画世家,其舅为元代书画大家赵孟頫。自幼深受家学熏陶,饱读诗书,尤喜绘事,且天资聪颖,又得家中富藏之利。上宗唐宋,近得家传,幽深高妙,冠绝古今。时与倪云林、黄子久、吴仲圭交往颇深,四人号称"元四家",共同把中国画艺术推向了历史的又一高峰。王蒙成长于中原离乱之际,独于林泉之中敏悟自然造化,畅游于书画意境之中,而黄鹤山便是其重要的精神寄托之地。晚年出仕明朝泰安知州,终因受胡惟庸案所牵连而病死于狱中。

黄鹤山,一代艺术大家因你那博大深邃的梦幻化境而心醉,也在你的滋养和关照下获得了永不枯竭的创作灵感。以王蒙为代表之一的,至今仍然屹立于中华艺术的巅峰的元代绘画,为历经岁月磨砺的文化圣地黄鹤山增添了艺术瑰宝;而王蒙最终归葬于此,使得画之英灵与山之魂脉合而为一,化为永恒。

我沿着弯曲的小径追寻着王蒙的仙迹走进画之魂的圣殿黄鹤山,心中充满着无限的期待和万般遐想。清晨的黄鹤山,雾霭缥缈,烟岚轻舞。丘壑青峦,若隐若现。虫鸣鸟啼,空谷足音。松呼泉引,如痴如醉。人间仙境,亦真亦幻。吐纳之间,尽采天地自然之生气;阴阳转合,似与山川林泉共律动。精神游离,仿佛魂与山林相交,完全忘却了人间烟火,有如隔三世,不知有汉之感,而生于兹,居于兹,葬于兹,此人生得道之逸致也。正是一花一世界,一叶一春秋,由此也为山川自然的神奇而顿生畏惧与敬仰之心。王蒙心系黄鹤山,对林泉高致的向往可能也因为此原因,石涛之"山川脱胎于予也,予脱胎于山川也"是我与山川合而为一的悟觉心象,还是从自身之小我蜕化为自然之大我,抑或为如黄子久"终日只在荒山乱石丛木深条中坐,意态忽忽,人莫测其所为"的大痴大颠意态,吾实不得而知之也。

中华文明,博大精深。传承千古,历久不衰。上古圣贤,俯仰吐曜。察观天象,取精用宏。易变文图,始开大道。所以中华文明的核心是《易经》

之哲学观,老庄之人生观,孔孟之治世之道。然而《易经》以宇宙的视野统纳天下,人作为自然界的产物而处于从属的地位。而老庄以自然与人的关系为视角,主张道法自然的和谐生存之道。孔孟之说却是以人与人的关系为出发点而阐发出圣人治天下的礼法思想。这样从尊崇自然,到人与自然相和谐,再到君主天下的社会结构,使得天地自然演变为人(君主)的附庸物质而为人所尽用。历代高人雅士远绝尘俗、淡泊名利、归寂林泉而潜心于艺术,终为后人留存一丝正道文脉,使我对元四家更加深怀一份敬意。

元季四大家黄、吴、倪、王,自幼熟读经书,妙擅诗词,通晓音律,挥洒毫翰,以道修性,胸怀抱负,集儒家、佛禅及老庄思想于一体,融会贯通,统纳于一画之中。其时于山河破碎之际而退居山林,以林泉高致之性而独善其身,集精气神于画事,畅游山川于笔墨,以抒发其心胸意气。他们情投意合,互为挚友,常相聚以诗,切磋绘事,以山水之心读古人之书,悟文理之妙,绘心中之象,傲居画坛之巅。虽然他们家世不同,如黄公望先吏后隐,倪云林看破红尘而洁身自好,吴仲圭终生不与官宦往来,王叔明之且隐且仕,但因人格的一致和品性、胸次俱高而终归于同道。"元季黄、吴、倪、王,多学北苑,或参荆、关诸家。如子久之浑厚,仲圭之酣畅,云林之幽淡,叔明之秀润,各有面貌,显异古人。"(黄宾虹语)因此他们的画格同出一脉,而又各有取向,互为补充,共同造就元画脱尘高孤之逸格山水巅峰。

黄宾虹说王叔明的绘画艺术为:"画法从欧波风韵中来,故神似其舅。又泛滥唐右丞,得董源、巨然墨法。其用笔亦从郭熙卷云皴中化出,秀润可喜,临摹细密者尤佳。至于峰峦叠嶂,蹊径迂回,山居茅屋,悉俱村妆童妇;水渚舟航,多写朱衣渔叟,其一种文士气,冠绝古今。"好友倪云林独称王叔明为:"五百年来无此君。"何也?盖因王蒙之画以易变阴阳为源头,取自然妙造之理,得心源意象之境,灵明内钟,不滞于物象藩篱,独获幽深高淡之趣。六法精严,笔墨深邃,皴法丰富,深厚秀润,气韵丰沛,篆隶行草俱臻法度,以北苑作胚胎,雄沉苍凉。其浓郁如王维,秀润师巨然,是能上承唐宋名家,得南宗奥妙,故其纵逸多姿,不为师法所囿。是故王蒙集作家、学者、文人、士夫及高逸之士于一身,其画作历来为后辈摹写之典范。

纵观历史,大凡文化灿烂之际,大多为社会政治动荡之时,如春秋战

一 风骨郁越

国之百家兴起，魏晋时期之文学风发，元、清之艺术精放，民国初期之大师云集。自从汉代独尊儒术以来，长达数千年对社会的思想禁锢，已经渗入整个社会的各个角落，以至于一些具有独立思想、精神品质和自由情怀的学者高士，不得不寻找抱道自守的一方乐土而游离于乡野，归隐于山林。其实当文化从"道"的思考降为对"术"的追求，就已经开始走向了没落。而自甘隐寂于山川自然中独守心智的一份纯净，就只能用绘画这一形式来表达。

当我身处黄鹤山中，被满目的葱郁所拥抱，并与天造自然在对语中相互观照时，心灵才由衷地感到空灵和自在。也使我切身体悟到生命之所以渺小和短暂，是因为人与自然在对立中自我的封闭，而生命只有与自然合为一体，才会在生生不息的阴阳转合中获得永恒。如今王蒙隐居山中的遗迹已经无从查找，王蒙的墓地也早已随着他艺术的灵魂与山川相融而难寻踪迹。黄鹤山就是王蒙心中的山川，王蒙就是黄鹤山生命的灵魂。我独处山中，门下问道，心早已与王蒙相交并以之为师。于是我借山石为台，野草为飨，拂尘以礼，祭奠先师。

春风习习，余晖映照，我恭敬而来，蔚然而去，大有山中虽一日，尘间已度三秋之感。

远方古老的大运河流水依旧，安贤园的钟声仍然在山谷中回荡。有众多英灵为伴，有黄鹤山樵让后人永远地魂牵梦萦，诚信吾道不孤、山樵不孤！

2013 年 6 月于三江口

清明时节盼君还

——女排名将陈招娣将军逝世一周年纪念活动纪实

　　江南杭州的三月，春江送暖，微风和煦，满山叠翠，万物复苏，而连日的绵绵细雨，更温柔地抚慰着大地，令人们的内心深处萌发出浓浓的感恩情怀，留下了无数充满诗意的华章诗篇。从晋代书圣王羲之等文人墨客"曲水流觞"的千古雅趣，到明代吴惟信"梨花风起正清明，游子寻春半出城"的乡风民俗，无不充溢着缅怀亲人和敬事先贤的风物情愫，而在杭城百姓的心里却永远不会忘记2014年4月1日这一天。

　　2014年的4月1日清晨，安贤园内细雨霏霏，山清水秀，布满了鲜花的祭奠主台背景上，陈招娣将军身着军服的大幅照片显得她英姿飒爽。醒目的八个大字"生命不朽，精神永恒"更浓缩了陈招娣一生的价值。五座由鲜

2014年4月1日，由中央电视台著名体育解说员
孙正平在浙江安贤园主持陈招娣逝世一周年纪念仪式

一 风骨郁越

花搭建的拱门组成送灵大道,红色地毯两旁烛光闪烁,伴随着悠扬的乐曲声,为英灵的归来和生命的升华而祈祷。上午7时以后,来自全国各地不同行业的人们相继而至,共同以神圣的礼仪迎接我国体坛精英、女排名将陈招娣将军的骨灰回归久别的故土。

2013年4月1日,中国女排名将、中国人民解放军总政治部宣传部副部长陈招娣将军因病不幸去世,杭州市民得知这一消息后无不深感惋惜和悲痛,陈招娣与老女排一起夺冠的场景又一次浮现在大家的眼前。杭州市民为这位出生在杭州的女将军在排球场上奋勇拼搏的壮举和为我国体育事业做出的杰出贡献而自豪,并且表达了将陈招娣将军迎回杭州安葬,使她的灵魂与曾经养育她成长的故土化为永恒的心愿。浙江安贤园受杭州市民一片真情的感染,并带着家乡人民的嘱托与陈招娣家属多次沟通,家属们为了满足陈招娣生前表露的回到家乡享受晚年的愿望,也为杭州人民的真情所打动,决定将其安葬在景色秀丽的人文胜境浙江安贤园内。

2014年4月1日8时整,陈招娣将军女儿郭晨手捧妈妈的骨灰缓缓地走向祭奠主台,与会人员庄严肃立,以注目礼迎接我们的好领导、好战友、好同事、好朋友陈招娣将军的英魂。此时此刻,大地肃穆,苍天动情,招娣,杭州的好女儿,终于从一生的劳累和病魔的折磨中走出,带着那一份永远的深情,那一张欣慰的笑脸,回到自己的故乡杭州,永远地在青山碧水的怀抱中

陈招娣(前排左二)参加1976年亚洲杯排球赛时合影

安详地沉睡。

　　陈招娣将军骨灰安放仪式由生前好友吕峰先生主持，吕峰先生满怀深情地说："深受社会各界爱戴和敬重的女排名将陈招娣将军，于2013年4月1日在北京因病不幸离开了我们，当我们得知这一消息时，那一刻，招娣在排球场上拼搏的呐喊声、军旅生活中开朗的欢笑声不时地浮现在眼前。一年后的今天，陈招娣将军终于带着她无悔的人生，化作天边的彩虹，回到她一生钟情的家乡天堂杭州。今天，有来自她曾经工作过的单位：解放军总政治宣传部、国家体育总局、中国红十字会、全国妇联、中国排球协会、中国国际文化传播中心和女排的同事和战友们，来自全国各地的各界朋友们，以及家乡亲友们，一起怀着无限的深情在浙江安贤园里为她送行。"

　　我国著名体育主持人宋世雄、孙正平、洪刚多年来目睹了陈招娣光辉的丰采，也由此与她建立了深厚的友谊，当他们听说陈招娣将军将在杭州安葬后，分别连夜飞往杭州为他们的好朋友陈招娣将军送行。

陈招娣将军墓于2014年在浙江安贤园落成

　　"今天我们在这里举行陈招娣将军灵骨回归家乡杭州安葬的仪式和纪念追思活动,一起最后为我们的好领导、好战友、好同事陈招娣将军送行,一起祝福她在天堂永享安宁,一起追忆与陈招娣将军那永远难忘的友情和怀念老女排团结、拼搏、奋斗的历程。"孙正平老师用我们熟悉的声音,悲怆而动情地朗读祭词,把人们的思绪又带回到与陈招娣在一起的美好岁月,仿佛招娣爽朗的欢笑声和着江南的春风从耳边划过,又渐渐地随风远去。

　　陈招娣的女儿郭晨已经成为一名解放军军官,此时她紧紧地把妈妈的骨灰盒拥抱在怀里,眼眶中闪烁着晶莹的泪水,依依不舍地行走在鲜花拥簇的送灵道上,轻轻地诉说:"妈妈,我们到家了。""妈妈,您终于可以好好地休息了。"一路落英缤纷,一路真情祝福,人们只有惋惜地把心中的思念全部倾注在手中的鲜花里。

　　"长亭外,古道边,芳草碧连天。问君此去几时还,来时莫徘徊。天之涯,地之角,知交半零落。一壶浊酒尽余欢,今宵别梦寒。"望着远去的战友、同事和亲人,我们挥手作别,默默地祝福,把思念永远地留在心中。

　　青山留影泪如雨,长天一色雁声回。招娣走了,她无私地带走了所有的悲伤,只把深情的大爱留给了我们,此时此刻,唯有一声祝福:"招娣,一路走好!"孙正平老师的呼唤声长久地在青山翠谷中回荡。

在陈招娣逝世一周年纪念座谈会上,著名体育评论员
宋世雄(前排中)在排球上签名留念

浙江安贤园文英苑内,满园的春色使人们沉浸在生生不息的自然生态中,陈招娣将军纪念墓地就坐落在其中。光洁如镜的黑色花岗岩基座正面,是陈招娣的照片。基座上托起的半身铜雕,形象地传递了陈招娣女排夺冠后身着10号运动服,手捧浸润了几代国人的希望和老女排集体拼搏汗水的排球的英姿,她那慈祥而又坚定的目光里憧憬着祖国美好的未来。四个汉白玉雕铸的白色排球造型环绕四周,隐喻出老女排集体对事业的敬重和纯洁的心灵,并以不屈的体育精神,向世人昭示了国运昌盛。

参加活动的来宾们相拥在陈招娣纪念墓前,一束束纯洁无瑕的花束,寄托了对老女排的敬仰之情,一个个充满深情的鞠躬,表达了各界对陈招娣将军无尽的缅怀。人们久久地站在墓前不忍离去,因为招娣一直活在他们的心中。郑海霞、曹慧英、周鹿敏、沈散英等一批体育精英泪眼婆娑,仍然无法相信她们的好朋友转眼就已分隔两世。

由浙江省文化厅、民政厅批准创办,浙江安贤园投资的全国第一家以生命为主题的博物馆浙江安贤生命博物馆,经过三年的精心筹备,一期工程于2014年3月底完成,该博物馆将建设生命教育馆、生命艺术馆、生命纪念馆、生命风采馆、生命礼仪馆、生命历史馆、生命展览馆等七个场馆和室外展示区,力求充分利用和拓展博物馆的功能,揭示生命的文化内涵,成为浙江一

2017年,国家体育局原局长袁伟民(中)在安贤园缅怀陈招娣时与众人交谈

一 风骨郁越

大生命教育基地。2014 年 4 月 1 日上午 9 时,在陈招娣安葬仪式举行后,举办浙江安贤生命博物馆开馆暨女排精英陈招娣将军拼搏人生纪念展开幕式。展馆在陈招娣家人和绍兴档案局的关照下,精心组织了陈招娣在各个时期的大量珍贵照片、资料和实物。参观的人群深怀敬仰地在这些展品前感受陈招娣精彩的人生,追忆那激情燃烧的精彩岁月。与陈招娣等老女排一起感受当年夺冠历程的著名体育栏目解说人,七十多岁的宋世雄老师也专程来到展馆,他面对记者们时,不由感慨万分,讲述起一个个动人的故事。

陈招娣生前的同事、战友和友人相聚在一起,观赏了其家人为陈招娣这次活动而专门制作的影视片,面对曾经共同走过的青春年华和体育征程,含着泪水纷纷忘情地畅谈和抒发对招娣的思念,使纪念活动成为激发女排精神在新时代价值的一次契机。

在陈招娣将军追思纪念活动中所传续的心灵感受,正是我们对人生的意义进行的思考。一个人生命的价值在于活着使身边的人充实、欢乐,走了又让我们始终难以忘怀。

"西子碧水育巾帼,体坛呼唤拼命郎。飒爽人生青史照,满目清明盼君还。"招娣一定在天国为我们祈福,她的生命也将化作一江春水,永远地抚慰和滋润着江南大地。

陈招娣将军精神不朽、生命永存!

外和内刚　守正察远

——浅析范仲淹哲学思想及其形成原因

晚唐时由于中央政权的削弱,地方藩镇军阀势力逐渐开始坐大,又经五代十国的割据和政权频繁变更,乃至近两百年的时间里,整个中原地区战争连绵不绝,对整个社会民生产生空前的破坏,从而造成了我国历史上的一次大混乱。然而,自后周大将赵匡胤于陈桥驿兵变而黄袍加身,并于公元960年统一中原而建立宋朝后,经短短二十余年的休兵图治,奠定了中原地区又一次经济复兴和政治稳定的基础,并把中华文化推向了世界文明的高峰。我国著名史学家陈寅恪先生赞之曰:“华夏民族之文化,历数千载而演进,造极于赵宋之世。”(见陈寅恪《邓广铭〈宋史职官志考证〉序》)

一、宋代初期的文化环境与士风

作为中华文化的创造者和传承发展者,由于社会历史的演变,在不断地繁衍、消散和聚集、重建的过程中,文化世族顽强地在独立的环境下延续乃至新生。从春秋时的文化贵族演变到战国时的文化世族,从汉代重建的士族门阀又转化为唐代的文化世家,形成了技术、知识、教养和文艺这一人文的递进形式,文化世族形成了新的群体和等级的分类。在古代手工技术基本上是由工匠完成的,而工匠们大多以师傅亲授或者家传的形式传承技艺而缺少文化知识的教育,故长期以来被排斥在文化阶层之外。唐代末期到五代时期,长达数百年的封建割据战争,使唐代建立的社会和官僚系统被彻底打乱,这一状况无疑也冲击到中原的文化体系,原有的与官本位联系密切的文化世家被较为彻底地分解,使原来以文化世家为中心的一批文化士人从不

风骨郁越

得不乞食于军阀政权转变为到农村乡野隐逸,并与早已没落而隐逸在乡村的文化贵胄后裔相结合,由此开始了又一次文化的嬗变与新生。

由大乱到大治的循环成为历史的规律,但在这种规律的下面,正在发生质的变化,在战乱中仍然保持原有文化土壤、环境和空间的原生态条件下,伴随着赵匡胤的统一步伐,开始孕育出新的文化主体,即文化士夫。以范仲淹为代表的宋代早期文化士夫群体开始登上了历史的舞台,从而造就了中华文化的高峰。

所谓文化士夫,我国近代国学艺术大师黄宾虹在评价士夫画家时说:"其人必能穷究古今学艺之精深,而又有深思毅力,其功超出于庸常之上,涵濡之以道德学问之大,参合之于造物变化之奇,青出于蓝而胜于蓝。"(见黄宾虹《中国画史馨香录》)又说:"一意孤行,不屑睇荣希宠,甘自蹈于林泉,固殊于庸众,其人之高风高节,往往足与忠义抗衡,而学术之正,又得秉经酌雅,发扬毫翰,如诸子之有功圣经。"(见黄宾虹《山水画与道德经》)宾翁虽言画事,然其理相近,盖士夫者,博思深研,专注学问,心性洁静,抱道自守,不事希荣,重节尚品,慎毅坚正,情趣尊雅。从而构成有宋一朝如王国维在《宋代之金石学》中所说的文化大邦:"天水一朝,人智之活动与文化之多方面,前之汉唐,后之元明,皆所不逮也。"宋代中国成为世界文明史上的一大中心。

中国文化血缘始终在流动的状态中获得维系,一方面是由于政治体制的影响,在城市与农村的地域流动中寻找生存的土壤;另一方面是由于本身基因的需要,又在不同的社会群体中获得生命的动能。所以中国文化精神的一项与众不同的特性,就是通过吸收、融合、转变、重组等不断地变化来维系它的血统纯正。范仲淹的世系渊源,据其在皇祐三年正月八日为续修家谱作的序中说:"吾家唐相履冰之后,旧有家谱。咸通十一年庚寅,一枝渡江,为处州丽水县丞,讳隋。中原乱离,不克归,子孙为中吴人。"富弼在《范文正公仲淹墓志铭》中写道:"公之先,始居河内,后徙长安。唐垂拱中,履冰相则天,以文章称,实公之远祖也。"不管其记述的真实性有多高,基本可以断定:一是其祖上应是中原文化士族中人;二是因为社会政治格局的变动逐步从中原迁徙到江浙一带;三是到江南后在保持中原文化传统的同时,又大量吸收了江南文化中精致典雅的人文情愫;四是在南迁过程中,由于生活环境处于社会的基层,因此其直面社会逆境而又深藏于心中的忧国忧民的情怀,成为其面对艰难、忍辱负重、深研学问的精神动力,并在不断的磨砺中形成独立的文化士夫品格。即独立的精神修为和以自然之道为哲学追求的出世品格,外王内圣的政治理想和以天下为己任的入世情怀。因此在精神与使命,理想与现实的双重人格中立身于当下、怀远于天际的这种精神与物象的中庸,通过"忠、节、正、直、真"五种品质来表达,即君明则忠、大义有节、立品于正、为政以直、问学唯真。

二、《蒙以养正赋》与范仲淹哲学观的形成

范公在其早年成长过程中,由于生活的艰难,成就了其独立的人生态度。先生二岁丧父,母亲谢氏为生活所困而改嫁淄州长山朱文翰,朱为下层馆员,家境窘迫。在范公去世后其知县韩泽所撰《淄州长山县建范文正公祠堂记》中说:"后随其母氏来居兹土,留而不去,遂为邑人。及其长也,卓有所立,乡人奇之。常庐于长白,日自讽诵,虽刻苦不暇,每患其寡友。一日,超然遐举四走,方外求老师巨儒,以成就其业。不数岁间,大通六籍,声名倾动当世。"范公少年所学较为广泛与系统,尤以道、儒用力最深。《安乡县志》中说:"宋司马道士,范文正读书安乡时,道士尝羽翼之。"而且喜游历山川,观道自然,畅游心性,独获化境。在范仲淹《鄂郊友人王君墓表》中写道:"时祥符纪号之初载,某薄游于止,及公之门,因与君交执。复得二道士汝南周德宝、临海屈元应者,蚤暮过从。周精于篆,屈深于《易》,且皆善琴。君尝戴小冠,衣白纻,跨白驴,相与啸傲于鄂杜之间。开樽鸣弦,或醉或歌,未尝有荣利之语。"年少的范仲淹正是在这样的环境中开始了思想形成过程中的启蒙阶段,也正因为这样的求学历程和对亲身经历的社会现实反思,使之逐步形成了自己的哲学观。

范仲淹从小致力于提高品学修养,以道学为源,儒学为宗;历经艰难,苦其心志;皓首穷经,蒙以养正。欧阳修在其所作《范公神道碑铭》中说道:"入学舍,扫一室,昼夜讲诵。其起居饮食,人所不堪,而公自刻益苦。居五年,大通六经之旨,为文章,论说必本于仁义。"范公通过对易学的研究学习,力求以蒙晦之初,养持正道,使之终始守一。所以他在《蒙以养正赋》中说:"守晦蒙而靡

失,养中正而可分。处下韬光,允谓含章之士;居上弃智,斯为抱一之君。"

《易·蒙》是易经的第四篇章,承接上篇《屯》卦之后,主要论述事物形成之始所处的状态。《序卦传》曰:"物之生必蒙。"并解释道:"蒙者,蒙也,物之稚也。"《周易浅述》中说:"水必行之物,遇山而止,莫知所之,亦蒙之象。《蒙》次于《屯》,盖屯者物之始生。物生必蒙,蒙在物之稚。""蒙"即是万物的初始,是初始的混沌,也是心源造化生发起始的状态,是"生活"之元气和灵性的萌芽。"蒙"的状态又是一个短暂的过程,却是维系到后天成长的根本,因此,"蒙养"是人生的关键。"养"是一个渐进的过程,有其特殊的自然法则,即滋养以使元气聚升,修养以使灵性焕发,善养以使天人合一,故谓之蒙以养正。但是《易·象》又说:"《蒙》,山下有险,险而止,蒙。'蒙亨',以亨行,时中也。"也就是说水遇山虽止,但是水受阻必漫,因而有险。只有通过"蒙"来疏导,才能通亨,因此必须行"中",也就是蒙以养正,达到气正中和、高风亮节之象。而范仲淹对"蒙以养正"的思想更加深入地进行研究,并提出了"蒙"与"正"之间相互作用的关系,指出:"是知蒙正相养,圣贤是崇。欲求乎不失其正,必在乎受之以蒙。"(见范仲淹《蒙以养正赋》)从而达到"浑兮若浊,下民无得而称为。暗然而彰,圣功亦在其中矣"(见范仲淹《蒙以养正赋》)的最高修为。因此,养正是蒙养的最终目的,而蒙养则必须先正其气,方得其本。所谓教养就在于养中有教,教有所养,也正是范公蒙养之所指也。所以范仲淹最为心仪,并始终一以行之的正是孟子所提倡的"浩然之气"。何为气?气乃物之本元耳。《张载集·正蒙·参两》云:"一物两体,气也;一故神,两故化,此天之所以参也。"又在《神化》篇中说道:"神,天德;化,天道。德,其体;道,其用。一于气而已。"这样就把物体之本源与道之根本融合为一了,这就是范仲淹所说的"抱一之君",也是"蒙"之象。

所谓"蒙"既是物之初始,也就是"一",所以老子曰:"道生一,一生二,二生三,三生万物。万物负阴而抱阳,冲气以为和。"(见老子《道德经四十二章》)"一"是事物的初始,又是事物的终止,即一生万物,而万物又终归于一。同时又可以理解为每一事物在不同阶段和不同时段的开始,即"蒙"中有"蒙",可以是人整个生命的起始,又可以是人学习阶段或成人阶段的开始,以及走向社会的开始,等等。因此可以说"蒙"与"养"在相互促进中成长这一良性循环的过程始终贯穿人的一生。人生之始得以养正,虽在后天有所执迷，仍存扶正之机，因为根基使然。既然万物来自"一"，因此"蒙"与"一"就是一切事物或者生命的核心，所以"蒙养"与"守一"是保持和完善这一状态必须坚持的重点，范仲淹所说的"抱一之君"和"知白守黑"就是人生修为的终极目标。"知白守黑"就是保持中和，这里的"守"有两层意思，一是解释为"把持"，即不受外界的影响，坚守自身所养的"正气"充盈；二是解释为"控制"，即从阴阳之道的意义上控制"阴"或者"阳"的滋生，使阴阳相合而处于恒定的状态。从这里我们看到范公在对历代先哲思想重新认识的基础上，就修身这一儒学的基本要素综合了易理、道学和儒家的观念，并使之融会贯通，从而形成范仲淹人生修为的理论基础，也为宋代理学的形成开始了探索性的准备。

三、《四德说》与范仲淹的君臣之道

自汉代开始以儒为尊之后，随着皇家对经学的重视，也伴随着依附于皇亲国戚和士卿重臣的士族门阀势力的形成，儒学由于被学阀所垄断而成为统治政权的一种精神手段，开始逐步走向罢撤诸子百家而不断僵化的过程，也因此使得儒家经学成为政治的文化产品，从而脱离了文化的本性。因此经过唐末和五代纷乱，一批归隐于乡野和中途退居山林的士族学儒及其后人，从本已官僚化的政治枷锁中游离而出，在自由的精神环境中获得了一次思想的解放，面对社会的长期动乱而造成的生灵涂炭，也开始对文化的本义和文化人的社会责任进行重新的思考。范仲淹正是在此时代背景下，从对易理的再认识中开始了儒学的再造，为立学、治国实践进行理论准备。中国文化人的人生脉络在各自的人生轨迹和特定的社会历史条件下分化为两条不同的走向：一条是进入政治权力体系的仕途之路，一条是进入精神层面的立学之路。《孟子》曰："古之人得志，泽加于民；不得志，修身见于世。穷则独善其身，达则兼济天下。"从而达到"立德、立功、立言"的理想追求。而以范仲淹为代表的宋代文化阶层却形成了一批合而为一的精英士夫，成为宋代的一道独特的人文景色。

所谓"易"，早期是指一种名为蜥蜴的虫类，今天称之为"守宫"，即变色龙。引申为研究、总结、把握、推演人类生活与自然变化相互作用的内在规

一
风骨郁越

律,如东汉郑玄提出的"《周易》者,言易道周普,无所不备"的立论,从而形成一门学问。"易"在夏朝时有"连山易",商代时有"归藏易",而周人创立的《周易》则更加完备和精到,故为后人所推崇,尊之为"经"。《易经》是中华文化的哲学根源,从历史发展看,中华民族的文化观皆以易理为源泉而取象于不同的视角,如老子取其阴阳之道,孔子取其君臣之道,荀子取其用法之道,墨子取其德惠之道,鬼谷子取其诡异之道,孙子取其谋伐之道。范公对易理的深入研究和重新诠释是基于事物发展的变易之道,以"易道"玄机来认识和处理君臣、君民和为政的正确关系,以中和立学与致用、修心与处世的两极关系,故其在《四德说》中说道:"虽《文言》具载其端,后之学者或未畅其义,故愚远取诸天,近取诸物,复广其说焉。"其"远取诸天,近取诸物",就是指效法自然而合于人事。而范仲淹则以处世之道法于自然之理,以自然变易为用世之机,使天道人事互为一体。

首先范仲淹认为易分乾坤,以定君臣;三阳为乾,君之象也;三阴为坤,臣之象也;内外中正,德位天时。因此《周易》中乾卦三十应是天子的为君之道,而坤卦三十则是君子的为臣之理,只有明确区分,才能各定其位,各尊其德,各持其理,各守其常。所以范仲淹在《易义》篇中说:"天尊地卑,道之常矣。君处上,臣处下,理之常矣。男在外,女在内,义之常矣。"但是乾坤变化关系的关键则归之于"元、亨、利、贞"四个字,因此范仲淹专门著有《四德说》一篇以论述之。

《易经》首卦开篇就是:"《乾》:元、亨、利、贞。"因此"元亨利贞"就是《易经》全篇的大纲,也阐明了事物的起始、发展、变化、终止等规律。《子夏易传》曰:"元,始也;亨,通也;利,和也;贞,正也。"由此可知"元"意指事物的开始、发生,以及生发之初的状态,这是一种静的态势。而范仲淹则进一步从人性的角度理解,其《四德说》中说:"夫元者何也?道之纯者也。"并根据为君、为人、为父、为子等关系,引申为"其迹异,其道同,统而言之,则善之长也"的道统正则。何为"善",我理解为非善良和慈善的"善",而是纯和妙善的"善",即心善、意善、气善、智善、行善合而为一的性善,也是"正"之本体的易变妙善,这就与范仲淹蒙以养正的道理相一致,也开启了宋代理学人本主义的先河。所谓"正"即是"善",养正就是养善,其善之长,其正亦成矣,故有"人之初,性本善"之说。这并不是说人之初,性就是善的,而是指从蒙养的原则讲,性的根本在于善因滋养以为正。因为元者至纯,所以就要通过教养培育人性的至善本源,这就需要对灵性固本根源。所谓"亨",《易经》中意谓通顺、通达、通融,以及与其他环节相互交合的一种状态,这是一种动的态势。范仲淹《四德说》曰:"夫亨者何也?道之通者也。"并根据天、地、人三才相合与君臣、父子、家国、族群相睦的关系,引申为"其迹异,其道同,统而言之,则嘉之会也"的道统之时。此之"通",非通过的"通",而是通和的"通",正所谓《彖》曰:"云行雨施,品物流形。"而天、地、人三才交合通顺的"上重诸贤,下尽其学,礼乐交泰,睦族兴会,民悦圣欣,德善政和"的理想之态。所谓"利",《易经》为中和、利善、义正、融会之义,以及阴阳相合、万物相承、心物为一的兴和状态。范仲淹在《四德说》中阐发出为政之理:"夫利者何也?道之用者也。"并将和谐理想的社会常态,引申为"其迹异,其道同,统而言之,义之和也"的道统之象。此之"和",非一团和气的"和",而是在相生相克中保持中和的"和",正所谓《彖》曰:"乾道变化,各正性命,保合太和"的正大光明之态,这为宋代理学名教开宗做出了理论性的探索。所谓"贞",《易经》为元、亨、利的终极,其意为"正"为"道"。《说文》中说:"贞,卜问也。从卜,贝以为赘。"也就是正确地判断问题,以及引申为最终结果。在这里也可以理解为终始相一,就是一生万物,万物又归终于一,其结果就是圆通、圆满与圆觉,从而开始又一次"元亨利贞"的循环往复,这也就是范仲淹蒙以养正的终极目标。范仲淹的"贞",如《四德说》所说:"夫贞者何也?道之守者也。"并由此阐发为国家、家族、个人在道法体系运作下的状态。如范仲淹所说:"其迹异,其道同,统而言之,则道之干也。"也就是说要以德为仁,以义为理,以典为依,以礼为行,因此是一种守的态势。此之"干",非干事的动词"干",而应为名词的"干",即所干之事合于道之意,就是尊崇自然理性的作为,也是其作为回到初始"元"的时候的纯静妙善的积蓄之地,正如《彖》曰:"首出庶物,万国咸宁。"及老子"虚静守笃"的太一境界。所以范仲淹将元、亨、利、贞四者统称为"道",而将阐述这四者及其相互关系称为"教",也是天地自然与国家个人的纲论,以及君子修身立学的根本。如此则能达到"周旋进退,不离四者之中,如是则其殆庶几乎"的君子治国之功,范仲淹也正是以此为自己的处事原则和立身之本,并开始参与政治而行道于天下的。

四、《易义》与范仲淹的治世哲学

四德立,乾坤易,天道行,礼仪宁,令则出,教化通。然通此四德在于变易,行之具体则以俟时、察势、知变为要务,故范公言:"四者未能兼行,则出乎彼而入乎此,出乎此而入乎彼。"(见范仲淹《四德说》)并提出"故曰易无体,而圣人之言岂凝滞于斯乎?"(见范仲淹《易义》)的易义观点。通过仕途行道于天下,留名青史,载之史册,是大多数文化人读书立学的目标。但纵观历史,伴君如伴虎,入朝如涉险,使民如行舟,非纸上乾坤耳。故能义察于天,德著于地,行依于礼,诚藏于心,文彰于正,忠呈于上,情察于民,智出于政,令决于断,和显于朝,得此十者方为全。因此范仲淹在立纲之后,又对明乎进退与四时机变的卦爻,即《周易·下经》的卦经深入而系统地进行研究,并撰《易义》一篇以明之。

范仲淹在《易义》中从认识论和学以致用的角度,对各种卦象的阴阳变易进行分析后,抓住动静凶吉、社会变迁和形势变化的规律,将其引申为治世之用,根据所处不同的境况而动静有度,提出了"君臣交泰,政在于常,进退有机,礼为常纲……动静有时,循序渐进,中正不偏,守中不辱,内刚外柔,顺天应人"的为臣之道,使三才中人的主观作用得到充分发挥而又与天、地合为一体,从而形成范仲淹从理论到实践互为作用的哲学体系,达到"是以圣人德合乾坤,道通昼夜,法至神而有要,臻大道而多暇,有以见秉尧智以无为,而民自化"(见范仲淹《穷神知化赋》)的理想治国大道。观范公一生,议事进言、主政改良、边关经略、兴学赈灾、举荐褒奖、内勤家教、以德交友等,无不体现其易学思想。

《周易》作为六经之首,浩察天地微奥,穷极人智灵光,哲化万象归朴,存德立正致用,成为人类历史之智慧结晶。东方哲人以发散式的思维,善于取精用宏,统合纷杂,举一反三,直透真奥,所谓繁者乃用简而返璞归真是也。古往今来,皓首穷经者代有人出,解《易》之文数以百计,易学论说三千余家,统而言之,不过象数、义理、史事三宗,而首开宋代义理之先河者,当属范公。无论李觏的《易论》,胡瑗的《周易口义》,欧阳修的《易童子问》,张载的《横渠易说》,程颐的《伊川易传》,司马光的《温公易说》,还是苏东坡的《东坡易传》，乃至南宋朱子心学的理论来源，无不受其影响，其微言大义，源远流长，影响深广。

五、范仲淹的文化品质与内圣外王的哲学思想

范文正公的一生，以内圣外王、唯德是尚的蒙养正性和刚柔之道，以出世之修为，建入世之功德，并以易理之大义，为本已式微的儒学注入了鲜活的生命力。正如浙大宋学研究中心的束景南教授所言："在几千年传统文化发展的历史长河中一代一代出现的思想家，从孔子到朱熹到康有为，他们的文化精神都不是对儒家文化系统的破坏，而只是对这种静态文化系统的完善和改良。"（见束景南《朱熹研究》）宋代的文化人生逢政通人和、百废待兴、上下交泰的开明之世，因而意气风发、各显其能，从而使宋代成为中华文明史上一次十分重要的"东方的文艺复兴"的典范。范仲淹以自强不息的君子风范，卓学厚德的蒙养修为，文以载道，行以格物，易以治世，学问、修心与仕途合而为一。

范公集儒学、易学于一体，并始终保持了一个纯粹文人的独立品性，在治国、立德、治学三者并行的道路上笃行。先生以德修心，以品立人，进退有礼，中和至诚，独立慎思，外和内刚。范仲淹以内圣外王为政治理想，力求通过自己的为政之道开一代文化士风，以实现自己的政治抱负和道德追求。所谓内圣乃通过自身的人格品性和道德文章以德教化，外王则是"圣人感人心，而天下和平"的治世功业。所以范公一生所敬仰者实唯东汉的严子陵，赞赏有加的君臣楷模为东汉的严子陵与汉光武帝，君臣交心，相尚以道。故赞之曰："盖先生之心，出乎日月之上；光武之器，包乎天地之外；微先生，不能成光武之大；微光武，岂能遂先生之高哉？"（见范仲淹《桐庐郡严先生祠堂记》）为何尊仰严子陵，就在于严先生"唯先生以节高之"的独立人格与道德情操，所以能"得圣人之清，泥涂轩冕，天下孰加焉"。而以苍生为重的使命感和以畅情为学的精神归宿感长存于心中，使这两者之间以易道行之则得其所在，也因此有了范仲淹"先天下之忧而忧，后天下之乐而乐"的千古名篇。先生之"忧"是外王以天下为己任而达到和平之艰难的物象之忧，正所谓："居庙堂之高则忧其民，处江湖之远则忧其君。是进亦忧，退亦忧。"（见

一 风骨郁越

范仲淹《岳阳楼记》)先生之"乐"是内圣以悠游心灵化境,琴瑟与自然和音,诗书与同道畅意,把酒临风,文章妙笔,渔歌互答,林泉对语忘情的心象之乐。范仲淹的哲学建树,在中国文化史上具有重要的历史地位,应该给予重视,并系统、深入地开展研究。

2014 年 8 月 31 日写于濯石斋

让历史成为我们前行的动力

——记浙江安贤生命博物馆抗战胜利七十周年纪念活动

  浙江安贤生命博物馆是于2011年由浙江安贤园发起,经浙江省文化厅、浙江省民政厅批准创办的,我国第一家以生命为主题的民非组织形式的博物馆。早在成立之初,浙江安贤生命博物馆就以现代陵园殡葬经营为依托,以中华民族古老的殡葬所蕴含的文化意义为核心,通过博物馆的多功能市场经营,开发以揭示生命文化、探索生命价值、研究生命形式、塑造生命尊严为主题的内在品质,以留存为岁月尘封的历史记忆,构建生命永恒的历史丰碑,传续独具民族意识的精神脉络,从而成为反映民俗走向、体现生命尊严、释放亲情孝爱、引导文化生活的一处精神家园和生命教育基地。我们认为生命的历史产生于大众,生命的风采来源于平凡,生命的品质基于人类的情感,生命的尊严得益于终极服务的关怀。因此从看似平凡的人生中,发觉其不平凡的人生价值;从每一个生命的历程中,体现出社会用大爱的接力,从而为后人呈现一条延绵传续并不断发展的生命脉络,反映和回归殡葬行业应该具有的时代意义。

  基于以上理念,浙江安贤生命博物馆设计建设由"生命历史馆""生命艺术馆""生命教育馆""生命纪念馆""生命风采馆""生命礼仪馆""生命展示馆"等七大场馆组成的功能性场馆,编撰刊物《生命》,并以凸显浙江历史文化为重心,力图发掘、捕捉和揭示浙江大量历史事件和文化现象中,为人们所忽视及隐藏于其中的生命价值。在浙江省民间组织管理局和省市民政部门的支持和关怀下,与各院校、专业机构和社会组织建立协作关系,以座谈、考察、讲座、走访、展览和联谊等多种形式,走进社区、院校、机关,共同开展

一 风骨郁越

广泛的以生命为主题的社会活动,并取得了引人瞩目的成就,为浙江文化建设和历史研究提供一个具有特殊视角的平台。

机缘巧合,我们与浙江一批爱好历史文化的志愿者建立友谊,并密切关注着他们的动态。其中有"我们爱老兵网"的关爱老兵志愿者,他们在抗战精英飞虎队队员吴其轺之子吴缘先生的带领下,通过十年的努力,利用业余时间长期在各地寻找和走访参加过抗战的老兵,共找到至今活在世上的抗战时期的老兵500余人。这些抗战老兵目前大多九十多岁高龄,在浙江广大的农村中一直艰难地生活。他们苍老的外表下,心中仍然有着当年为了民族的存亡与日本军队浴血奋战的一腔热血。通过对他们的走访和日复一日的关照,一段段已为人们渐忘的艰难历史浮出了水面,一个个悲壮的故事,拂去了岁月的尘埃而呈现在我们的面前。我们由此深深地领悟到,记住在抗战中每一个士兵的名字,寻找他们早已干枯的血迹,给他们行一个庄严的敬礼,就是对抗战胜利最好的纪念。

七十年前在中国大地上展开了一场四万万同胞为了民族和家国的存亡,齐心协力共同抵抗日本军国主义侵略的战争。作为世界反法西斯战争的一个重要的组成部分,其战况之激烈和牺牲之惨烈,在整个民族史上史无前例。为了牢记侵略战争对世界和平和人类尊严的野蛮践踏,为了使国人牢记今天的和平与幸福是数千万抗战志士的流血牺牲所换来的,为了让后人永远铭记在这段历史中每一个抗日战士所表现出的不屈的民族精神,让历史成为我们民族复兴大业的坚强动力,在纪念抗日战争暨世界反法西斯战争胜利七十周年即将到来之际,我们每一个中国人应该有所反思,有所作为,有所启迪。作为一家以殡葬文化为核心、以弘扬生命主旋律为主题的博物馆,如何在实际工作中承担一份社会的责任,以切实体现社会主义的核心价值观和历史文化观,这是值得我们认真思考的问题。我们通过对抗日战争这段历史的认知,从民族文化心态的角度,深深地感到中国人对家乡的依恋和情深,对土地的忠诚和热爱,对和平的向往和珍惜。当面对日寇的野蛮侵略和疯狂杀掠,爱国的情怀在每一个国人心中迸发,他们决然离乡,血染沙场,埋骨青山。每一个抗战的士兵都是我们永远的记忆,每一个为国捐躯的战士都是我们永恒的纪念,每一个在这场战争中牺牲的无名勇士都应该为他树立一座丰碑。浙江安贤生命博物馆从2014年开始,进行大量的社会调查,走访了参加过抗战的老战士,并邀请浙江大学史学专家和社会相关组织举行座谈研究,确定了在抗战胜利七十周年,由博物馆发起并联合社会各界,共同举行"浙江抗战老兵纪念活动系列",并由浙江安贤园在园区内建设"浙江抗战老兵纪念园",以此作为生命博物馆一处开展生命宣传的爱国主义教育基地。

　　然而在活动的前期筹备过程中也遇到了来自内部和外界认识上的阻力,主要是由于国民党军队与共产党领导的人民武装在抗战中地位的不同认识,以及长期形成的固有思维模式。安贤园中国施华董事长、浙江安贤生命博物馆施俊馆长力排众议,给予了我们坚定的支持,并提供了经费保障。于是我们在阅读大量近代历史资料的同时,又邀请不同层面的研究工作者进行座谈研究,并多次组织认真学习和研读习近平主席近年来大量有关历史问题的讲话,从中我们深刻地感受到以习近平总书记为首的党中央在率领全国人民奋发图强的理论探索实践中,所形成的一条科学、客观、务实的历史观脉络,是指导我们果断行动的理论基础。2015年是抗日战争暨世界反法西斯战争胜利七十周年,国人充分认识到抗日战争是中华民族历史上一次全民族反抗侵略的战争,是世界反侵略反法西斯战争的重要和平力量。纪念抗日战争胜利七十周年,使我们更加正确地认识历史,以利于中华民族的大团结,促进社会主义现代文明的和谐发展。所以在我们与社会各界大

2015年3月18日在浙江日报馆举行的纪念抗战胜利七十周年启动仪式上,国共抗战老兵代表与社会各界代表合影

一
风
骨
郁
越

量的交流和沟通中,逐步得到了充分的肯定与支持,并有越来越多的组织参与到我们的行动中。

2015年3月18日,由浙江日报传媒、浙江省殡葬协会主办,浙江老年报、浙江安贤生命博物馆承办的,为纪念抗日战争暨世界反法西斯战争胜利七十周年而开展的"浙江抗战老兵系列纪念活动"的启动仪式,在浙江日报馆隆重举行。民革杭州市委、省市老干部活动中心、省台属联谊会、省市新四军历史研究会、省市殡葬协会、浙江省历史学会、浙江图书馆、浙大离退休工作处、杭州市历史学会等各社会团体作为支持单位参加了这次活动。来自我省各地的二十多位抗战老兵来到会场,赢得了一片热烈的掌声。他们和各界代表、志愿者、专家学者齐聚一堂,在慷慨激昂的抗战音乐声中走进会场。在启动仪式上,面向社会发起开展浙江抗战老兵系列纪念活动,通过寻找老兵、展示老兵和纪念老兵三大主题来纪念抗战胜利七十周年,以展示浙江艰苦卓绝的抗战历史。浙江省军区原政委马翼良、浙江省军区原司令员黎清、参加过湖北宜昌枣宜会战的老兵钱清等代表纷纷发言,并上台手印珍藏版印模。随后特邀专家学者代表和主办单位代表相继回答了记者们的提问,最后在大家同唱一首抗战歌曲的歌声中宣布活动正式启动。原中国美术学院院长、著名艺术家、新四军老战士肖峰先生和著名电影表演艺术家袁立也到场祝贺。

清明即将到来,为向全省各新闻媒体通报清明期间殡葬行业各项服务举措,由浙江省殡葬协会主办、浙江安贤园承办的2015年清明通气会于3月22日在浙江安贤园举行,来自省内殡葬行业的代表和全省新闻媒体记者约300人齐聚浙江安贤园内的曲水流觞苑,而会议的一项重要内容就是举行浙江省第一家浙江抗战老兵纪念园的奠基仪式。浙江抗战老兵纪念园是爱国主义的教育基地,通过殡葬形式来传承和丰富文化,正是浙江安贤生命博物馆一项重要的历史使命。

浙江抗战老兵纪念活动启动仪式和浙江抗战老兵纪念园奠基仪式的成功举行,在社会上引起了广泛的关注和影响,各大新闻媒体给予了大量报道,我们不断地接到抗战老兵家人的来电,申请预订纪念园的纪念墓,以及为我们提供各种线索。得到了社会各界的广泛响应,成为社会关注的焦点,是以殡葬的文化内涵和纪念的生命意义在社会政治生活中的一次正面亮

抗战时湖北宜昌黄花乡南边村国民革命军第七十五军预四师野战医院旧址

相，是中国现代殡葬历史上的一件具有划时代意义的大事。

寻找老兵就是要找回深藏于人民之中那坚贞的不朽精神，当敌寇摧残我们的人民、掠夺我们的资源、霸占我们的国土的时候，他们抛家离子，与敌人拼死决战。他们是普通的士兵，更是祖国的骄子，他们或埋骨他乡而为岁月尘封，或隐姓埋名而为生活所困。当我们迟到的纪念消息，通过新闻媒体的宣传向四面八方传播，我们开始不断地接到老兵的电话，桐乡的一位叫孙芝发的老兵，抗战结束后就回到家乡务农，生活的贫困在他的脸上留下纵横干枯的无数条沟壑，他告诉我们的只是一个要求，就是如果能站在台上戴上大红花则此生无憾。还有一位老兵在电话中一直不停地向我们倾诉，他说：抗战胜利回家后，一直无法面对生活，因为整个身心仍然停留在战争的场面中，看到一个个朝夕相处的战友在身边倒下，自己活着回来了，却无法面对他们的亲人，无法面对众多牺牲的战友，心早已跟随他们走了，活着只是为他们而活，为的就是给老兵们一份尊敬，因为老兵们是为了国家而战，为了民族而战。在诸暨的大山中，有一位老人告诉我们，他的父亲傅林生是1923年入党的老党员，1927年任慈溪地下党组织部长，后奉命长期潜伏在国民党中。由于上线联络中断，1949年后被打成反革命。改革开放后，他的儿子找到时任文化部副部长的陈荒煤，陈部长得知他是傅林生的儿子时，激动地说："他在哪里？他是我的入党介绍人啊，我一直在找他。"当组织部门找到傅林生了解情况时，他已痴呆卧病在床，什么都不说。因为在他心中只有一

一 风骨郁越

个信念,那就是党组织的事打死也不说。就是他们傅家,一个家族就有140多位先人参加抗战,称得上是浙江抗战第一家族,据说当年阵亡通知书接二连三地送来,以致他们看见送信的人就怕。就是这样鲜为人知的千千万万个老兵们,用生命筑起了钢铁般的长城,英勇地抗击侵略者,使具有数千年文明历史的中华民族屹立不倒。因此我们与散布在浙江各地的"我们爱老兵网"的志愿者们一起,努力地寻找他们,书写他们深藏于血脉中不屈的品格,记住他们每一个抗战老兵的名字,还给他们应有的荣誉和敬意,为他们树立一座座永恒的丰碑,从他们奋不顾身的英勇事迹中领悟到生命的崇高价值,并延续流淌在他们血液中的永远不变的民族意志,这正是我们开展此项活动的终极目标。在志愿者多年历经艰辛的奔走中,在新四军历史研究会的同志们长期的努力下,我们找到了仍然在世的参加过抗日战争正面战场抗敌的老兵500余人,以及坚持在家乡开展游击战争的老新四军战士近千人,他们平均年龄90余岁。

在7月7日这个令全中国人民世代不会忘记的特殊日子,由浙江图书馆与浙江安贤生命博物馆联合举办的"浙江抗战历史图片展"在浙江图书馆展览厅开幕,参加开幕式的有来自杭州的市民600多人。展览共分"野蛮侵略""奋起反抗""全民抗战"和"抗日名将"四个部分,共150幅历史照片,这些老照片揭露了日本侵略者在浙江实施的反人类罪行,见证了浙江人民不畏强

2015年6月浙江省殡葬协会代表考察湖南长沙
春华山抗战遗址时,与守墓人刘金国老人(右三)合影

暴、反抗侵略的不朽事迹。展览在社会上产生了很大的反响,历时十天的展览参观者达数千人,并应各县市的要求,展览结束后在浙江各地开展巡展活动。

中华民族从诞生开始就一直生活在这片古老的土地上,并一代又一代精心地呵护着它。家乡是心中的牵挂,是灵魂的最后归宿。功成还乡,落叶归根,祖祖辈辈深情依恋的家乡,是中华民族内在情感的根源,而期盼亲人的归来,更是家乡亲人们挥之不去的心结。在1937年抗战全面爆发时,浙江开始了全面动员,并组建了三支军队直接参加抗战,他们是由俞济时任军长的国民革命军第七十四军,由周喦任军长的国民革命军第七十五军,以及由谭启龙、何克希指挥的国民革命军新四军浙江三北游击队。除浙江的新四军游击队长期坚守在敌后根据地抗敌以外,另两支军队参加了淞沪会战、徐州会战、兰封会战、万家岭战役、南京保卫战、上高会战、武汉保卫战、随枣会战、长沙会战、枣宜会战、鄂西会战、常德会战等近百次战役。他们率领着浙江健儿,一路奔袭,日夜奋战,有的与敌人同归于尽,有的则在厮杀中倒下而埋骨他乡,只有极少数在胜利后带着满身的伤痛回到了家乡。七十多年风雨岁月,七十多年沧桑变幻,然而在各地长埋英灵的山冈平原,依然是一片寂静,每当冬季北风凛冽,我们隐约听到冲杀的怒吼;每当春天微微的暖风吹拂,满山的黄花朝着家乡悄然地绽放。他们在九泉之下依然思念着家乡,他们等待着亲人前来寻找,并能带他们回家。接英灵回家是我们这次活动的一项重要内容,然而由于历史的原因和岁月的流逝,资料和线索已经十分模糊,寻找英灵掩埋之处困难重重。但当我们纪念抗战老兵的消息传播开来,新闻媒体和各地志愿者为我们提供了大量信息。

来了,家乡的亲人;来了,浙江的父老。2015年5月10日,浙江省殡葬协会、浙江安贤园、浙江安贤生命博物馆和"我们爱老兵网"的代表一起来到了湖北宜昌的黄花乡。在湖北宜昌修建高速公路时,发现有大量的遗骨,当地专家考察并查找历史资料,认为这里是国民革命军第七十五军预备役四师的阵亡将士墓地。得知这一消息,我们立即查阅档案,证明了该处是预四师的野战医院,在枣宜会战中,七十五军在此布防,预四师在黄花乡与日军激战,大量的伤员运到野战医院后不治身亡,故就地掩埋,大约有三千将士埋葬在此地。战役结束后,当时的预四师师长傅正谟自费买下了这片土地,并在此建立抗战阵亡将士墓园,亲自撰写碑文。由于战事紧张,无法知道他们的姓名和所在部队,所以三千个墓碑上只刻有数字编号。我们又对七十五军军史进行研究,基本确认该地埋葬有大量的浙江籍阵亡将士。来到宜昌后,在宜昌市殡葬协会和区民政局领导的陪同下前往墓地现场,我们面对众多家乡的英灵,低首默默地向他们行礼,并向当地组织表达了浙江人民希望迎接浙江抗战将士英灵回家的愿望,得到了当地部门的理解与支持。

来了,带着浙江人民嘱托的浙江省殡葬协会一行;来了,一直在寻找他们的浙江的志愿者们。2015 年 5 月 24 日,我们终于来到湖南长沙县春华镇。春华镇的父老乡亲们,春华镇的志愿者们,在春华镇守着这片抗战将士墓地长达五十多年的刘金国老先生,终于盼到了浙江的亲人。我们一下车,他们就与我们紧紧地拥抱,在场的人无不感动。这是一次迟来的拥抱,这是长达七十四年的两地情,这是一次即将载入史册的湘浙两地亲人的相会,他们都有一个共同的愿望:接抗战英灵回家。在湖南长沙的春华山,日军为了打通湘桂黔通道,进一步威胁四川,再次发起进攻长沙的行动。远在江西的七十四军急调长沙,其中五十八师在春华山阻击,到达当日就与日军发生激战,争夺要地几易其手,尸横遍野,血染大地。这支从浙江走出一路与日军作战的队伍,时任军长为王耀武,五十八师师长廖龄奇,副师长张灵甫。据说战斗异常激烈,每日都有大量浙江士兵阵亡,仅春华山一战,双方伤亡各

2015 年 7 月 18 日在湖南长沙春华镇举行"接抗战英灵回家"启灵祭典仪式

达万人,给日军以沉重打击。战后当地百姓把春华山阵亡的抗战官兵数千人埋葬在春华山的吴寺冲。我们来到春华镇后,湖南的朋友们带领我们考察了墓地现场,当年战壕等工事和战斗的痕迹依稀可见。我们面对此景,悲痛与敬仰之情油然而生,不由向英灵长眠之所深深地鞠躬致敬。走访了当地参加过这场战役的老兵,聆听和拜访了守墓五十多年的老人,听他讲述守护墓地和保护墓碑的一个个故事,并在春华镇政府举行的座谈会上,达成了湘浙两地共同举行祭拜及启灵仪式,以庄严而神圣的礼仪接英灵回家的意向。

湘浙两地社会各界和新闻媒体大力支持和积极配合,特别是《浙江日报》报道了长沙春华山发现的抗战阵亡将士墓有浙江籍将士的消息,在媒体的帮助下,我们找到了在春华山阵亡的 118 个浙江籍抗战将士的名录,随后浙江各大媒体相继报道寻找他们的家人。经过我们多方努力,一个个亲人浮出了水面,一个个信息不停地在浙江的农村、乡镇和城市中开始传递,我们的专线电话也由此铃声不断。

七十四年后,时间定格在公元 2015 年 7 月 18 日上午 9 时 30 分。由杭州市殡葬行业协会、浙江安贤生命博物馆、浙江安贤园、"我们爱老兵网"、长沙县殡葬协会、湖南老兵之家联合举行的湘浙两地纪念春华山抗战阵亡将士公祭启灵仪式,在湖南长沙春华镇春华山阵亡将士墓地隆重举行,中央电视台、新华社及各地数十家新闻媒体进行了报道。前来参加活动的有两地相关组织、主办单位、浙江籍阵亡将士家属、抗战老兵、志愿者、学生和村民共 300 余人,使已寂静多年的一个不为人知的小山坡顿时人头攒动,热闹非凡。人们肃穆敬立,久久地向英灵们垂首默哀,一个个花篮缓缓地由代表们护送敬奉至灵前,鲜花在风中不停地向英雄们摇动,花篮上的挽联也低垂而静穆。浙江省殡葬协会常务副会长、杭州市殡葬行业协会会长施华先生代表浙江人民走向灵台,轻轻地整理着花环和挽联丝带,述说家乡的思念。在思念亲人的音乐声中,在震天动地的礼炮声中,在热血澎湃的人们心中,世人见证了这一庄严的时刻。亲人们手捧装有英灵们血与土、灵与骨的灵骨盒,在礼仪人员的护送下走向灵车。回家了,英雄们!当灵车启动,在场送行的人群洒泪向渐渐远去的灵车不停地挥手:再见了,抗战英灵们一路走好!

2015 年 7 月 19 日上午 10 时,护送湖南长沙浙籍抗日阵亡将士英灵回家

一 风骨郁越

抗战老兵志愿者与安贤园领导护灵启程

的灵车经过 10 个小时的长途跋涉驶进杭州,当年正是这些抗日健儿壮怀激烈从这里开赴抗战前线,在阔别了七十八年后的今天,终于回家了。今天的杭州已经不是当年兵荒马乱、军阀横行的杭州,今天的祖国也不是当年愚昧落后、任人宰割的中国,如果英灵有知,一定会为他们的牺牲感到自豪。10 点 19 分,浙江安贤园大门口,数十家新闻媒体早已在路边架好的摄像机旁等待,由专车开道的护灵车队浩浩荡荡地向我们驶来。"回来了,回来了!"激动的人们高声叫了起来,上百名记者开始涌向灵车,几百名来宾和小学生们夹道迎接,浙江安贤园礼仪官跑步来到灵车前,立正敬礼,并高声报告:"浙江安贤园礼仪队奉命迎接春华山浙籍抗战阵亡将士入园!"这时英雄交响曲响起,迎接英雄凯旋,少先队员集体向英雄们行队礼,人们跟随着灵车走向抗战老兵纪念园。随后在即将完工的浙江抗战老兵纪念园内举行的英灵葬礼上,著名抗日将领张自忠将军的孙子张纪祖先生来了,原七十四军五十八师副师长张灵甫将军的儿子张道宇先生来了,新华社资深记者和台湾军史专家来了,抗战老兵们来了,阵亡将士家属来了,守护墓地五十多年的村民来了,浙江省各界代表来了。近500 人在浙江抗战老兵纪念园广场伫立,人们满怀敬意地注视着高大雄伟的抗战纪念碑,碑上由浙江省原常务副省长、百岁高龄的翟翕武先生题写的雄浑有力的"气壮山河"四个字,震撼了我们的心灵,面对一个个在灵台上供奉的灵骨盒,心中充满了无限的感怀。由浙江安贤生命博物馆代表宣布葬礼开始后,中国殡葬协会青委副主任施俊先生致辞,张纪祖先生讲话,随后家属们手捧灵骨盒,在安贤园礼仪的护送下,在安魂曲音乐声中,沿着铺就大红地毯的祭祀台阶,走向春华山浙江籍抗战阵亡将士墓,这时礼炮响起,青山回荡,苍天敬穆。英灵回乡,与故乡大地深情拥抱;亲人常伴,与父母长眠相依不离。

各大媒体向四面八方发出一个声音:抗战英灵终于回家了!举国瞩目,国人振奋。我们看到了民心所向,看到了民族的希望,看到了祖国的伟大。我们向世界证明,只要战争的阴影还在,只要霸权的思维还在,纪念是我们永远的主题。历史的巨轮已经起航,我们将不停地寻找浙籍抗战将士,并把将士的英灵接回家乡。随后我们又前往湖北迎接三千浙籍将士回家,我们接回远在异国他乡的远征军将士,我们为报名预约的所有抗战将士建设纪念碑,我们将在抗战老兵纪念园的纪念墙上铭刻一个个浙籍抗战老兵的名字。

2015 年 7 月 19 日在安贤园举行的"接抗战英灵回家"安葬仪式上,著名抗战将领后裔与各界代表合影

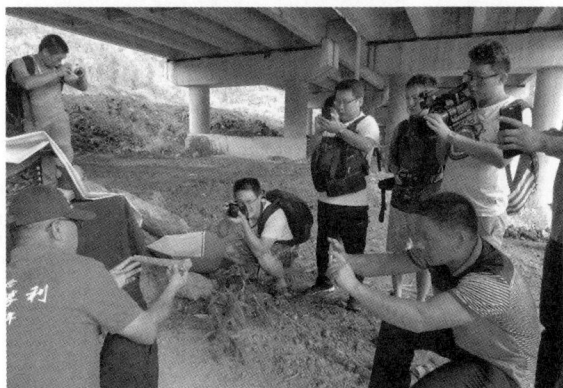

2015 年 8 月浙江抗战老兵志愿者在湖北宜昌黄花乡南边村发掘出浙江籍抗战将士遗骨

风骨郁越

2015年8月19日，浙江安贤园与宜昌市殡葬协会在遗骨发掘现场举行纪念仪式

浙江抗战老兵纪念园主纪念碑

在今年9月9日隆重举行的浙江纪念抗战胜利七十周年大型公祭仪式上，在纪念园中树立起新四军、七十五军、七十四军、二十八军、缅甸远征军等浙江抗战将士为国捐躯的一座座纪念丰碑，在博物馆内展示一幅幅、一件件历史的印证。在雄壮的国歌声中，武警官兵以军礼向烈士致敬，少先队员举起右手发出庄严的誓言，浙江省、杭州市和来自外省的数十个单位代表缓步向抗战纪念碑献上花篮，心中澎湃着自豪的热浪，千言万语化作一个深深地鞠躬，以此向英雄致意，告慰英灵。在当天举行的"浙江抗战历史座谈会"上，杭州市历史学会会长、陈布雷先生外甥赵一新先生主持会议，浙江省历史学会会长、著名史学专家沈坚教授致辞，各单位代表、抗战名将后裔、海内外专家学者纷纷发言，对浙江抗战历史和浙江人民在抗战中的贡献给予了

2015 年 9 月 9 日在浙江抗战老兵纪念园举行公祭
仪式

深刻阐述和高度评价,最后由浙江省民政厅代表对浙江安贤园开展抗战胜利纪念活动给予了充分赞赏,对座谈会上各界的发言给予充分肯定,并对活动的成功举办表示祝贺。

　　让历史成为我们前行的动力,让英灵在浙江这片沃土获得永恒,让生命的不朽价值与天地同在。浙江这片古老而厚重的土地,是中华文明一处重要的发祥地和东方文化汇聚兴盛的一大重镇,千百年来浙江人从家乡走出,并带着浙江人特有的精学创业的精神,为祖国的强大做出了巨大的贡献,乃至为之付出生命。我们也真情地呼唤,家乡是你们生命的港湾,是你们精神的归属,是你们生命的源泉,归来吧!

浙江安贤生命博物馆

2016 年 1 月 27 日

一　风骨郁越

沈括与王安石及"熙宁变法"

　　沈括是北宋时期一位杰出的科学家,其一生的科学研究和他的《梦溪笔谈》等多部著作记载的内容非常广泛,涵盖了天文、气象、历法、数学、地质、地理、物理、生物、化学、医药、文学、史学、音乐、艺术、民俗、建筑、工程、水利、农艺、考古、军事、哲学等二十多个领域,曾被英国剑桥大学的李约瑟教授称为"中国科学史上的坐标"(《中国科学技术史》),日本著名数学家三上义夫在他所著的《中国算学之特色》中对沈括评价道:"如果在别国中去找能够和沈括相比的数学家,那么德国的来本和法国的卡罗,在某点上或可和沈括比较,仅若一面远胜沈括,同时又多才多艺,那就谈不到了。仅有希腊的阿契泰斯,他的学识经验最能和沈括相比。总之,沈括这样的人物,在全世界数学史上找不到,唯有中国出了这一个人。"由此可见,沈括在世界科学史上的地位之重要。

　　沈括一生致力于科学事业,并且还是一个政治家、军事家和改革家,站在当时的时代前沿,这与他长期生活在社会的基层,以及北宋开明的治国理念和社会经济的迅猛发展有一定的关系。

　　沈括,别字存中,祖居杭州钱塘,祖上自五代十国以来,几乎没有人为官,也没有很多的田产,所以一直比较清贫。沈括在他的《长兴集》中说:"伏念臣出自寒门,苟循世绪,尫陨白首,无一亩以退耕;黾勉清时,希斗食以自禄。"(《谢谪授秀州团练副使表》)自从其曾祖父任大理寺丞,沈家开始走上了仕途,其父亲沈周,官至太常寺少卿,分司南京。沈周在考取进士后,知润(今江苏镇江)、泉(福建泉州),后任开封判官,不久转任江南东路按察使,由于年老体弱,皇祐三年(1051)回到家乡杭州,同年去世。1052年10月,沈括葬父于钱塘龙居里。由于沈周主要任各地的地方官,且为官清廉、亲民勤事,沈括常年随同父亲，对社会下层生活多有接触，比较了解百姓的苦衷，这为他今后重视水利、气象等研究以及日后积极支持王安石变法奠定了思想基础。

沈周的墓志铭是由王安石撰写的，当时年轻的王安石虽官职不高，但已以诗文名世。不知是沈周还是沈括与王安石相识，至少在此时，沈括已与王安石开始了交往。王安石，字介甫，号半山，江西抚州临川人，生于1021年，庆历二年（1042）进士及第，历任扬州签判、鄞县知县、舒州通判等职，熙宁二年（1069）任参知政事，次年拜相，主持变法，元祐元年（1086）病逝于钟山（今南京）。祖父王用之，曾任卫尉寺丞。父亲王益，字损之，曾为临江军判官，一生在南北各地做了几任县官。沈括与王安石两家家境相同，父辈都是长期在各地任地方官，且生活条件也不宽裕；两人的人生经历都是进士及第，并从基层开始做起，由于政绩突出而升迁至京城；他们由于长期生活在底层，对社会矛盾和百姓生活十分了解，因此同有改革变法的思想。所以沈括与王安石相识、相交、政见相同和积极变法也就在情理之中。

王安石比沈括大10岁，并于庆历二年21岁时考取进士。沈括因父亲离世而守丧终制后承袭父荫为吏，从24岁开始到33岁的十年间，至和元年任海州沭阳县（今江苏沭阳）主簿，至和二年代理东海县（今江苏东海）县令，嘉祐六年任宣州宁国县（今安徽宁国）县令，嘉祐七年任陈州宛丘县（今河南淮阳）县令，嘉祐八年才考取进士。所以沈括在《除翰林学士谢宣召表》中说这段时间是："一纪从师，讫无一业之仅就；十年试吏，邻于三黜而偶全。"其生活之艰苦，事业之艰难，在沈括的人生中没齿难忘。直到嘉祐八年进士及第后，沈括的人生才开始了转折。在考取进士后，出任扬州司理参军，得到上司转运使张蒭的赏识，治平三年（1066）经张蒭推荐调京昭文馆编校书籍，并在提举司天监的这段时间里，他的几个重要的天文学说在此时建立。

王安石变法吸取了范仲淹"庆历新政"变法失败的教训，避开了政治上容易触及保守派利益的吏治问题，转而以国家财政为重点，以解决北宋因战争和社会矛盾引发的经济窘迫为主要方向，通过经济改革的成功来引发政治上的革新。虽然王安石不乏聪明之处，但仍然逃脱不了失败的命运。因为社会的一切变迁和转型，必定通过文化的作用在意识上制造动力，才能牵一发而动全身。如春秋时诸子百家的兴起为社会变革创造了推力，欧洲的文艺复兴为君主立宪和工业革命提供了思想准备。否则必然引发一场悲剧式或破坏性的结局,所以有人说王安石的变法加速了宋王朝的灭亡。中国文化传统源于其独特的自然地理、风土人情和生活习性,故较其他文化更加具有其特殊性。由于中华文化的属性所在,它自始至终应具有神圣性、庄严性、崇高性和本土性,所以从一开始就具有高度的精神性、哲学性和伦理性,并且以文化性的方式对自然物象给予了哲学性的表达,即对与生活(精神和世俗)相关联的物质和用品赋予了生命和情感,并给予意象性的拓展空间,从而使物质成为人类心灵表达的一种形式。以生命为永恒的主题,并在不同的形式转换中以物质为载体呈现出对世人的关照,从而构成生生不息、往复循环和聚合嬗变的哲学观。在中华文化的作用下所生发的每一次社会的变革都是缓慢的、持续的、以潜移默化的方式进行。那种爆发式的以革命的激进方式展开的变革,往往同时伴有巨大的破坏性,就像欧洲的法国大革命,我国近代的辛亥革命、五四运动等,其结果是在推动历史发展的同时,也造成了社会的进一步分裂与战乱。基于此,王安石的变法注定了它的短命。

王安石的"熙宁变法",自熙宁二年(1069)王安石参知政事开始,至熙宁九年(1076)王安石罢判江宁府为止,历时七年。在变法前,沈括在京为官,即与王安石多有往来,在交往中必定谈及变革之事,且相谈契合。沈括任馆阁校勘时,曾奉旨考定郊礼沿革,革除典礼中诸多浪费之处,并编成《南郊式》。《宋会要辑稿·礼》说熙宁元年(1068)合祭天地,神宗"悉罢游观,遂减彻门阙亭苑,省草木禽兽千七百余事",当是沈括建议所致。为了配合对农田水利变革,曾提出历法不能单靠推算,还须用实测来参验的天文学思想。王安石变法开始时,沈括丧母回杭州守制。熙宁三年(1070)沈括回京复职,在王安石的建议下,第二年迁任太子中充检正中书刑房公事。其职品秩虽然不高,权柄却很重,对新法的推动起到了很大的作用,据记载蔡确曾告曰:"朝廷新政规画,巨细括莫不预。其于役法,讲之固熟。"(《续资治通鉴长编》)变法期间,沈括还在熙宁六年(1073)奉命前往两浙相度农田水利、差役兼察访。这次江南之行,主要是因为水利专家郏亶在苏州兴修水利,受到吕惠卿和当地豪族的反对而半途终止,所以王安石向神宗建议:"括是本土人,熟悉当地的利害;性情也谨密,应当不敢轻率从事。"(见张家驹著《沈括》)而正是这次江南行,沈括开始与王安石之间发生龃龉。这主要是因为王安石变法中大量起用新人,而新人中不乏宵小之辈,吕惠卿就是其中一个。于是乎,伴随着变法的开始,利用变法摄取利益者有之,因变法而结成政治集团者有之,因急功心切而独断专行者有之。正如司马光有言:"夫聪察强毅之谓才,正直中和之谓德。才者,德之资也;德者,才之帅也……是故才德全尽,谓之圣人;才德兼亡,谓之愚人;德胜才,谓之君子;才胜德,谓之小人。"所以因变法而废弃法度与用人的道德标准,则变法必将背道而驰,并进一步加剧士人官僚政治群体的割裂。沈括与吕惠卿的矛盾,进而上升为沈括与王安石的矛盾。当时的御史蔡承禧在弹劾吕惠卿的奏章中说:"顷者沈括自两浙察访回,其所措置少异其说,则惠卿沮难诬毁,力欲黜除。赖陛下之圣明辨直。而今括又为两浙察访,恐发其在两浙奸贿之状,遂严为饮食之会,曲加煦煦,以络其欢心。括所嗤笑,世人莫不知之。"然而由于王安石过于亲信吕惠卿,反而加罪于沈括,并对神宗说沈括内怀奸利之心,是一个反复无常的小人,暗中破坏新法。但终其一生,沈括从未对王安石有半分成见,并对王之学说及变法之事时有赞词。所以沈括是"熙宁变法"的积极支持者、贡献者和牺牲者,因此其在元丰五年被贬为均州(今湖北随州)团练副使后,遂萌生退意。元丰八年哲宗即位,颁布即位赦令,沈括终于遇赦东移,以"不得签书公事"改授秀州(浙江嘉兴)团练副使,专心编绘《守令图》。《守令图》编绘成功,哲宗予以嘉奖,并允其自由居住,便从秀州迁往润州(今江苏镇江),五十八岁的沈括购置地一处,建有一园,取名"梦溪",并在这里完成了他的一部传世杰作《梦溪笔谈》。他在《自序》中说:"予退处林下,深居绝过从,思平日与客言者,时纪一事于笔,则若有所晤言,萧然移日。所与谈者,唯笔砚而已,谓之《笔谈》。"

    沈括对家乡情有独钟,虽一生在外漂泊,亦十分眷恋家乡。绍圣二年(1095),因老病交加,在润州黯然离世,享年六十五岁。据《宋史》记载,北宋绍圣二年括病逝后,归葬钱塘。万历《钱塘县志》记载,沈括墓位于安溪太平山南麓,墓已湮。1963年将其墓列为杭州市文保单位,1986年列为余杭县文保单位,2009年列为杭州市文保单位。1983年余杭县开展文物普查,在太平山下安康医院发现宋代墓一座,经文物考古人员根据出土钱币、翁仲制式、墓葬遗物等物品,确定为沈括时代的宋墓。遗憾的是未发现墓碑及墓表等能证明是沈括墓的相关文字证据,故证明该墓为沈括墓还缺少充足的证据。因此,要证明该墓是沈括墓,还需更进一步的鉴定和新的发现。但有几

一 风骨郁越

个问题仍然值得探讨：一是为什么哲宗允许沈括自由居住后，沈括选择了润州而不是杭州，但去世后为何又归葬余杭？二是其父沈周的墓在钱塘龙居里，该地点在何处？如果不在太平山附近，沈括为什么不归葬祖地？三是杭州应该还有家人或者房地产，因为沈括为其父母两次守制，应该受到家人的关照或者有祖居可住。综上所述，留待进一步研究。

写于三江濯石斋

2016 年 8 月 7 日

维圣哲以茂行　忘荣辱唯忧乐

——浅析《离骚》和《岳阳楼记》及作者人格塑造

中华文化历经五千年的发展历程,始终伴随着社会生态的变迁、生活形态的稳定与政治格局的完善而不断成熟,从而形成大一统的以形而上的姿态予生活以哲学化的文化体系,由此生发出以精神性的心灵意态和生活情态为表现内容的文化艺术,以附着于一切生活物质和自然生态,并通过各种表达形式和文化现象得到彰显。精神化、人格化和意象化构成了中华文化及其艺术的核心品质,而且这一品质又通过气质(家风)、情致(风雅)、风骨(文性)、习性(生活)、内涵(学问)、人格(精神)得到综合的体现。

一、中国文化内涵及其诗意人格

中国文化士人所追求的境界是通过文化的作用来达到人格的完善,即修身、齐家、治国、平天下。修身是通过以文养性达到完善自身的人格修养,齐家是通过自身的修养建立家庭的和谐秩序,治国是以其贤明干练理政辅国,平天下则是依靠道德修养辅佐君王以圣明统天下。所谓"文化",主要是指人们由精神生活所发散和衍生的一切现象和生态习性,即"以文教化"与"修养"。何谓"文"? 文即理智,也即是文化昌明之意。六朝的刘勰在《文心雕龙·原道》中说:"心生而言立,言立而文明,自然之道也。"何谓"教"?《白虎通·三教篇》中说:"教者,效也。上为之,下效之。"何谓"化"? 孟子曰:"有如时雨化之者。"赵岐注:"化,教之渐渍沾洽也。"何谓修养?"修"即修身,《大学》说:"格物、致知、诚意、正心,修身之道。"即"古之欲明明德于天下者,先治其国;欲治其国者,先齐其家;欲齐其家者,先修其身;欲修其身者,先正其心;欲正其心者,先诚其意;欲诚其意者,先致其知;致知在格物"。而修养落到实处就是一个字"孝",孝是什么? 不是只有孝敬父母才是孝。"居处不庄,非孝也;事君不忠,非孝也;莅官不敬,非孝也;朋友不信,非孝也;战阵无勇,非孝也。"(见《礼记·祭义第二十四》)所谓忠孝不能两全,其实是对孝的概念的割裂与曲解,正所谓孔子曰:"夫孝,始于事亲,中于事君,终于立身。"(《孝经·开宗明义章第一》)是故立身为孝之根本。"养"即为养性,《中庸》说:"天命之谓性,率性之谓道,修道之谓教。道也者,不可须臾离也,可离非道也。"何为道? 志道据德,依仁游艺也。故司马光有云:"夫聪察强毅之谓才,正直中和之谓德。才者,德之资也;德者,才之帅也……是故才德全尽,谓之圣人;才德兼亡,谓之愚人;德胜才,谓之君子;才胜德,谓之小人。"

中华文化的综合性表达主要体现在以文学艺术的形式赋予心意灵动的飞扬及其哲学性的思考,即音乐、绘画、文字、诗词、书法、雕刻等综合性、多层次、多样式的流露,而诗歌则是人格的写意性雕琢。人类精神活动起源于音乐,并在音乐的发展过程中诞生了诗歌。所以中国的文学艺术发展从音乐、诗歌、辞再发展到赋、散文等更加自由的形式,而诗词所具有的一切特点最后都在其他形式的发展中得到了更加充分的继承和发挥。第一,诗词具有音乐的律动和起伏,其起承转合流畅而紧密;第二,诗词精练准确的文字,尽情表达了内心感悟;第三,诗词的赋、比、兴等多种手法的运用,能更加婉约而精到地传情达意;第四,诗词平仄格律的变化更能烘托环境和加强语义;第五,诗词形象的生动性和想象力的凸显,使意境具有无限延伸的画面感;第六,诗词的韵味与自然山川融为一体,使气韵在阴阳和合中涓涓流动。所以诗言志,以心志见其人品;诗传情,以心纯见其情致;诗达意,以心境见其意韵;诗见性,以心性见其人格;诗表心,以心源见其风骨;诗出象,以心象见其澄明。故而孔子曰:"思无邪。"(见《论语·为政第二》)其思也高远,其隐也纯净,其柔也飘逸,其驰也奔放,其止也恰然,是而无邪,因而为其他文学表达形式所继承和拓展。诗意成为一切文化表达的灵魂之所,其品之高低皆以其诗意之境界而立,此因诗中立见人格之江河浩渺。因此《礼记》中评"五经"曰:"其为人也,温柔敦厚,《诗》教也;疏通知远,《书》教也;广博易良,《乐》教也;洁净精微,《易》教也;恭俭庄敬,《礼》教也;属辞比事,《春秋》教也。"(见《礼记·解经第二十六》)诗列五经,当属实至名归。何为"经"?

刘勰《文心雕龙》曰:"'经'也者,恒久之至道,不刊之鸿教也。故象天地,效鬼神,参物序,制人纪,洞性灵之奥区,极文章之骨髓者也。"可见诗历来为国人所重,而温柔敦厚、清纯稚雅非诗无以至其功效,诗正是中国文人人格铸造必修之重要内容。

二、音乐属性对楚辞风格的影响

诗、辞、歌、赋表现的重要元素就是音乐、哲思与风情,因为只有音乐的抑扬顿挫和节奏的起伏,才能使之更加具有丰富的内在韵味,并且在运用赋比兴的技巧中,让思想在天地间纵横驰骋。所以《礼记·乐记》中说:"凡音者,生人心者也。情动于中,故形于声。声成文,谓之音。"以天籁之音吟而成诗,则"奋至德之光,动四气之和,以著万物之理。是故清明象天,广大象地,终始象四时,周还象风雨"(见《礼记·乐记第十九》)。斯可谓感天动地者,乐与诗也。因地域不同,风情不同,心态不同,习性不同,从而造就了诗的格调丰富与灿烂,更推动了文学艺术的发展。《旧唐书·音乐志》记载:"自周隋以来,管弦杂曲将数百曲,多用西凉乐。鼓舞曲多用龟兹乐,其曲度皆时俗所知也。"沈括的《梦溪笔谈》说:"自唐天宝十三载,始诏法曲与胡部合奏,自此乐奏全失古法。以先王之乐为'雅乐',前世新声为'清乐',合胡部者为'宴乐'。"学者基本定义宋词音律的渊源,也旁证了诗、辞、歌、赋等一脉相承的音乐性。自古画有南北之说,诗也有南北之别,乐亦有南北之音,故王国维在《屈子文学之精神》中说:"夫然,故吾国之文学,亦不外二种之思想。然南方学派仅有散文的文学,如老子、庄、列是已。至诗歌的文学,则为北方派之所专有。"南北由于地理、气候、风土和人情之异,则显风格之蜕变与情理之偏颇。北方寒冷,地势开阔,故心胸博大,思想睿智而向以坚韧合于天下,故重诗理,然重理则固执易偏。南方温湿潮热,水渚阡陌,故情致风发,思想敏锐而向以机变谋于方寸,故重诗情,然重情则善变易淫。清末民初的刘师培在《南北文学不同论》中也说:"大抵北方之地,土厚水浅,民生其间,多尚实际。南方之地,水势浩洋,民生其际,多尚虚无。"王国维亦曰:"南方之人,以长于思辨,而短于实行,故知实践之不可能,而即于其理想中求其安慰之地,故有遁世无闷,嚣然自得以没齿者矣。若北方之人,则往往以坚韧之志,强毅之气,持其改作之理想,以与当日之社会争。"(见《屈子文学之精神》)可谓精辟之论也。诗出于《诗经》,风、雅、颂大多以北方为主,而辞则是南方之音律与北方之诗意相糅合而成,并由此创造了我国又一个新的文学形式,即楚辞。从此中国的文学艺术跃上了一个更高的哲学意境和精神层面。

楚辞为什么诞生在楚地而不会在其他地方?首先楚地是中华先祖炎帝统辖之地,传说炎帝葬在现在湖南的炎陵县,所以楚地是中华文化的一个重要组成部分。中华民族是一个多民族和合的混合民族,还包括西部、南部、北部等众多历史上曾经有影响的民族。所以中华文化从它诞生开始就是在不断融合中逐步发展与成熟,并在这一历史过程中产生了一条文化的血缘关系。其次楚国地处我国中部,湖泊、河流交叉,崇山峻岭蜿蜒逶迤,文风妖丽,民族众多,族群独居,风俗尚朴,巫术盛行,性格强悍,多情随性,故形成相对独立于中原的风貌。因此其为文多因情而动,随意率性,含章露华而不守成规,在日常生活中多出男女私情与神灵依附之民歌,故其士夫贵胄文风多受其影响。另外楚国乃公元前1000多年周文王分封熊绎为君,始建楚国,至为秦所灭,历时800年,有44位国君当政,强盛时辖有今湖北、湖南、安徽、江西、河南、贵州等地,据《史记》记载齐桓公、晋文公、楚庄王、秦穆公、宋襄公为春秋五霸,齐、楚、燕、韩、赵、魏、秦为战国七雄。故虽偏居一隅,然与中原多有联系,受中原文化影响颇深。虽"书楚语,作楚声,纪楚地,名楚物",但其统治思想仍以中原正统王道为主,故其文立意正而用词丽,自由奔放,不拘一格。这种充满理想化人格表现手法的书写方式,使得楚辞摆脱了中原过于理性、生涩和刻板的创作定式,以浪漫主义美学及自然与神性相结合的风格,用情至深,用词至华,用心至诚,用意至远,以极富感性、自由、柔美与灵动的色彩,如音乐般的流动和行云式的舒畅,盛极一时,从而在中国文学史上独树一帜。

三、从《离骚》看屈原的人格品质

楚辞是在公元前300年至前200余年时楚国士大夫创作的一种文体,其代表性人物有屈原、宋玉、唐勒、景差等,其中以屈原最具代表性和开创性,其他几位则随其后。所以就中国文化而言,但综文史,必论楚辞,欲论楚辞,必引屈原。

屈原,名平,字原,亦名正则,字灵均,战国末期楚国丹阳(今秭归县)人。约生于公元前339年,约卒于公元前278年,共经历了楚威王、楚怀王、楚顷襄王三个王朝。屈原先祖为皇帝之孙高阳,父亲伯庸,幼时受到良好教育,天资聪慧,好修为常,娴于辞令,博闻强识,品性廉贞,颇有抱负。屈原早期因文章任兰台宫文学侍臣,后任楚怀王左徒、三闾大夫,因小人谗言两次被贬流放,悲愤之余,相继创作了《离骚》《九歌》《天问》《九章》等大量作品。楚顷襄王二十一年(公元前278年)家国沦亡之际,决然投江自尽,以生命的悲壮之举来祭祀终生不渝的理想。

中国的文化士夫注重心灵内在的修为,学有其求,修有其径,文化士夫在修为过程中因各自的取向不同,必将走向两条不同的道路,即一条是沿着修身、齐家、治国、平天下的途径实现自己的抱负,他们即是我们所称的士人;一条是沿着修身、齐家、立学、教化天下的道路完成自己的理想,他们就是我们所称的士夫。前者以孔子、管子、孙子等为代表,后者以老子、庄子、韩非子等为代表。前者是以入世的心态去改变现实,后者是以出世的修行去追寻理想,因而两者之间又是在矛盾中相互作用。然而在现实生活中,往往两者兼而有之,所以很多文化士夫在这两者之间的纠结与挣扎中,最终走向毁灭。屈原就是这样一位中华美学史上孤寂高傲的伟人,他流传至今的以《离骚》为代表的杰作,使他的品格被历代文人极力推崇,达到世界文化史上的高峰。

屈原作品大多是在其被排挤时的悲愤之作,是在积怨至深的忧郁中发自肺腑的至情至真之言,给读者以触及灵魂的心灵涤荡。《史记·屈原贾生列传》中评其曰:"其文约,其辞微,其志洁,其行廉,其称文小而其指极大,举类迩而见义远。"刘勰更是赞曰:"不有屈原,岂见《离骚》?惊才风逸,壮志烟高。山川无极,情理实劳。金相玉式,艳溢锱毫。"(见《文心雕龙·辨骚第五》)屈原的出生地秭归位于巨川深谷、风光旖旎的鄂西偏远山区,跌宕起伏的山峦,狂放奔腾的江河,以及丰富多彩的神话传说和放浪不拘的私情野色,使得诞生在该地的屈原获取得天独厚的滋养。楚地由于地域的隔绝,以及原始风俗与弥漫于其间的神秘巫术,现实生活中充满了放荡与淫秽习气,

一 风骨郁越

贵族中也弥漫着淫靡之风。宋代理学大家朱熹在《楚辞集注》中说:"蛮荆陋俗,词既鄙俚,而其阴阳人鬼之间,又或不能无亵慢荒淫之杂。"故《诗经》因国风好色而不淫,也就自然排斥了楚国大量的民歌。正是这种环境,造就了屈原恃才傲物、桀骜不屈而又充满诗幻般理想的个性,并在其家学渊源的影响下洁身自好、不染尘习、品学出类。朝夕发奋于自我的修养,决心效法先贤圣者的品德,宁"伏清白以死"而不"忍尤而攘诟"。其志趣、学识和品性于当世高洁逸远,出于众学者之上而千年无人追其后。其悲世事之不公,哀众生之苦甚,忧家国之不举,愤君臣之伤化,怨宵小之工巧,诽峨眉之善淫的悲切之心,直入肺腑。故司马迁感慨曰:"其志洁,故其称物芳。其行廉,故死而不容。自疏濯淖污泥之中,蝉蜕于浊秽,以浮游尘埃之外,不获世之滋垢,皭然泥而不滓者也。推此志也,虽与日月争光可也。"(《史记·屈原贾生列传》)

不但在楚国,甚至在整个神州大地上,屈原孤芳自赏、卓尔不群和洁身自好的品质也是独一无二的。屈原具有特立独行的性格和对大自然的独特敏悟,以及"民生各有所乐兮,余独好修以为常"的人格修养和"虽体吾犹未变兮,岂余心之可惩"的不为佞小所污的高傲。然屈原品格修养几近圣洁,其政治抱负欲效尧舜,故其人格一方面追求闲云野鹤式的自由自在,另一方面又需周旋于各种权贵之间,由此屈原内心产生激烈的冲突,并形成人格的对立。这种人格的对立,最终导致了屈原人格的分裂,从而在面对挫折时必然怨声载道而郁郁不得志,正如《史记·屈原贾生列传》中说的:"屈原至于江滨,被发行吟泽畔。颜色憔悴,形容枯槁。"也正因为极度的悲情由心而发,才产生了千古绝篇《离骚》。

正如郭沫若所说:"楚人是把在政治上统一中国的功名和产生了一位屈原的功名兑换了……由楚所产生出的屈原,由屈原所产生出的《楚辞》,无形之中在精神上是把中国统一着的。中国人如果不灭种,中国文如果不消灭,《楚辞》没有毁灭的一天。楚人的功劳是不朽的,屈原是会永远存在的。"以《离骚》为代表的楚辞,以美学的浪漫主义的创作手法,独有的理想主义的精神气质,以率性的神话般的诗意流泻,以天然造化般的借喻表述,以空灵飘逸、神采飞扬的优美辞藻,创造了千古绝唱的华美篇章和独树一格的"骚体"。屈子者,其品亦清,其辞亦华,其文亦逸,其人亦廉,为后世所追之不及。

四、《岳阳楼记》与范仲淹的思想品格

楚辞为中国文学创作的艺术形式开启了一扇大门,从汉赋到宋词乃至抒情式散文的兴起和发展,无不受到楚辞的影响。楚辞自由随性的抒发和文采飞扬的用词,以及极富乐感的抑扬顿挫和长短交错的表现手法,成为历代文人士夫张扬个性、畅情立论和凸显风骨的文学体裁。宋代集文学家、政治家、思想家、军事家于一身的范仲淹所著的《岳阳楼记》,为《离骚》之后的又一经典杰作。该文立意高绝,品格奇伟,气势恢宏,波澜壮阔,结构严谨,舒展奔放,转合自然,典雅醇正。观先生之文,立见先生之浩然正气;品先生之人,耳闻先生之高山流水;思先生之德,叹绝先生之华章隽永;知先生之心,景仰先生之风骨卓然。明代毛一鹭评其为:"凡欧之温润,苏之豪迈,曾之笃雅,王之严洁,亡所不有。"

作者(左一)在参加第五届中国范仲淹国际学术交流会时与浙江学者合影

范仲淹生于端拱二年(公元989年),卒于皇祐四年(公元1052年),字希文,祖籍姑苏(今苏州),出生于一个低级官吏之家。然考其先祖不失为仕宦之家,且其曾祖、祖父皆于吴越钱氏朝廷为官,故为读书世家。二岁而孤,母亲谢氏改嫁苏州朱家。少年时发奋读书,精通经史子集。经科举及第为进士后授广德军司理参军,曾任兴化县令、秘阁校理、陈州通判、苏州知州等

风骨郁越

职,因秉公直言屡遭贬斥。康定元年(1040 年)与韩琦共同担任陕西经略安抚招讨副使,共抗西夏,巩固西北边防。庆历三年(1043 年)出任参知政事,上疏《答手诏条陈十事》主持庆历新政。庆历五年(1045 年)新政受挫,被贬离京,历任邠州、邓州、杭州、青州知州。范公一生忠正,行于仁义。诗词律赋,化风立论。究儒探理,开宗著说。彪炳青史,一代楷模。故司马光称曰:"雄文奇谋,大忠伟节。充塞宇宙,照耀日月。前不愧古人,后可师来者。"(《代韩魏公祭范文正公文》)

《岳阳楼记》一文是应老友滕子京的请求而作,其时范仲淹正处于庆历新政失败而遭贬的人生低谷,也正与屈原被楚怀王疏远处于相同的际遇。其情相似,其悲亦同,但出文却立旨甚远。何者?二人虽相隔千年,而天赋同高,品性同洁,心境同清,志向同远。然时代不同,蒙养有别,个性相异。自战国至北宋,经秦汉、魏晋、南北朝、隋唐、五代到有宋一朝,已越千年,其文化的包容、整合与成熟已远胜从前,精神的诉求和人格的塑造不可同日而语。屈子其时之楚国地处边远,民风乃属原始生态,是故随性多神,生活态度自然而靡散。而宋初之江浙,随中原文化之南移及南北之融合,民风尚质,人文及乡,书画入户,教学涉村,是故蒙学之始已得修养,文化昌明。春秋战国时期的文化品质和人格修养处于分裂的状态,即"守正"与"处世"的关系因社会的乱象而对立,所以屈原因在忧郁中不甘精神的沦落而自沉汨罗。随着范公对"蒙以养正"的思想更加深入地进行研究,并提出了"蒙"与"正"之间相互作用的关系,提出"是知蒙正相养,圣贤是崇。欲求乎不失其正,必在乎受之以蒙"(见范仲淹《蒙以养正赋》),从而达到"浑兮若浊,下民无得而称焉。暗然而彰,圣功亦在其中矣"(同上)的最高修为观念。并以"易道"玄机来认识和处理君臣、君民和为政的正确关系,以中和立学与致用、修心与处世的多极关系,达到道与术的合一,志与意的合一,心与物的合一,君与臣的合一,守与行的合一。因此在治国与立学中,以道学为源,儒学为宗,释禅为心,言行守一,刚柔相济,和而不同,唯德是依,处变不惊,临危不惧,守正养廉,忧乐天下。正是这种忧乐思想和内圣外王的理想,在实现自己抱负的过程中,因失败被贬外乡的困境中,范仲淹欣然接受了滕子京的邀请,以优美的辞章倾吐其人格品质,以达到灵魂升华与精神的超越。范公偈《过庭录》载:"滕子京负大才,为众忌嫉,自庆阳帅谪巴陵,愤郁颇见辞色。

文正与之同年，友善，爱其才，恐后贻祸。然滕豪迈自负，罕受人言。正患无隙以规之，子京忽以书抵文正，求《岳阳楼记》。故记中云：'不以物喜，不以己悲。先天下之忧而忧，后天下之乐而乐。'其意盖有在矣。"范公"文章器业，凛凛然为天下之时望，又雅意在山水之好"，故以天光览物之华美辞藻，哲思境迁之万象情缘，诗意充沛之悠扬音律，一吐胸中万千气象。

五、《岳阳楼记》与范仲淹的人格境界

范仲淹的《岳阳楼记》由情所动，为心所感，立论发思，借景见性，高风亮节，豪迈超逸，流畅精练，激荡起伏，格高意深，亦可为中国散文之绚丽美文范例。该文由景抒情，其悲、喜、忧、乐之情态心境极矣，若止于以景抒情，则沦为一般文人骚客之有感而作。范公此文起于缘由，立转物状，借物状而出情思，由情思昭显思想，立思想凸显其高风亮节之风骨与处世天下之品格，其豪迈之气、激荡之情、婉约之风、奇崛之象一气呵成，斯文可谓绝美之极。据司马光《涑水记闻》卷十记载："滕宗谅知岳州，修岳阳楼，不用省库钱，不敛于民，但榜民间有宿债不肯偿者，献以助官，官为督之。民负债者争献之，所得近万缗，置库于厅侧，自掌之，不设主典案籍。楼成，极雄丽，所费甚广，自入者亦不鲜焉。州人不以为非，皆称其能。"岳阳楼建成后，滕子京邀请范仲淹作记，苏舜钦书写，邵竦篆额，时人称滕宗谅政绩，范仲淹文章，苏舜钦书法，邵竦篆额为"四绝"。

文章以"先天下之忧而忧，后天下之乐而乐"作为立意的核心来结尾，使整篇文章在一波接一波的推澜下，如大河之下涌起之巨浪，迎面飞泻而又戛然而止，如天星之璀璨，五彩之流溢，使人立见其用心之极，立意之明矣。然先生何忧？非因"去国怀乡，忧谗畏讥，满目萧然，感极而悲者矣"而忧，实因圣上心惑无执，其人生理想夭折，世人囿于利以委曲求全而忧也。先生何乐？非因"长烟一空，皓月千里，浮光跃金，静影沉璧，渔歌互答"而乐，实因正直充于朝，友朋诗文争辉于庭，天下朝圣于中华，理想为天下尊崇，修道得养天年，族群争相奉和于祠而乐也。故忧不去则乐不至，先去其忧则乐后自至矣。

范仲淹先生何以去忧？大忠、大节、大直、大气。何以得乐？大悟、大

一
风
骨
郁
越

雅、大痴、大隐。能得此,则需具备意境、气韵、风骨三大品质,并在此基础上修炼而成内发于外的气质,艺道俱精的学问,独立自在的人格和随心所欲不逾矩的习性,正所谓《中庸》曰:"喜怒哀乐之未发,谓之中;发而皆中节,谓之和。中也者,天下之大本也;和也者,天下之达道也。致中和,天地位焉,万物有焉。"所以修身就是使身心进入中和的恒定状态,以此才能达到达则兼济天下、穷则独善其身的自由境界。

2016 年 8 月 27 日写于三江濯石斋

艺韵流芳
YI YUN LIU FANG

阅尽险滩成大河

　　中华文化所蕴藏的精神内涵厚重博大,充满了深邃的人文本性和思辨的哲学思维,它是一代又一代的文化者历尽磨难,静心抱守对天、地、人的理解和冥思,承前启后地不断凝练所产生的一门人与自然和谐共生、造化参悟的学问。在历代文人身上集中体现了人类的宽宏、睿智、坚韧以及对生命的情怀。岁月流逝,世事变幻,如今仍然为后人所记忆的文人大家却只有沧海一粟,这不由让人们感叹"浪淘尽,千古风流人物"。

潘韵在外写生

二　艺韵流芳

潘韵与潘天寿、诸乐三、王端和等艺术家在花港观鱼

　　我们面对沧桑，在无奈中惋惜，努力去发觉被岁月湮没的瑰宝；我们与时俱进，更应该珍惜曾经影响我们，并且从我们身边走过的每一位博学尊长。值得庆幸的是曾经几被遗忘的著名山水画大家潘韵先生，今天又回到了我们身边，他那精湛的艺术风采和正直不阿的人格品性为人们所赞赏、怀念。今年是中国美院教授潘韵先生诞生一百周年，在众多学子和文化界人士四处奔走和多方努力下，为其举办了系列纪念活动，这为世人又开启了一座艺术宝库，令我们大感欣慰。我十分荣幸地自始至终参与了潘韵纪念活动的发起、组织、联络工作，在与朱馥生、王伯敏、包辰初、刘江、肖峰、孔仲起、曹文驰、金家骥、周沧米、徐银森、俞建华等众多学者的沟通过程中，逐步了解潘韵先生坎坷多难的人生历程和执着追求的人文精神，从他们身上感受到对潘韵先生深厚的情谊，感悟到艺术大家一脉相承的人文情操，也更加深了对中国文化精神内涵的理解。

　　一个卓有成就的艺术家，必定具有宽宏的性情、深邃的思维和敏锐的灵气，而贯穿始终的思想灵魂和艺术真谛是人性的至真至诚。潘韵先生的艺术人生就是对"真"的诠释和追寻，他的"真"是智者的"真"，是充实于自己精神世界而溢于言表的"真"。潘韵先生的真情在其画作中得到了尽情发挥和表现，它体现了潘韵先生出于对民族、祖国、家乡无法割裂的情感而产生的"率真"，为艺术而生，并在不断净化精神的过程中由心而生的"纯真"，以及

由此产生的从有我到无我，从成熟理智到脱俗率性的稚雅的"童真"。

性情宽宏博大造就了精神境界的高尚，表现在现实生活中就是率真的个性。经历人生才能理解人生，理解人生才能感悟人生，并在感悟和理解的过程中触发心灵的美化。人生的情感需要在修养中不断提升，是从自然的无我到有我，再飞跃到理性脱俗的无我境界。潘韵先生所表现的率真品性就是心有山川大地、情系民族祖国的忘我情怀的流露，是无我、无欲、无私的精神体现。人品如此，画理也如此。我们从潘韵先生反复绘就的多幅"风雨归舟"画作中也明显地体味到其精神的升华过程。

作者在潘韵纪念会上发言

作者(右)在潘韵纪念展与王流秋(中)、赵宗操(左)合影

潘韵先生在 1957 年因大胆谏言而被错划为右派后的数十年间,面对社会的巨大压力和内心无比的痛苦,在困惑之中用画笔来表达自己的思想,曾多次反复创作了以"风雨归舟"为题的杰作。从前期的嫉愤和茫然的心态表露,到中期的不屈和抗争的铮铮铁骨,再到后期的面对山摇地动,我心平淡安然的无欲境界,我们不难感受到潘韵先生的率真已渐入大象。

潘韵先生首开国画表现时代精神之先河,创作了大量反映新中国农村新气象的作品,这是对中国共产党领导人民翻身解放进行讴歌的率真流露。中国真正的文人一直坚守着自己的情操,向来疾恶如仇,不畏权贵,坚持真理。这是一种为维护大义、宁舍自我而不改其真的气节,也是民族精神的精髓所在。潘韵先生的率真品性毫无刻意做作,完全是内心世界充满博爱的生命激情外溢,人们为其笑对生活的态度所感染。潘韵先生把痛苦留给自己,把真诚传给大家。

东方文化精神讲究人性的修养和人格的塑造,十分强调从世俗物欲的迷惑和干扰中独立出来,通过心灵的修炼和净化,以海纳百川的广阔心胸,使自己融于自然之中,并以此把握人生的价值和方向。言为心声,画也是心声,是作者借助于笔墨而产生的诗化的语言,感情的线条,思想的画面。它是作者精神世界中对大自然的理解,对生命的感悟,对世人的启示。所以国画艺术的精深内涵不是视觉感官的满足,而是人性至善至美的表现,这也是与西方美术本质上的区别。国画艺术的完美表现不尽在笔墨技巧,而在于作者厚实的文化修养和纯真的人格品性,是思想的艺术化、人性化的表达。我们在欣赏潘韵作品时,深深地感受到作者心灵的纯真和深邃而富有的精神世界。

潘韵先生的画作气势磅礴,浑厚华滋,笔墨苍劲,率性飘逸。凸显北宗之豪迈,内藏南宗之灵秀。心不在笔墨,而笔随心动;墨透纸上,而心在画外,是把作者心灵的流动和学识修养尽情地艺术化的表现。故国画艺术是思想的痕迹,是人品、学识以及精神修养的对白。所以,首先成为思想家和学问家,才能成为书画艺术家。书画是他们言情达物的一种最高的表达方式,学问和品性的高低,决定其画品的高低。要达到先贤们所追求的崇高境界,必须远离世俗的困扰,守心静气地专研学问,参悟天地自然的造化,才能升华自己的情操,感悟到艺术的真谛。

潘韵诞生 100 周年艺术展

潘韵生前居住的南山路 222 号

　　潘韵先生以十分虔诚的态度把国画艺术创作当作自己神圣的使命,当作自己生命的全部。他在搬迁新居而能拥有自己的一张画桌时所表现出的难以言状的激动,是他纯真秉性的一次宣泄。他在福建创作时因有人擅自改动他的作品而大发雷霆,是他纯真秉性的一次爆发。他晚年病情已到晚期时,在给包辰初先生的信中还十分惦记海盐进行书画活动的准备情况。国画艺术已根植于潘韵先生的灵魂之中。

二 艺韵流芳

当一个艺术家的生命完全与艺术融为一体时,其真情的展示往往表现出那种来于自然又回到自然,天性无邪而又返璞归真的童真,这种童真已从茫然的初始上升到本性真实的高层次上,这也是历代人文大家之所以成为大家的共同特点,是不惑无欲大化心境的自然表象,是无视世俗愚钝的随心所欲。潘韵先生的童真是历经世态,备受创伤,从率真到纯真,再进入一个无我的自由王国。是风雨人生、心已归舟而到达彼岸的平静。潘韵先生喜与学生在一起,恣意随性,毫无老于世故、故作高深、装腔作势的俗气。

潘韵作画用的笔砚

潘韵常用的印章

潘韵墓

　　潘韵先生在今天就像一面一尘不染的明镜，我们纪念潘韵先生，就是希望通过这面镜子启示我们应该追寻的方向。潘韵先生具有平凡而又崇高的心灵，他是近现代传承和发展民族文化的众多大家当中的一位，我们今天的繁荣是他们毕生追求和奉献的结晶。今天社会各界共同纪念和缅怀潘韵先生，使我们看到在迷茫中仍然有众多有识之士在坚守着民族文化精神。我们感到十分欣慰的是能得到社会的广泛支持，安贤园以高度的社会责任感，为潘韵纪念活动做出了巨大的贡献。我作为一个后学者，在整个纪念潘韵的活动过程中，得到了一次学习的机会，获益良多，感受颇深，在此言不多赞，谨作诗一首，以表达对潘公的敬意：

铁骨丹心显真情，
风雨归舟传墨韵。
阅尽险滩成大河，
甚赞后人又识君。

2005 年 7 月

画坛隐者潘飞轮

　　2007年6月9日上午，杭州六和文化会所人头攒动，热闹非凡。在杭的画坛名宿和艺术精英们接踵而来，大家如约前来参加著名书画艺术家潘飞轮先生的艺术品赏会，这在久已平静的杭州书画界又掀起了一股不小的波澜。展现在我们面前的潘飞轮独具匠心的浑厚之作，为江浙画坛注入了一股空灵高古和静心求真的风气，这让我们耳目为之一新，产生了强烈的震撼。

著名书画家潘飞轮先生在创作中

潘飞轮,这位曾经叱咤风云的艺术大家,长期以来虽身居都市而心向泉林,于繁杂世俗的喧哗声中独守心志,在寂静孤寞中苦苦地追寻笔墨艺术的真谛,在纯净真性的空灵意境中尽情地挥洒,成为当代画坛中的一大都市隐者。

古人云:"小隐隐于野,中隐隐于市,大隐隐于朝。"中国文人有尚隐之风、逸情之气和傲世之性,实是中国千百年来文化人保持心智品性的无奈之举。而潘飞轮的隐,不是竹林七贤的故作风雅,也不是白居易官场之外的情趣游戏,而是甘于寂寞和静心思考的自然选择。

潘飞轮的艺术成就是独树一帜,众目所瞩的。他是当年王星记扇面画的领军人物和浙江画坛一杰,20世纪80年代初是作为浙江艺术精英代表较早出访日本的艺术家之一,也是随浙江省政府最早赴澳大利亚展示作品的书画家。当时其作品被政府当作珍贵的礼品赠送来访的外宾,且为日、美、澳、英、法、意、加、德等世界各国所珍藏。经多年的艺术探索和笔墨浸润,如今其作品更显苍逸拙雅,极具气象。

潘飞轮先生于1935年生于潘天寿的家乡浙江宁海冠庄,受父辈文化熏陶,也得益于家乡风土的浸染,九岁便开始学习诗书画印,遂一发而不可收,与书画结下了不解之缘。中国美院教授陆俨少先生有感于此,曾为潘飞轮手书"家学渊源,发扬光大"。1958年考入浙江美术学院(现中国美术学院)中国画系,书画名家陈家泠、吕业翔、徐英槐、杜巽等都与潘飞轮是同班同学。因潘飞轮学习刻苦,厚重少言,且基础扎实,是当时的班长。

潘飞轮少年时,同乡潘天寿已是名动沪上的书画名家了,因此他一直是潘飞轮心中的偶像。或许是由于潘飞轮在书画艺术上的天赋,或许是由于他对中国文化的独特表现手法,抑或是出于对家乡学子的关爱之情,大师潘天寿便格外关注和细心培养这位小同乡。潘飞轮决定报考美院时,曾斗胆给时任院长的潘天寿先生去信,先生回信给予鼓励,并要他做好考进或考不进的两种心理准备。在美院学习期间,潘飞轮能够常聆听先生的教诲,得到先生的真传点拨,身受大师品性人格的感染,这为潘飞轮的画艺突飞猛进和墨纯色真打下了坚实的基础。潘天寿大师十分看重这位年轻人,对其笔墨非常赏识,故精心为其设计了艺术创作之路。潘飞轮先生深筑于传统书画的笔墨功力之中,一直孤独地坚守师于造化、取法本性的文人画意,沿着先生指明的艺术方向执着追求。1963年毕业后分配到杭州工艺美术研究所。"文化大革命"期间,研究所解散后转入王星记扇厂。但手中的画笔却经风雨磨炼而渐入佳境。潘飞轮先后研习历代名家的技法风格,如宋代的巨然、李成、董源,明代的石涛及近代的黄宾虹、潘天寿等大家。用笔着色从简入繁到由繁入简,并以偏师独出的雄豪魄力,开创了简笔山水的文人画品格高雅、意韵宏远的艺术格局,在当今画坛众多大家中异军突起,成为潘天寿弟子中的佼佼者。潘天寿曾评其画曰:"飞轮的山水画很有味道。布局巧妙,用笔雄健,造势很好。"

潘飞轮作品《迎风》

潘飞轮的书画艺术风格师承于恩师潘天寿先生,并在此基础上融合黄宾虹先生的笔意,逐步转化和形成自己的艺术特色。这既是因仰慕和心仪的潜移默化所致,也是长期静心专研而心入画境和神气相合的自然天成。画界有潘画不可学之说,这不是因为潘天寿的艺术风格难入画理,乃是缘于潘天寿的行笔用墨雄奇大气和学识广博、才情横溢。学潘天寿无捷径可寻,而潘飞轮先生却偏偏以一颗顽愚之心,坚守在这条艰辛的险径上,成为为数不多的继承和发展潘天寿艺术的苦行者。潘飞轮的山水画从书法入画着手,飞跃到画入金石的诗书画印的完美融合。以一笔之功,达万象之形,笔墨老辣厚重,造型大气恢宏,格调冷峻雄奇,气势磅礴。于古拙中深藏大雅

潘飞轮作品《黑白山水》

真性,于简洁中蕴含无穷律动,虚实结合更使浑浓的墨气得到无限的张扬。大师诸乐三称其画作"有书法味、金石气"。

潘飞轮一幅幅气贯天地、心性丰富的杰作,是脱尽铅华,只存本真,以一画达万象之根的精神修为。

潘飞轮先生的一笔之功是涉足于山川大地获取天地精华而修成的正果。是收尽奇峰打草稿,腕底笔墨通达心境的恣意纵横。而潘飞轮先生的斋名"一笔堂"就是他对书画艺术长期探索的总结。

潘飞轮于艺术之道,赋予天然造化的独特创造力和渗透力,在寂寞中坚守自己的人文品性,并以书画为无声之言,凸显其卓然风骨。潘天寿之子中央美院院长潘公恺先生深得其中三昧,故为潘飞轮画册题名"寂寞见风骨"。

潘飞轮先生基于"先学人品,再作学问,后练笔墨"的学艺不二法则,坚持立足于"三绝""四全"之外通理画史、画论,并以此为"六合",建其功于笔下,合其气于纸上。故先生书法从真草隶篆运势起承,并从黄道周笔法中走出笔墨线条的律动开合,布局行文充满节奏和韵味,纵笔雕琢如刀斧铿锵,点画恣意似泉湍山岩,于凝重涩拙中流动空灵飞逸之象。而潘飞轮的篆刻则远宗秦汉、近法明清,以刀为笔,古拙沉雄,举重若轻,用朴为奇,自然平实中自成一家风范。中国美术学院教授邓白先生称其作:"以骨为质,以写为法,豪放而含蓄,简约而充实,具有大家风范。"当代书画名家陈家泠先生观赏其书画之后感慨地说:"飞轮的笔墨功夫,才真正是浙派的典范。"

然而已过天命之年的潘飞轮先生却仍然艰难地在艺术道路上前行,因为他深知多种才会多收,不种必定断收。对潘飞轮先生能在浮躁喧闹中独守中国文化人的心性情操,艰辛地埋首艺术而终结硕果,我们由衷地感到敬佩。先生不会孤独,因为心趣同道为先生所携引者大有人在;先生也不会寂寞,因为先生的艺术在众花中与群芳争艳。有感于此,欣然发诗于心曰:"墨凝高山水,笔沉精气神。识得五色真,万宗归太一。"

2007 年 7 月 3 日于火车上

梅花忆我我忆梅

在吴昌硕先生诞辰160周年之际,诸乐三先生之子诸涵老师请我帮助写一篇关于诸乐三先生与其老师吴昌硕先生交往的轶事,故为此事我经常拜访诸涵老师,诸涵老师如数家珍,娓娓道来。诸涵老师与其父诸乐三先生共同生活了数十年,尤其是从1947年后,父子两人同在杭州艺专,诸涵老师在艺专进修,诸乐三先生则在艺专的中国画系教授中国画及书法篆刻。1948年诸涵老师考入艺专,那时学校在外西湖18号。诸涵老师时常回忆在父亲身边的日子,想起父亲讲的一些往事,有的还是鲜为人知的,有的讲出来也许与别人的说法不同。

诸乐三先生的家乡与吴昌硕同在安吉的孝丰,诸先生家在孝丰鹤鹿溪,

诸乐三作品之一

吴昌硕家在孝丰鄣吴村,两地很近。诸吴两家是姨表亲,诸先生称吴昌硕先生为"姨公",平时也叫他"公公",大概亲切之故,不叫姨公而叫公公。据说在1915年,乐三先生的仲兄诸闻韵先生毕业于湖州中学,因爱好书画,父亲拟让诸闻韵拜吴昌硕为师。经王贵卿先生介绍,结果未成,后经推荐任吴昌硕先生的家庭教师,遂拜吴昌硕为师。诸乐三先生自幼喜爱书画,受父亲启蒙,对吴昌硕书画篆刻艺术情有独钟。乐三先生早年在老家鹤鹿溪时并没有见过吴昌硕,只是久仰威名。因为吴昌硕在安吉、孝丰两县是家喻户晓的人物,他的书画作品在民间流传不少,尤其是大户人家及吴昌硕的远近亲戚都有收藏,吴昌硕在上海的文化界也是大名鼎鼎,人们都尊称其为缶翁。

一、吴昌硕育人传艺之道

1920年诸乐三先生为了向吴昌硕学画而又不违父命学医,考入上海中医专门学校学习,同时住进了吴昌硕在吉庆里的府第,终于如愿以偿地拜吴昌硕为师而伴随左右。在与吴昌硕相随的日子里,欣赏和观摩了大量的吴昌硕艺术作品,深有感触,经常在吴昌硕身边耳濡目染这位大师级人物的艺术创作构思过程,同时也对吴昌硕笔墨精妙之处和渊博学识心领神会。据诸涵老师回忆,父亲诸乐三说,到后来已能心摹其作,用笔、着色和布局都能得其神韵。

吴昌硕教授弟子往往潜移默化地寓教于无形之中,正所谓古人云:"外师造化,中得心源。"吴昌硕有一本12开的梅花画谱册页,乐三先生常常拿来细心品味,吴昌硕在旁都尽观眼中。一天早晨,吴昌硕很早就把这本册页摊放在画桌上,乐三先生起来习画时看到,又细览一番,于是灵感突发,画意浓郁,遂拿笔铺纸,以自己对其意境神韵的领会,神情贯注,用笔流畅,一气呵成,意临了十二幅,及停笔时才发现老师在旁观摩已久,连忙向吴昌硕请教。吴昌硕微笑着说:"我已看你作画好久了,见你用心,故未打扰。画得好,我看比我画得好呢。"诸乐三向诸涵说:"我哪里比得上先生啊,是先生在指导我把画的精妙通过自己的感悟而发挥出来。"

一次缶翁外出几日,第二天就有一日本人慕名来访,想请吴昌硕先生刻章一枚。诸乐三告知说先生外出,该日本人说次日就要回日本,不巧无缘拜

吴昌硕弟子诸乐三作品

见昌硕先生，能否请先生的高足为我代刻一枚，诸乐三无奈只得先收下这方印石。于是诸乐三连夜尽展所学，精心刻就印章一方。谁知次日昌硕先生即返回家中，问诸乐三可有朋友来访过，诸乐三告知一日本人求印之事。缶翁命把刻好的印章拿来，仔细端详后说："刻得不错，你胆子蛮大的嘛。"随后叫乐三再将此印宕一宕（即磨一磨的意思），然后用小楷蘸墨在印面上点了几点，说："乐三，你去把这些墨点刻掉。"诸乐三很快将墨点刻去，缶翁看罢点头道："现在此印可用了。"又说："为什么叫你轻轻地磨一磨？这可是一块上好的田黄石啊，比金子还贵呢。"随后又讲了一些印石的知识。诸乐三在向诸涵述说此事时，仿佛就像讲述刚刚发生的事一样。吴昌硕先生就是这样在不经意间，把艺术的要领和知识传输给学生。

　　1924 年初夏的一天，诸乐三正在认真作画，这时吴昌硕先生从床后拿出一篮枇杷说："乐三，来吃枇杷，这可是塘栖的枇杷啊，叫作黄毛丫头。别看它小，滋味可甜呐。"诸乐三一尝，果然甘甜如蜜。吃好枇杷，缶翁一时兴致来了，叫诸乐三拿笔，铺纸研墨。只见缶翁在桌前伫立良久，然后用笔如神，一挥而就，并在画上题诗一首："五月天热换葛衣，家家芦橘黄且肥。鸟疑金弹不敢啄，忍饥空向林间飞。"一幅绝妙佳品就这样诞生了。缶翁搁笔后若有所思地说："我画的不是黄毛丫头这种枇杷，而是大枇杷。其实大的枇杷不一定好吃。"诸乐三不由思索再三，顿感含义深刻，也开始理解到艺术来源于生活，但是必须提炼其精华，用美的形式来表现内心的感悟。

　　诸乐三先生早年师从缶翁学艺的这段时间,师徒间建立起深厚的感情,亲如父子。诸乐三视缶翁为亲人,极为敬重,常侍老人于左右。缶翁对诸乐三也格外看重,悉心调教,倍加恩泽,一直以诸乐三为其得意门生而自豪。1924年的一天,缶翁清晨四点就起床来到画室,精心创作了一幅作品,准备送给乐三。乐三先生起来后看到缶翁在画室,就上前请安。缶翁说:"乐三,我画了一幅画送给你,在抽屉里。"乐三取出展开一看,见是一幅佛手兰花,自然万分感激。画上题款为:"仙假手,佛圆光。肱三折,肘一方。赤者箭,青者囊。饮且食兮,寿而康。"落款为:"乐三仁兄读书精医理,写此赠之。甲子初夏,吴昌硕时年八十一。"后来听先生的儿媳说,凌晨听到动静,起来见家翁作画,上前帮助磨墨,家翁执意要自己动手。可见缶翁对其弟子用情至深,其意甚浓,令人感慨。诸乐三先生对此幅作品十分珍惜,并一直珍藏在身边达20年之久,可惜20年后于抗战时遗失,故深有内疚。然而十分有趣的是在20世纪50年代,一位友人在茶室品茶时,无意中发现有人在出卖此画,于是立即买下告诉诸乐三。诸乐三欣喜若狂,无奈家境窘迫,便由学校买下收藏。在交付学校前,诸乐三深情地临摹了这幅作品,也借此表达对先生的难舍情谊。一天潘天寿来看诸乐三,见此画悬挂墙上,不由赞叹吴昌硕

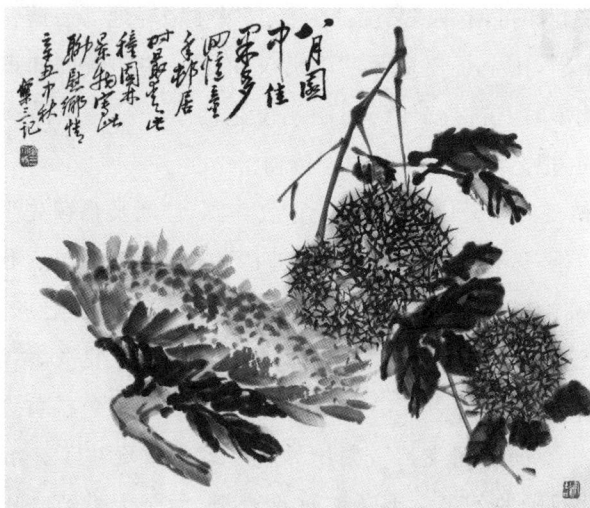

诸乐三作品之一

笔墨功夫深厚，堪称一代宗师。诸乐三笑着说："你再仔细看看。"于是潘师又仔细地端详一会说："是吴昌硕手笔，太好了。"诸乐三乃以实告之，潘天寿不由深感佩服。

诸乐三先生就是这样从吴昌硕身上不断地获得用之不尽、取之不竭的真传绝学，同时也吸取了吴昌硕的教育思想和高尚的生活情操。诸乐三一边学习中医课程，一边在吴昌硕身边习画，同时又因诸闻韵于 1922 年赴日本开始在上海美专代课。由此开始了自己的中国画教学生涯，并在长期实践和积累过程中传承和发展了吴昌硕的教育思想，以及他的大写意绘画风格，并取得了很好的效果，培养出一批杰出的艺术人才。

二、吴昌硕关爱后辈之情

吴昌硕作为一代书画大师，开创了书画艺术的一代新风，其精湛全面的艺术造诣一直为人所赞赏，同时其广博的学识和高尚的品格也一直为艺界所称道。当时很多学艺青年日后成为文化艺术大家，即是得益于吴昌硕先生的指导和关照，著名书画大家潘天寿就是其中的一位佼佼者。

据诸乐三先生回忆，潘天寿是在 1923 年暑假后的秋天抵沪的，到上海后先住在职业学校，后经诸闻韵先生的介绍去上海美术专科学校任教。潘天寿先生与诸家老三诸谦是同窗好友，且爱好书画，故与老大诸闻韵、老二诸乐三多有交往。

1923 年秋天，上海美专教师去龙华观看菊展，诸乐三与诸闻韵邀好友潘天寿一同前往。在等车闲聊时，潘天寿提出想请教吴昌硕先生，乐三与闻韵告诉他随时可以去，两兄弟都愿意引荐。潘天寿先生拜见吴昌硕先生的愿望十分迫切，第二天就独自造访。那天诸闻韵先生有事外出，诸乐三先生正好在家，当听到敲门声后，开门见是潘天寿，就热情地请进门来。当时潘天寿先生身着一袭蓝色布长袍，携着苏州印花蓝布包裹。潘天寿问诸乐三："吴昌硕先生在家吗？"诸乐三说："缶师在楼上，你先坐一会儿，让我去禀报。"诸乐三上楼告诉吴昌硕先生，说潘天寿想见见先生，缶翁问道："阿寿在哪里？"诸乐三说："他已经来了，就在楼下堂前等候。"缶翁说："那就请他上来吧。"潘天寿与缶翁初次见面行礼后，寒暄一番，随后潘天寿提出想请缶翁

二 艺韵流芳

吴昌硕弟子诸乐三作品

对自己的画作指教一下，缶翁连说："客气，客气，拜托，拜托。"潘天寿于是打开蓝布包裹，拿出自己的作品，放在画桌上。缶翁每看一张都说画得好，当时诸乐三也在旁一同观看。潘天寿见吴昌硕先生赞许，心情十分激动，并赠送一幅五尺对开的指墨山水画给缶翁。潘天寿告辞后，诸乐三十分关切地问缶翁潘作如何，吴昌硕先生对诸乐三只说了两个字："太野！"

缶翁对潘天寿画作评价"太野"两字，是对其创作初期的技法不够练达和功力不足的指点，这也说明潘天寿在初学时，对中国书画艺术还未深刻理解。记得潘天寿在上海美专时，一次去看中国画会的画展，回来时诸闻韵问潘天寿对陈师曾的山水画有何感想，潘天寿回答说没有印象，诸闻韵叫他再去仔细看看。第二天潘天寿又去看了，回来后仍然不以为然地说："并不像想象得那么好。"诸闻韵对他又说:"你还未看懂,再去看看。"结果潘天寿再去时,画展已经结束了。过了几天,潘天寿偶然在校长刘海粟家看到墙上挂着那两幅陈师曾的作品,便认真地观摩起来,越看越觉得有味道,也逐渐领悟到书画艺术的真谛。潘天寿在以后的画作中,也开始融入了陈师曾的绘画特点,为以后突变打开了空间,同时也印证了吴昌硕先生对潘天寿作品的不足之处能准确地指点。

上海吉庆里吴宅,常有众多文人雅客聚集,成为当时沪上一大文化艺术会聚之所。有一回,文字学家朱孝臧等名流造访,闲谈间提出请诸乐三为孝臧刻印一枚,诸乐三遵命很快便刻好。缶翁观后谈道:"现在上海的年轻人里,能这样刻印的人为数不多啊!"在座的客人任伯年之子任堇顺势就请昌硕先生点评上海的年轻书画家,缶翁略作思考说:"闻韵聪明,画得好!乐三得我神韵,阿寿可怕!"

吴昌硕对才思敏捷的潘天寿十分看重,通过相互之间的交往也深识其志向高远,但非常担心一个可造之才因心切而误入歧途,于是更加关心和爱护潘天寿,并在其要紧处指点迷津。在缶翁指出其"太野"之后,潘天寿发奋用心于传统书画的功底,为其日后华光绽放打下了坚实的基础。以后又点评其"可怕"二字,告诉潘天寿稳住心态,注重修为,体悟奥妙,勤于笔墨,不可太过急于逆风而上。可以说没有这一段吴昌硕的特殊关照,潘天寿也就不会成为当今的大家。

三、吴昌硕对近代画坛的影响

19世纪末20世纪初是中国封建体系瓦解和社会动荡的年代,并且在思想文化界也引起了巨大的震动,一代文化人处在矛盾、迷茫和困惑之中。在当时中国的画界,明清风格已成为毫无新意、萎靡凄迷和死气沉沉的象征,而一些画家尝试突破传统的束缚,表达一种充满生气的变化。当时有任熊、张熊、朱熊、任熏、任颐、虚谷、蒲华、吴昌硕等。他们在传统笔墨的基础上立意求新、任情挥洒,形成了以上海为中心并开始主导中国画坛的海派画风,而后期则完全以吴昌硕为中坚,从而引领了近现代的艺术潮流。当时社会以吴画悬堂为荣耀,其风格和画艺影响了整整一代人。可以说近现代的书画大家大多在其影响和感染下,形成了各自的特点。

在 20 世纪的上半叶,吴昌硕的画风影响了东南亚地区,其地位之高见诸各国的文献和著作中,凡论书画无不引吴昌硕。

王个簃先生是我国著名的书画家,也是吴昌硕先生的学生。王个簃是江苏南通人,年轻时十分爱好篆刻,并一直仰慕吴昌硕先生,梦想成为其弟子。当他得知在南通经营书画的李可先生曾经跟随缶翁学印,故斗胆毛遂自荐拜访了李先生。在李先生的画社门口携印作徘徊多时,最后鼓足勇气踏进了门槛。见一儒者告知拜访李先生之意,该儒者即引其入后堂,这位儒者就是李先生。王个簃经李先生多次指点,治印的功夫不断精进,于是推荐王个簃到上海的文人朱宗元处,再由朱先生引领拜访缶翁为师。时逢缶翁80 大寿,缶翁就收其为弟子,并兼做其孙辈的家庭教师。王个簃师从缶翁不久,一日诸乐三先生见桌上放着一本王个簃的印谱,便随手翻览,缶翁先生的二公子吴藏龛看到后,马上说:“最好不要看,王个簃还未入‘个’呢!”吴藏龛的意思是指王个簃在当时的印刻还未达到火候,多看反而要影响诸先生的心境。诸先生在上海医专的老师曹拙巢先生诗文俱佳,因此诸先生介绍他与缶翁相识,也熟悉了王个簃。每次上课之余,缶翁顺便布置一些诗文叫王个簃做,并要求下次课前交卷。王个簃为了使诗文满意,经常先请曹先生修改,再呈吴昌硕指正,无形中得到两位先生的指教,文化积累越加深厚,也成就了王个簃以后沪上诗、书、画、印的地位。缶翁其实洞若观火,故意视而不见,可见先生育人之用心良苦,也无怪乎缶翁学子多为当代大师级人物。诸涵先生在1961 年拜王个簃先生为师,得到了王个簃的调教,为诸涵日后的艺术成就奠定了坚实的基础。诸涵老师记得拜师那天,地点就在今天杭州南山路的大华饭店,当时潘天寿、吴茀之、诸乐三和王个簃等前辈在座,并联手合作了一幅四尺整张的作品,诸涵老师每观此画,思念前辈之心油然而生。

吴昌硕先生的影响持久而广泛,他开创了书画艺术与时代精神完美融合的先河,受惠者遍及海内外。有一次诸涵老师与曹用平先生、王个簃之子等四人,一起陪同王个簃先生从家乡南通坐船回沪,路上王个簃对他们提及齐白石曾经希望跟吴昌硕学画,后因缶翁无暇顾及而未能如愿,后齐白石与缶翁学生陈师曾多有交往,常一起交流、切磋画艺,亦受吴昌硕画风影响,为其以后形成自己的风格发挥了至关重要的作用。

四、吴昌硕艺术思想对今天的影响

吴昌硕的艺术探索道路是文化人在书画艺术方面的一场革命性变革，也是中国文化人面对市场时对心灵的自我诉求。吴昌硕不但影响和引导了民族艺术在近现代的发展走向，在今天仍然具有深刻的精神内涵和现实的指导意义。吴昌硕先生坚持继承民族优秀的文化传统，打好坚实的功底方有成就的艺术思想，对青年学子具有非常重要的指导价值。吴昌硕先生注重艺术来源于生活，观察生活、品味生活、提炼生活、总结生活的创作思想，对我们不断探索和研究艺术的表现形式具有现实的意义。吴昌硕先生通情达理，因材施教，重在培养学生的观察能力和感悟能力的教育思想，对今天的美术教学仍然具有启示作用。虽然吴昌硕先生已离开我们七十多年了，我们仍然能够深刻地感受到他的艺术风采和影响力。所以我们纪念他，不仅是对过去的缅怀，而且能让我们看到从过去、今天到明天的中国文化艺术的脉络和走向，以及贯穿始终的精神。因此应该进一步重视、研究和光大他

诸乐三先生在安吉的故居

二 艺韵流芳

的艺术思想。在我与众多老师的交往中,有幸聆听到他们与前辈们学习交往的经历和趣事,并从中领悟到内在的人文魂脉。特别在与诸涵老师的交谈中,记录他的部分回忆,为人们今后的研究提供一些鲜为人知的素材。在不知不觉中,诸涵老师已离开我们五年了,但他的文化修养、人文底蕴无时无刻不在支撑着我不停地努力,故谨以此文纪念之!

2017 年 4 月 16 日写于三江濯石斋

澄怀观道　平淡天真

——散论元黄公望艺术生涯

　　清"四王"之一王石谷说："以元人笔墨，运宋人丘壑，而泽以唐人气韵，乃为大成。"元画通过赵孟頫、黄公望、吴镇、王蒙、倪瓒等众多文人画家的笔墨而达到中国绘画艺术的极高境界。中国绘画自唐代大文豪王维开文人画之先河以来，诗词、书法、金石与绘画艺术相互融合，成为后来文人寄托情怀、表达意境、张扬品性、书写情趣的精神层面的艺术表象。唐画有笔无墨，宋画重墨少笔，而发展到元则笔墨淋漓，气韵生动，六法完备，到达出神入化的境界。然"开元人之先者，实惟宋之文湖州、苏东坡、米襄阳诸公之力为多"。（见黄宾虹《中国画史馨香录》）以"元四家"为代表的绘画艺术把中国艺术推向了一个历史的高峰，而黄公望当为元季四家之冠。

作者(左)在黄公望公园建设专家论证会上

黄公望(1269—1354),字子久,号一峰,别号大痴、大痴道人,又号一峰道人。一说是江苏常熟人,一说是浙江温州人。黄公望的朋友钟嗣成在《录鬼簿》中记载,黄公望本姓陆名坚,"乃陆神童之次弟也,系姑苏琴川(常熟之别称)子游巷居,髫龄时,螟蛉温州黄氏为嗣,因而姓焉。其父九旬时方立嗣,见子久,乃云:'黄公望子久矣。'"(《曹氏刊本》)于是改姓黄,名公望,字子久。

当今美术理论界对中国绘画艺术的分析和研究可说是众说纷纭,立论多样,百花争呈。但览之立意纷杂,概念模糊,造词新颖,语境渐失,使人无所适从。因而无法客观、真实、完整地对中国书画的渊源、脉络、特性和本质清晰地梳理及诠释,为中华书画艺术的发展把握正确的方向。以我观之主要是因为民族特殊文化语言的断裂所产生的蜕化和缺失,以及外来思维惯性的本土化植入。而中国绘画艺术的特殊语言表达模式,因西方的美术理论滥觞于教育体系,已渐渐地从画面上淡出。

中国艺术理想性的达意表述与西方美术在意识上具有本质的区别,历代以品来论画,画品之高低则关乎人品、学品、艺品,是思想性、人格性、艺术性和哲学性的审美情趣的笔墨表达。故唐张彦远曰:"书画之术,非闾阎之子可学也。"(见《历代名画记》)明文徵明在自题画中写道:"人品不高,用墨无法。"

中国历代画论按画之品位高低分为神、妙、能三品,随着文人以笔墨寄兴于绘事而写意风格盛行以来,又在三品之外为文人画另立逸品一格。何为逸品?乃气韵从笔墨中来,笔墨从修为中来,修为从学问中来,"脱尽纵横画史习气,淡然天真,如无意为文,纵心所欲而不逾矩"(见黄宾虹《画学通论》)。元四家的画品被诸多论者评为逸品,倪云林为逸品第一。绘画艺术经唐、宋不断完善,至元初赵雪松以笔写意使文人画又开启了一个新局面,而元四家除六法完备、笔墨技法成熟之外,以书法、金石、笔墨写心中豁达之意,使写意画为后世效法。同时又参悟《易经》及老子阴阳太极哲学思想,"一阴一阳之谓道",以简一之笔为千万之始,绘万物之象,融虚实于妙幻之中,达心境物化之意,而造化妙想绘于纸上,终归于一笔之中。一笔二笔无简不繁,千笔万笔无繁不简。气韵万生,品象高逸,意境超绝。正如黄宾虹所说:"故画之高者恒多隐逸之士,一意孤行,不屑睐荣希宠,甘自蹈于林泉,

作者(右一)参加黄公望国际论坛时与专家合影

固殊于庸众,其人之高风亮节,往往足与忠义抗衡,而学术之正,又得秉经酌雅,发扬豪翰,如诸子之有功圣经。"(见黄宾虹《山水画与道德经》)虽黄子久之画,深幽不如王叔明,豪迈不及吴仲圭,恬淡不若倪云林,但大痴统而纳之又独辟蹊径,风格特妙,自有大德之道,既有作家之森严,又具文人之性情。故黄宾虹在《古画微》中评其曰:"其画纯以北苑为宗,而能化身立法,气清而质实,骨苍而神腴,淡而弥旨,为元季四家之冠。寄乐于画,自子久始开此门庭。"黄公望取别号为"大痴",痴者,乃用志不分,痴于神之意,昔世称顾恺之画绝、痴绝、才绝为三绝是也。黄公望的绘画艺术之所以排在元四家之首,我想应是金石气韵贯通画中,儒道两参汇聚笔墨,潜行大道心在物外,笔简意繁万世效法。但元季四家是作为一个整体而立于绘画巅峰的,他们互为参合,又妙擅一格,各具神韵,元代的写意逸格实以四家为宗。所以我们在论述其中一人时,必然与其他三家相联系,不可孤立地看待。

元季四大家黄、王、倪、吴俱傲领画坛,且他们互为挚友,常相聚诗画,切磋绘事,并有合作山水画迹存世。74岁时黄公望题云林《春林远岫小幅》:"至正二年十二月廿一日,叔明持元镇《春林远岫》,并示此纸,索拙笔以毗之,老眼昏甚,手不应心,聊塞来意,并题一绝云:'春林远岫云林画,意态萧然物外情。老眼堪怜似张籍,看花玄圃欠分明。'"他们相交至深,一是同痴山水画而心意相投;二是同以董、巨为宗而意趣相符;三是各有修为然同归于"道"。这个"道",非道教的"道",而是老庄探求天象正道的"道",即中国

二 艺韵流芳

文化人一直不懈探索和孜孜以求的心灵大道,如老子所说的"圣人法天,天法道,道法自然"的统达万物、存载天地的自然之"道"。黄公望一生历经坎坷,少年勤奋读书而心有大志,欲经世报国而试吏不遂,最终绝意物外,体察山川自然,心寄笔墨而终入道中。

中国文化追求天地自然与人类心理活动之间的相互依托的关系,往往从精神层面来探求事物的变化,从而形成哲学意义上的审美观念。所以其艺术表现形式具有抽象的、内在的、精神性的特点,它是作者心灵情态借助于自然形态的描述和修为的外在表象。中国的文化艺术更加强调的是其哲学性的内在品质和精神价值。中国文化观念的发展和演变,其源头来源于太极的哲学思想体系,而元代的绘画艺术之所以达到一个新的高度,就在于"道"的哲学意识对笔墨表现的融合与通达,也就是阴阳虚实的转换变化通过书画艺术表达方式所产生的审美意义。所以黄宾虹说:"太极哲学是书画的秘诀。"

黄公望在青年时代像大多数文人一样抱着积极的入世的理想,而在屡经挫折,并因冤入狱后,年过五十的黄公望遂绝仕途,渐悟渐彻,归隐山林,专于诗画,游历大川,从此进入一种出世的修行生活境界。然而中国绘画史上却因此多了一位典范式的大画家,这可说是中国绘画史上的一大幸事。

黄公望、王蒙、吴镇、倪瓒这四位在历史上具有重要地位的大画家都与当时的道教有着密切的关系,他们以道修性,黄老墨儒同参,谈艺论诗,教授弟子,优哉参合万物,游矣心容天地。集精气神于画事,畅游山川于笔墨。并妙擅诗词,通晓音律,挥洒毫翰,可说是以《易经》哲学思维为原点,集儒家、佛禅及庄老思想于一体,融会贯通、以画求道,借笔墨在画中表达其心胸意境,由此所形成的绘画美学思想,使绘画艺术发生了一个崭新的飞跃,而《富春山居图》恰恰就是作者脱俗出世心态的写照。

元代道家的重新兴起是有其特定的历史条件的。元朝为了巩固政权,特别对汉文化进行打击。因此元代儒生的地位极低,有"九儒十丐"之说。而"道"却位立第四,"一官、二吏、三僧、四道"反映了当时的社会现实,这是第一。中国士人自古尚"隐",有"小隐隐于野,中隐隐于市,大隐隐于朝"之说。当时大多数文人从内心来讲是对抗统治者的,所以大隐是不可能的,中隐也难以实现,故而选择归隐山林,以成全其泉林高致的野逸,这是第二。

其三是中国的书画艺术到宋时已进入文人画的时代,林下之风和写意精神成为画品高低的标准,以超逸的写意风格来表现其独立的思想精神。黄宾虹在论隐逸高人之画时说:"贤哲之士,生值危难,不乐仕进,岩栖谷隐,抱道自尊,虽有时以艺见称,涸迹尘俗,其不屑不洁之贞志,昭然若揭,有不可仅以画史目之者。"

黄公望、吴镇曾以占卜为生,后专事教授弟子。明人刘凤在《续吴先贤赞》中记:"为黄冠,往来吴越间……教授弟子,无问所业,谈儒、墨、黄、老……"黄子久死后有许多关于他归仙成道的传说。如周亮工《书影》中说:"李君实曰:常闻人说黄子久……一日于武林虎跑,方同数客立石上,忽四山云雾拥溢郁勃,片时竟不见子久,以为仙去。"方薰《山静居论画》:"辞世后,以有见其吹横笛出秦关,遂以为蝉蜕不死。"这些传说故事也反映出大痴修道之深。

黄公望的绘画艺术已具神力,董其昌称赞其"诚为艺林飞仙,回出尘埃之外也"。黄公望将其心胸化境以草篆飞箿书写,很少以真山真水作画,他是在云游四方时,将自然山水融入心中而重新铸造。李日华《六研斋笔记》中说:"陈郡丞尝谓余言,黄子久终日只在荒山乱石丛木深筱中坐,意态忽忽,人莫测其所为。"所以今天我们对《富春山居图》进行研究,大可不必以富春江实景来对应。

《富春山居图》是黄公望78—81岁时在富春江所画,前后用了三年多的

作者(右)与著名美术理论家薛永年先生(左)合影

时间完成。《富春山居图》用笔不粘不脱,布局疏转劲朗,风格平淡天真,处理虚实得当,意境沈郁阔远,是黄公望生平难得之经典力作,也是他的艺术已完全脱胎换骨而进入化境、终得大道的写照。我们从画面上能感受到黄公望的骨法笔式已达巅峰状态,但也非常明显地看到图中飞篆草籀自由勾斫的态势,用笔薄皴而力沉纸上,脱尽尘俗。从与以往的作品对照来看,皴染层积甚少,也可能是一幅尚未完成的作品,只因无用禅师恐为他人所得而藏之,这可为一个有待进一步考证之点。

这幅巨作的第一位收藏者是其道友无用禅师。后由明代以黄为宗的沈周收藏,但因家贫而被借去后不复得。沈周备感惆怅,曾凭记忆背临一幅。1488年被苏州节推樊舜举以重金购得,沈周为之补记。1570年此卷又转入无锡的画家、鉴赏家谈志伊手中。1596年为董其昌所购,后又转入宜兴收藏家吴之矩之手,其子吴问卿爱之如命,竟然将其火焚为自己殉葬。其侄于火中取之,已部分被焚而残为两段,即今之台北故宫博物院收藏的无用师卷和藏于浙江博物馆的剩山图。

黄公望是道士、佛僧还是士人?这一问题在学术界一直存有争议。我认为不能从一些表面现象来简单地看待,而应从历史的角度和黄公望的人生轨迹,以及中国文化意识心态的渊源来客观地分析。中国的文化人深受儒家道统思想的影响,读书首先是实现自身价值和胸怀抱负的必修途径,所谓"穷则独善其身,达则兼济天下",入仕是一展才华的必由之路。而黄公望"少有大志",寄希望在政治上有所作为,干一番大事业。虽然很多汉族文人士夫以出仕为耻辱,但是黄公望仍试图跻身于元朝官吏之列,"先充浙西宪吏"(见《录鬼簿》),后来又到大都(今北京)御史台下属的察院当书吏,经理田粮杂务。在当时吏是最基层的工作人员,相当于衙门里的勤杂工。因为元朝提拔官员不采用科举,规定汉人不得直接做官,必须从当吏开始。黄公望委曲求全地甘为小吏,这在士人中是不屑一顾的。这说明黄公望在当时是急于功名的,以至于低头事元而曲节。

在黄公望遭遇牵连,被诬下狱后,被迫终断了入仕的念头,开始了隐居生活,并入了道教,把全部的人生意义寄托于诗、书、画之中。黄公望入道教并以道士的身份行迹于江湖,我认为主要是基于以下几个原因:一是为了了断尘心、绝意仕途而隐逸山林;二是因为道士在元代具有较高的地位而不易受到官府的侵扰,同时以道士的身份也便于云游天下;三是因为完全致力于书画而对老庄思想进行研究,老庄思想进一步影响和指导其绘画艺术。中国文人将从事艺事作为一项人生修为中的高尚情趣,依从孔子"志于道,据于德,依于仁,游于艺"的思想,绘画是其道德、品质、学问通过笔墨的宣泄,是黄公望独善其身的文人心态的综合表现。从他曾开设三教堂,和其他画家志同道合,同参画艺,互为挚友,谈儒论道,以及名号有"一峰""苦行""大痴"等,皆可体会其游艺于儒释道之间的痕迹。故我认为大可不必过于纠结黄公望是否为道士,而应重在研究其文化意识、文人心态和艺术创造。

今年在富阳当年黄公望创作《富春山居图》的山中发现一座占地数百平方米、呈太极图形的古墓,并传出疑似黄公望墓的推论,并有《富阳县志》为证。我认为此观点较为可疑,其根据有:一是黄公望虽入道教,实以儒为宗,亦尊庄老,其文人本性不移,这从他大量的画中题款可见一斑。而中国文人士夫以经史为准,道德为尚,遵从礼制,依据纲常,尤重生死,这种墓制不合常纲。二是黄公望亦儒亦道亦佛,儒释道同参,同时又非佛非道,故在其墓的设计中不可能过分地突出道教色彩,况且道中规矩也无此造型。三是黄公望生前随遇而安,多无财富,随身携带亦多为画具,且从不与官府豪绅交往,在当时也不为人所重视,故不可能为其建大墓。四是其墓现存于故乡江苏常熟,亦有历史记载。而且黄公望四处云游,作画无数,富阳只是其中之一,晚年主要在杭州等地居住。《辍耕录》记载:"杭州赤山之阴,曰筲箕泉,黄大痴所尝结庐处。"《富春山居图》虽创作达三年余,其实实际创作的时间不会太长,只因其画存于富春,黄公望多次往返于富阳、杭州等地,只能间断地进行创作。据陈传席考证黄公望于1354年死于杭州,享年86岁,归葬于故乡常熟,其墓在虞山西麓至今尚存。这里所指的杭州概念,可能把富阳包括在内,而《富阳县志》亦记载其墓距富阳20里,因此也不能排除黄公望死于富阳。如果死于富阳,一是有归葬常熟的可能,二也有就地安葬的可能。就黄公望当时的实际情况看,综上所述,就地安葬只能草草掩埋,也不可能是现在新发现的这个墓。如果此墓与黄公望有关,最有可能的也只是一个后人为纪念他而建的衣冠冢。

2010 年 7 月 31 日

二 艺韵流芳

浑厚华滋　天机造化

——从黄宾虹论画品浅析其艺术思想

　　国学艺术大师黄宾虹先生是我国近现代一位德高望重、贡献卓著和影响深远的艺术家、哲学家、教育家和思想家。丰厚的学识修养，深邃的哲学思想，广博的艺术造诣，使其成为当代国画艺术的一面旗帜。是中国自近代国运不济、国势颓废和西学东渐以来，黄宾虹逆市侩潮流而行，举国学艺术之大旗，以民族不朽之精神为生命支柱，自强不息，精研博思，匠心独运，不为时动，不为利趋，以书画求道，以笔墨为宗，坚守中华千古至纯至真之画学正理，成为中国书画艺术历史上继谢赫、石涛之后又一位开创性的画史画论大家。黄宾虹先生在我国乃至世界艺术史上享有崇高的地位和巨大的影响力，是当代民族艺术发展中尚待进一步挖掘和开发的一座丰富的宝库。

　　然而在当代艺术界有诸多标新立异而争当时代新秀的文人墨客，以及众多热心于画事但为市场所惑而茫然于笔墨的画匠，往往流于形式而失于千里之外，对黄宾虹书画的内在精神和画学真谛却漠然视之。难怪黄宾虹当年不为世人所看重、所理解、所赏识，如此深幽博广之旷世绝学和延续传承的尚意写心精神，浅薄平庸之辈远不能窥其真性。但中华文化自强不息、易变顺天、心物合一的精神不死，先贤大家达观天地、林泉高致、独尚意韵的生命长存，故黄宾虹画学思想、艺术理论及其笔墨正脉仍然为一批不趋时利的智者所不懈探求、承袭和发展。

　　在中华民族悠远而漫长的历史长河中，其相对稳定的社会结构和承天得地的生活状态，产生了传承不绝并超然于世俗的文化精英群体，经数千年的探索、发展、演变和成熟所形成的博大精深的文化哲学思想体系，代表了人

黄宾虹作品　　　　　　　　　　　黄宾虹作品

类最高精神层面的宏观思维和引领社会历史发展的文化元素，至今仍然对世界的走向产生着巨大的影响。中华艺术之道是文人学者们探寻真理、追求理想、提升情操和立德书文的文化表露，故黄宾虹以身立德，以画立品，以书立文，把中华艺术哲学思维的审美尚意精神推向又一个高峰。

　　中国艺术思想性的心意表述与西方美术在主观意识和表现形式上具有本质的区别。西方的文化体系着重于对客观事物现象物质本体的研究和分析，呈现逻辑性、数学性的线状思维定式，它依托于物质并注重于单一结构性的纵深考量，因而表现出可以量化和直观的视觉效果，故西方的艺术是从建筑结构中派生出来的一种文化的衍生品，因此是世俗的和直观的。而东方的文化特性是哲学意义思考下的发散性的思维方式，是站在整个宇宙的高度对天、地、人三者关系内在探求的抽象性语言，其中心是对一切生命变化的人性思考，它具有极强的包容性、渗透性、综合性，作为一个整体而不可分解和不可还原。不同文化在历史中始终保持各自独立的文化特征，并在

二　艺韵流芳

与另一种文化发生相关时自觉产生排斥和保护意识,而更富生命力的文化又显示它的包容能力。因此两种不同体系的文化不可能发生交融,但可能同化,而同化的过程其实是一方的衰亡过程。所以东西方的艺术体系完全是两个不同的概念和两种不同的文化,而用西方的美学理论来分析中国的艺术本质或用西画的手法来表现中国画的意韵,只会南辕北辙而适得其反。所以黄宾虹说:"西方的艺术是科学的审美,中国的艺术是哲学的审美。"中国的绘画自古就是作为道德修为、心灵意境的艺术表达,是哲学思维与生活意象相互作用而借助于笔墨的传递,是文化品性和精神情趣通过绘画形式的再造。所以历代以"品"论画,以"品"分人,画品之高低则关乎人品、学品、艺品,是思想性、人格性、艺术性和哲学性的审美情趣的笔墨表达。所以黄宾虹说:"夫图画之事,文字之绪余,士夫游戏耳。一艺之成,必先论品。"(《画学升降之大因》)唐张彦远曰:"书画之术,非闾阎之子可学也。"明文徵明在自题画中写道:"人品不高,用墨无法。"黄宾虹说:"古人能文,不求荐举,善画不求知赏,曰:'文以达吾心,画以适吾意。'"(《画学散论》)还说:"一艺虽微,不有力学,性极聪颖,尤难深造。"(《论东坡开文人墨戏画》)所以黄

黄宾虹作品

宾虹十分重视前人对画品的立论：绘画以"神、妙、能"三品分画品之高低，又在三品之外，有不拘于常而笔墨超于神品之外者，另立逸品一格，共称之为四品。

何谓神、妙、能、逸四品？黄宾虹曰："学者由有形以至于无形，故画分三品。人莫窥其巧者谓之神品。运笔超纯，傅染得宜，墨趣有余者，谓之妙品。得其形似而不失规矩者，谓之能品。"（《中国画史馨香录》）何谓逸品？黄宾虹说："不落畦径，谓之士气，不入时趋，谓之逸格。"（《画学通论》）又曰："古来逸品画格，多本高人隐士，自写性灵，不必求悦于人，即老子所云知希为贵之旨。"（《美展国画谈》）即绘画追求格高趣雅和无琢天然意境，于笔墨中凸显天然气韵、心性、意境和学者修养品德，为后人品味参悟之典范。所以神、气、韵、意、骨、清构成逸品一格的要素，乃气韵从笔墨中来，笔墨从修为中来，修为从学问中来，"脱尽纵横画史习气，淡然天真，如无意为文，纵心所欲而不逾"（《画学通论》），从而达到作者心物合一的自由境界。正如黄宾虹在《论东坡开文人墨戏画》中说："古来文章道德之士，依仁游艺，情性所造，笔墨挥洒，往往天机洋溢，无意求之，而恣肆超迈，实为画史不能及。"已完全从传统意义的绘画艺术范畴中脱颖而出，上升为哲学道德意义上的审美追求。

神、妙、能三品的价值标准仍然停留在传统绘画意义的认识上，而黄宾虹站在中国哲学思维的高度，纵贯和精研整个绘画历史来重新审视，把对画品的要求提到关乎整个文化的高度来认识："是以一代之兴衰，视乎文化之高下；艺术之优绌，由于品格之清俗。"（《山水画与道德经》）并在此基础上对"逸品"一格给予了进一步的发展，从文化精神的层面提出了士夫画的概念，与此相对应的有文人画、作家画、江湖画和市井画。

在中国历史发展过程中有三种文化相互并存、相互对立、相互作用，从而形成我国影响社会形态的独有的社会文化格局。即以精神意态观照天道万物的士人雅文化，从生理感官中求得自然生存延续的市井愚文化，以及游离于两种文化之间作用并控制社会进程的官僚俗文化。士夫画就是士人雅文化的精神情趣的自然表露，是他们内心世界与天地大道的交融，是生活态度与人格品性的流露。他们拥有良好的生活环境，接受系统的文化熏陶，具备高尚的人格品性，充满独立的思想情怀，摆脱世俗的功利心态，书画艺术为他们提供了心灵驰骋的无限空间，以及追寻自然之道和理想意境完美融

二 艺韵流芳

合的有效途径。所以黄宾虹指出士夫画之精神内涵:"古来士夫名画,不惟天资学力度越寻常,尤重道德文学之渊深,性情品诣之高洁,涵养有素,流露行间,故与庸史不同,戛然独造。"(《国画分期学法》)也正如唐张彦远云:"自古善画者,莫匪衣冠贵胄、逸士高人,振妙一时,传芳千祀,非闾阎鄙贱之所能为也。"

中华民族文化艺术的发展历程漫长而延绵不绝,历经数千年不断演变、承接、发展和成熟的过程,从而形成一种具有极大包容性和统合多种文化元素于一体的艺术体系。无论是顾长康的"迁想妙得",宗少文的"澄怀味象",谢赫的"气韵生动",朱景玄的"神、妙、能、逸",张彦远的"全其骨气",石涛的"不似之似",还是黄宾虹的"绝似绝不似"等等,在其完善的过程中保持着一条清晰、完整和不断充实、积累并贯穿始终的精神文脉,即对中国绘画本意核心"形"与"神"关系的把握。黄宾虹在对中国绘画史和画论进行全面、系统梳理的基础上,去伪存真地吸纳和提炼,并经过长期的绘画实践,指出了中

黄宾虹作品

黄宾虹作品

国绘画的人文特性："惟善鉴古者，观一代人文之盛衰，考艺事之得失，合为辨别，厘然各当，而后知其趣向有邪正，学诣有纯驳，古今名家，可得而论列之矣。"（《鉴古名画略》）并提出师法前人的要旨："画之创造，古人经过之路，学者当知有以采择之，务研究其精神，不徒师法其面貌，以自成一家，要有内心之微妙。"（《古画微》）今有一些学者认为黄宾虹的思想只是在传统绘画理论的范畴内，没有自己创新的观点，这其实是对中国绘画史的一种误读。

黄宾虹先生反复强调"师今人不如师古人，师古人不如师造化"的习画途径，是从整个绘画历史观的角度对绘画艺术进行综合把握所总结出来的。书画至理在于得自然造化天趣，并与心源合一，而达到生命韵律和谐相融的神意畅游。艺术的发展只有站在传统的坚实基础上才能获得动力。黄宾虹先生正是不断地对传统文化精神进行一次次的回归，在继承中反思，在研判中发展，以中流砥柱的顽强毅力坚守艺术正脉，而终成一座仰不可攀的艺术高峰和一代国学巨匠。

黄宾虹先生通过一生的艺术精研和笔墨实践，深得中国书画艺术之精髓，亦深知欲精于绘事，非博览群书、纵贯古今、追溯源流和不失正传而无以成就。所以黄宾虹说："笔墨可知也，天机不可知也。规矩可得也，气韵不可得也。以可知可得者，求天不可知与不可得者，非多读书明理，岂易为力哉。"（《画学通论》）又说："古来名画，贵在士夫，以其多读书。"（《画学通论》）黄宾虹正是对中国书画艺术从上古之文化源头起始进行梳理规整，从而把握了书画艺术发展的脉搏和特质。正因为此，黄宾虹先生对中国书画艺术乃至整个文化的传续和发展做出跨越时代的历史贡献，主要表现在：对文人画进行深刻剖析，提出"士夫"或"学人"精神文脉的艺术正道；以老子《道德经》和《易经》哲学的审美思维指导表现意境；通过笔墨流露高度抽象的精神表达形式。黄宾虹认为："画本读书之余事。读书贵力行，孝悌忠信，行有余力，乃寄托于绘事，原是为己之学，非求悦人，常使清明在躬，而无一毫人欲之私。"（《画学通论》）"读书之多，可明是非，行路之多，可广见闻。"（《六法气韵生动说》）

黄宾虹先生对笔墨的理解超出了单纯技术层面，提出："知用笔用墨，古人之意，极其惨淡经营，非学养兼到，不能得之。此古人之写意，与后世之虚诞不同。"（《古画微》）又说："士夫画者，是为学人，不但文人，风闻广博，品诣高超,师古人精神,有自己面目,在笔墨取胜,绝非庸史可及。"(《画法臆谈》)"学画不可过于拘泥,多吃苦,要以舒适情性为贵,气韵不在章法设色,而在乎笔墨精神耳。"(《讲学集录》)中国画表达的内涵是文化的精神,文化的精神依靠笔墨来传递,笔墨由学人的修养和审美情趣来得到实现,"画者,以理法为巩固精神之本,以情意为运行精神之用,以力气为通变精神之权"(《画学南北宗之辨识》)。而"士夫之画,华滋浑厚,秀润天成,是为正宗"(《图画非无益》)。黄宾虹先生提出的"士夫画"这一学人绘画的概念,是在系统地研究中国画史的基础上对文人画的批判中完成的。自王维等首开文人绘画之先河以来,经两宋发展而成熟于元季四家,使中国绘画艺术进入一个新的高峰,而为世人所推崇。绘画向文人化方向发展是中国艺术的必由之路,黄宾虹认为:"观此则画学自唐以后,专重文人,而能明晓画法与画意者,正非文人莫属也。"(《说艺术》)并认为书画艺术"神似因以求于规矩之中,而超乎规矩者也"。冷静客观地指出文人画"因其画中含有书卷气,而与庸俗不同,又善用笔墨,不为规矩所现"(《中国绘画贵乎笔墨》),从而开创了书写心胸情怀和畅游精神意境的自由天地,并准确地把正统文人画分为"诗文家之画""书法家之画""金石家之画"三个层次,并认为"因古画于铜器石刻中得来,金石家可领会其意味也。较前两者尤有名贵"(《中国绘画贵乎笔墨》)。这与文人倡导的金石入画的最高境界不谋而合,同时针对明清以后部分文

作者(左二)与孙晓泉(右二)等拜访著名美术史论家王伯敏先生(右三)

人世尚轻诞狂怪而流如甜俗的江湖习气给予了彻底的批判,指出:"画有邪正,笔力直透纸背,形貌古朴,神采焕发,有高视阔步,旁若无人之概,斯为正派。格外好奇,诡僻狂怪,徒取惊心炫目,辄为自立门户,真乃邪魔外道。"(《画学散记》)认为:"文人画自诩轻灵,以视江湖、朝市,虽觉近雅,依赖古人,不能卓然自立,笔墨稍秀,而章法未变,尤为未足,因少功力,与所称士夫画不同。"(《画法臆谈》)黄宾虹先生对文人画优劣的评析,如一帖清醒剂道出了所谓文人气习与黄宾虹所推崇的"学人"精神品格是有天壤之别的。黄宾虹就曾经明确地指出文人画与士夫画的区别在于"士夫画品诣超特,章法之妙,自有己之面目,全在笔苍墨润,绝非庸史可及"(《讲学集录》)。中国文化人的成分和结构也是随着历史的变迁而发生变化的,在唐以前文化人主要为世袭的士族群体和名门望族所垄断,其优越的家族生活、世代为官的历史背景和内部联姻的文化环境,造就了他们独特和高贵的精神气质,这就是"士夫"的由来。自隋代后开始的科举制度,使社会底层一部分潜心于学问的文化精英得以进入主流社会,从而进一步使文化阶层更富有创造力,到宋元时期绘画的精神从"尚法"又发展到更加"尚意"的艺术高峰。但至明清华夏大地屡遭外族野蛮冲击,对中原文人们精心构建的文化精神体系产生了极大的摧残,造成了士人心态的严重失落,因而也随之分化而形成三种类型:坚持纯正精神修为的"士夫"文化;为追求功利而依附于外族统治阶层的官僚文化;心怀失落而放荡不羁、混迹于江湖的世俗文化。针对这种状况,以及后世书画艺术庸俗化的倾向,黄宾虹以中流砥柱的顽强毅力,独自坚守文化的正脉,给予偏离中华尚意精神的颓废心态和由此产生的以狂怪放纵为时尚的部分文人画以无情的批评,指出:"江湖画为'邪',朝市画为'甜',二者均未能脱俗。而文人画与江湖、朝市三者均有依赖。"(《讲学集录》)并对石涛、石谷及扬州八怪等开不良风气也明确地予以否定,他在《讲学集录》中说:"石涛本文人画,然过于放纵,因开江湖之门,石谷亦文人画,学者不从其临摹古人真迹领会,则流为朝市画格。""扬州称有八怪,……皆善笔墨,恣意放纵,磊落不羁,然墨多渗胶,色彩虽佳,已失光彩,有伤雅驯。"这对于今天我们研究、继承、判别传统文化精神及中国画艺术真谛具有非常重要的指导意义。而"学人画"则首推以修身立德为本,以学问存道为宗,以笔墨气韵为意,毫无宗派习性,而能博采众家之长,于平淡中蕴涵天机造化,从而进入

《易》"立天之道,曰阴与阳;立地之道,曰柔与刚;立人之道,曰仁与义"的修为之道。

黄宾虹对书画理解已从艺术的领域进入"道"的层面,经三眠三起而终破蛹化蝶,已上升到如石涛《画语录》中所说的"山川与予神遇而迹化"的精神境界。所以他认为:"天法道,道法自然。道形而上,艺成而下。画有道与艺之分。"(《讲学集录》)黄宾虹艺术思想的灵魂自始至终贯穿着这条主线,即形与神、似与不似、法与造化,而最终发展到"绝似与绝不似"的把握,也正是这样在笔墨上得到充分的表现的。故曰:"盖画贵取其神而遗其貌,故未可以迹象求之。"(《古画微》)虽然目前关于黄宾虹"绝似绝不似"的理论根据或客观的历史考证还有待于进一步的研究和发掘,但综观黄宾虹先生的思想体系和绘画笔墨的表现历程,黄宾虹正走向"以形似之外求其画,此难与俗人道也"(《六法气韵生动说》)这一终极目标。

2011 年 3 月

一代尊师　大道行者

　　2007年是我国国画艺术大师诸乐三先生诞辰105周年,在杭州的众多学子和一些文化团体纷纷举行各类形式的主题纪念活动。艺术界通过对诸乐三等一代大师们的文化本性和精神根源进行追寻,除江浙艺坛中坚多在他们直接或间接的教诲和影响下成长起来外,也是部分有识之士在痛楚与困惑中力求重新探寻和审视大师们的艺术轨迹,从而试图用现代人的视角对中国文化本体进行冷静的思考和定位。

　　历史上每一次社会的进化,都是以文化作为先驱,每一次文化的飞跃也都是在对历史文化的继承和变革中发生的。文化只有在继承中才能发展,在变革中才能创造。"传"是保存、教导和承接,"统"是整理、分析和提炼,传统就是在继承中发展前行。没有传统就没有今天,更没有明天。欧洲的工业革命开启了现代文明的大门,工业革命的产生是在文艺复兴的基础上催

作者(右)与西泠印社执行社长刘江(左)在超山

二　艺韵流芳

| 99 |

作者(右)在安吉鹤溪村诸乐三故居

发的结果,而文艺复兴就是对被中世纪所丢弃的文化经典的重拾,就是对希腊和罗马文化理想的重新归位。所以欧洲的文艺复兴诞生了一大批传世的艺术杰作和不朽的艺术大师。

中国20世纪二三十年代也是一个大师云集的时代。文化的复兴不是文化的复古,而是对历史文化价值的重新肯定和尊重。只有尊重才能有所创造,只有肯定才能有所发展。大师就是社会文化回归传统的领航者,是历史文化复兴的引领者。

所谓大师,必定具备独立的人格,广博的学识,睿智的哲学思想,得天独厚的审美悟性,超凡脱俗的专业素养,方可成为引领和开启文化心智的长者,现代艺术大道的推进者,以及影响和造就一大批学识俱优的弟子的教导者。而诸乐三先生无疑是一位20世纪独具匠心,并为后人所敬仰的艺术大师;一位中国文化艺术大道的苦行者;一位中国书画艺术集大成者;一位继承、丰富、完善和发展吴昌硕艺术的卓越贡献者;一位现代浙派花鸟画和美术教育的奠基人。诸乐三先生博大精深的文化底蕴通过其精湛的艺术表现力、渗透力,尽付于诗、书、画、印之中。先生的品学修养和娴熟高超的技艺敛藏于笔墨言行之中,毫无张扬造作之态,毫无标新立异之状,毫无先声夺人之象。变神奇为平凡,取大道于微毫,一直浸润与滋育着后人。

中国文化从产生、丰富、发展到完善,经八卦、易经、老庄、孔孟的深化所形成的思想体系,与道、释两宗教思想相互贯通融合,无论治国思想、道德观念、社会构建还是文化艺术都站在较高的精神层面上,以天道之象统达自然之意。故中国文化于静止中体察动势,于理性中抒发情致,于虚无中获取实象,因此十分注重品性的修为、心性的净化和精神的升华,并由此形成中国文人共有的审美意识、生活情趣。历史上各时期的文豪大家各具才华,同时他们又能书善画、工诗精史、通音辨律,不但各领风骚,且通今博古,学如瀚海。

诸乐三先生作为一位大师级人物,当代中国书画艺术的集大成者,可称为一代尊师。诸乐三先生工诗文,精医道,懂音律。其诗、书、画、印四艺皆能,同为一流,可谓独步当今艺坛。先生尽其一生精力于书画艺事中,人品、艺品、文品具高,已达心界空明、心境悠然、心性阔远的精神化境。诸乐三先生的艺术造诣远肇秦汉,中承唐宋,下达明清,更得缶翁之神韵,终为承上启

诸乐三作品

下的一代大师。诸乐三先生的书画艺术兼有历代众家之精髓，启合儒、释、道三家之气韵，更具文人清雅之神采。其人、其诗、其画蕴含秦汉之拙朴、晋唐之气韵、宋人之毓美、元人之意境、明清之笔墨，更得缶翁之形意。并在广为采纳、取舍中精炼而成独具一格、秀雅清毓的文人逸质。后学者观其作，笔墨似前人诸家神运天合，气韵贯通，天然造化而又成诸公自家风骨，凸显一代大师风范。故大师潘天寿赞之曰："兄天才超越，兼以各项基础深渊，一着手即能超人一等。"著名花鸟画家、中国美术学院教授马其宽评其画："诸先生在全面继承缶翁艺术外，又吸收白阳的灵秀、青藤的豪放、八大的奇崛、石涛的多变。"

诸乐三作为一代大师，是继承、丰富、发展和完善吴昌硕所创立的写意画古拙雄健风气的卓越贡献者。诸乐三先生生长于碧水纯清、山峦隽秀的江南竹乡安吉。安吉得天独厚的自然景色和纯厚淡雅的人文传统，宛如一幅气韵灵动的青绿山水。吴昌硕也是安吉人，安吉学画者对吴昌硕推崇备至。诸乐三得其父刀笔书香之熏染，在研习临写中对吴昌硕的书画意韵更是心领神会，神气相合，心气相投。自 1920 年转读上海中医专门学校而拜于缶翁门下后，得缶翁慧眼观照，用心调教。诸乐三先生更是静心好学，勤奋善悟，泛览历代诸家风骨笔意而融会贯通，尽得中国书画之韵致。在中国画的文人心性滋润下气韵流动、才情丰沛，遂入缶翁意境而得其精神。故吴昌硕在评价当时画坛后起之秀时说道："闻韵聪明，画得好！乐三得我神韵，阿寿可怕。"说三人艺术风格各有千秋，艺术走向各循其道。诸闻韵有灵动秀逸之风，诸乐三善悟传神更具气韵，潘天寿有才气而心高意远。吴昌硕所指乐三得"神韵"，并非单指从形似到神似的艺术造诣，而是指诸乐三先生的心性、才情、气质和技艺已入佳境，心源造化如自然聚合而万涓归流、终汇大河。

吴昌硕先生是近代中国文化艺术中兴的领袖人物，是开启一代新风的旗手，是现代书画艺术的一代宗师。吴昌硕对中国画坛的深远影响和书画艺术的功绩还在于他培养和造就了一批大师级艺术家，无疑诸乐三先生是当今最具影响力的大师之一。

諸乐三作品

諸乐三作品

正因诸乐三先生具备了丰厚的才识和得正果之修为,所以在坚守和继承吴昌硕艺术精华的同时,更以文化人内秀质雅的清逸之气一改缶翁部分作品的商业习风,从而使吴昌硕艺术尽洗市俗,重归大雅致拙的人文之境,并为吴昌硕艺术注入了新鲜血液,故陆俨少先生评其画:"乐三先生笔墨得吴缶翁真传,一变豪纵而济之以儒雅之气,故有出蓝之美。"诸乐三先生的书画艺术功力深厚,笔墨纯正,结构严谨,法度深邃,于严谨中见灵动,于笔墨中见气韵,浑厚华滋,浓淡有致。其专业画家的系统性、理论性的探索和长期不懈的磨炼,使吴昌硕部分画作中表现出的野性得到了规整。同时诸乐三先生在吴昌硕艺术之外的吸收和学习,更极大地丰富了吴派艺术。我们细心品味诸乐三的大量作品,其用笔用墨变化多端、气象万千而合于吴昌硕艺术风格之内,如小写意、大写意、工写、双勾、设色、水墨、白描、泼墨、没骨等等,从中可体察到历代名家的风范和脉络。诸乐三先生作画时运笔于心中,发思于画前,用笔从容而专注,手随心动而笔墨自然渲染于纸上,各种技法自然流动,从无败笔、信笔、懒笔和散笔。有学生曾问他为何不从吴派中

诸乐三作品

脱出,诸先生答说书画一道皆因厚积薄发而自然变化,则水到渠成,不可刻意求变,否则前功尽弃,易入歧途。吴昌硕所创立和奠定的吴派写意画风,无论是专业画家还是文人画家皆推崇备至,竞相研习得其笔意而快之,并在此基础上推陈出新、渗悟浸润而呈万花争艳之势,气象万千如大河奔流,实当推诸乐三先生首功耳。

诸乐三先生作为一代大师,是当代国画艺术主流大道承接的贯彻和推进者。音乐、书画、诗赋等艺术表现形式在中国是文人们修身养性的途径,它们作为高雅艺术历来为文化人所欣赏和必修,它是学者士人的深邃智慧、学识修养、精神意境、人格品性和生活情趣的自然表露。

音乐是思想的流动,是声之物;诗赋是思想的情感,是情之物;而书画则是思想的意韵,是心之物,是通过笔墨传递和宣泄心灵智慧的优雅情致。故中国的书画艺术是无声的音乐,无言的诗赋,无形的心像,是作者心中的意境和精神的世界。所以中国传统书画艺术其实就是文化人陶冶情操、表达心意的笔墨情趣和穷理探幽的雅性,也是作者学识丰厚而文心致纯的自然表露。国画艺术的文人化表现为画中有诗、诗中有画的艺术品位。诗是由画而进一步催发的诗情,画是因诗而涌动的画意。诸乐三先生作画前往往先生诗意或成诗后意犹未尽而借笔墨直抒胸臆,故其作品诗画完美结合,浑然一体。

诸乐三先生既具专业画之法度精严,又得文人画之意境高远,已达无我之修为和无欲之境界。中国画艺的修为有三个境界,既从无我到有我,再从有我回到无我。初学者无我,所以必须临写练习他人之作,从中学到笔墨技法的功夫,这是画者的第一个境界。精学者有我,因笔下功夫已娴熟于心,故笔随心动而个人风格跃然纸上,借笔黑以表现和张扬自我,这是画者上升为第二个境界的一次飞跃。大化者无我,品学修养已趋大真、大美、大纯的境界,达观环宇,心游天地,眼慧笔拙,意出自然。知苍穹之变化无穷,识精微而善悟天义。心中无我,而我无所不在,手中无笔,而气韵自然生动。这也是为画者心画合一的最高层次。貌似无个性实为大个性,看似无风格仍为大风格,处处温和自然又处处暗藏自我于笔墨之中。我与万物同在,心纳天地无形。诸乐三先生无疑是第三境界之笔墨无痕的大师级人物。

中国画所表现的实质是心境,是通过自然造化来书画心中的丘壑,而不是具象景致的描写,这也是和西方艺术表现形式的根本区别。故西画的笔墨服从于瞬间光影,而国画则是借助于自然造化通过笔墨完成心画。笔墨是国画的精髓,是作者的血液,是灵智的外溢。太极生两仪,两仪生四象,四象生八卦,八卦分六十四,六十四卦变巧组合,构成了万物荣枯。同样万千世界的变化无形,经文化人穷究奥妙、取精用宏、融汇聚积而纳于一笔之中,以一画呈万般情感,而精、气、神、思又合于一笔。故繁画易,简画难,五彩易,墨色难。中国文人浓缩智慧和思想于文字笔墨,所以笔墨是中国画的灵魂,无笔墨则不成其为国画。而诸乐三先生"分明在笔、融洽在墨,浑厚华滋,则法备气致"的名言,是其人画合一的精到体会。通过诸乐三先生纯正的笔墨功夫,我们感受到诸乐三先生作为一位大师,向后人传递和教化的深邃思想和人性至理。我们从先生的作品中领悟到儒学宏博的纯清、道性仙骨的无欲和无相大智的空明,纯清、无欲和空明正是国画艺术的大道坦途。

艺术一道,纷呈多彩,变化万千,各领风骚。风格迥异,手法不同,皆放光华。然高低之分取决于艺品,故善画者为能品,善变者为妙品,善藏者为神品。善藏者不知其有,而无处不在;不知其大,而其势可摧。中国的文化艺术如一条大河,有水面上的浮萍,有时时涌起的巨浪,更有暗藏于其中的巨流。而这股无形的巨流则是推动大河奔腾前行的主要力量,这一力量源

诸乐三(右一)、陆抑非(右二)、潘韵(左一)等作画

诸乐三（前排左）与王个簃（前排中）、沙孟海（前排右）

源不断、生生不息，如日月之永恒、如天宇之无穷，从而构成了中国文化数千年历史的脉络。诸乐三先生就是 20 世纪后期国画艺术大河的推动者之一。历史上不乏千古留名的书画艺术大家，他们的艺术丰采独树一帜。但有些大家的艺术表现力却万世难逢，如千仞奇峰而后人仰不可攀，如"八大""八怪"等独处潮头的大家虽万世瞩目，但我们看到的只是大流推起的潮头，而忽视万丈波澜中暗藏的主流。"四王"百年来终行于大道，其功不可没，其艺不可尽非。因为其所以为主流大道，必定是承上启下而不失其本性，源远流长而不露其锋芒，功力深厚而不堕其品格，并为后继者可学、可悟、可知、可法。中国美术学院在当代艺术界所享有的盛名，实乃当年以潘天寿、吴茀之、诸乐三为代表的艺术家们，独守传统心志，坚守文人秉性，共同探求而奠定当今国画艺术主流方向的结果。诸乐三先生的书画风格于稚雅中见平淡，于淡雅中发情思，于情理中藏机变。正如黄宾虹先生所言："有初见其画不过平常，而且人人皆能，至有为寻常人所不欲观者，谛观之而知其美，学之而知其美之不能学，不易学，此方成为最美最佳之作。所谓美在其中，不假修饰涂泽为工者也。"我们从今天众多坚守笔墨功夫和人文意境而不为乱象所迷惑的艺术家身上，仍然能看到诸乐三等前辈大师的神韵。

　　综观诸乐三先生的艺术人生，心性温文尔雅，品性至拙归真，外虽少言，

二　艺韵流芳

内实远阔,得先生传教如沐春风,艺术气韵沁人心脾。"桃李不言,下自成蹊。"大师无言,其艺长传。大师虽已远去,却仍然在我们的心中。我虽为后学而无缘拜识先生,但在我与当今艺术界众多老师的交往中无时不感受到先生的学养人品在他们身上的延续,并为之倾倒。故有感而发,作诗一首以表敬意:"软毫轻抹金石裂,画印诗书当世绝。信手飞花皆神韵,缶庐门下一英杰。"

2007 年 5 月

读杨成寅老师《石涛画学》有感

——试析石涛"一画论"

  《苦瓜和尚画语录》是清代大艺术家石涛总结一生绘画艺术实践,阐述绘画艺术的本质、自然规律和表现形式,对中国画艺术发展产生重大影响力的一部具有划时代意义的理论性著作,至今仍是美术界理论研究必读之书,并对当代书画艺术具有重要的指导意义。《苦瓜和尚画语录》共 18 章,计3000 余字。通篇文字玄妙,机缘相融,论述严密,前后环扣,取精用宏,立意新颖,为后人取之不尽的经典名篇。但石涛以"一画"这一哲学命题作为贯通全书的核心,更以《易经》及老庄的宇宙观统筹中华书画艺术的发展轨迹和创作意识,使其对绘画的理解达到"技与道"的统合。故其在书中的表述方式和用词造意的独到构想使后人在对其研究和理解过程中难以把握,并由于研究的角度偏向、认识的程度深浅和各自取向立意的偏差,产生不同的

杨成寅先生参加世界易经大会

二 艺韵流芳

杨成寅先生参加纪念黄宾虹诞辰 145 周年研讨会

认识和理解,也在客观上自觉与不自觉产生歧义,从而使后学者更加迷茫。

黄宾虹认为中国画的修习是一项较高层次的精神活动,是心灵意境自然流露的情趣透过笔墨功夫的表达,故应"志于道,据于德,依于仁,游于艺","外师造化,中得心源","读万卷书,行万里路"。也就是告诉我们要注重"画外之功",才能真正看懂、读懂、吃透和理解中国画的本质。而不必拘泥于似与不似、写实与写意、具象与抽象,正如黄宾虹所说:"学者求气韵于画中,可不必论工率,不必言宗派矣。"

中国美院教授杨成寅先生长期致力于美术理论的研究和探索,孜孜不倦,甘于寂寞,不趋时利,抱德守志,深入堂奥,慎思博考。长达数十年,不论身处何境,一直坚守于美术理论研究事业,硕果累累,著作等身。他在十分艰难的条件下完成的《艺术美学》《太极哲学》和《石涛画学》三大理论著作更是饱含了一生的心血,是当今美术研究领域十分重要的指导性论著。他以丰富的学术知识、严肃的研究态度和科学的辩证方法,对石涛的画学理论展开了全方位的论证和梳理,并对石涛画学思想及其关键立意词语进行了深入而独到的阐述和分析。尤其是对《石涛画语录》中的关键性词语的真实含义给予了定义式的诠释,为我们研究这部画学专著,开启石涛这座艺术宝库提供了一把金钥匙,指明了一条清晰的道路,使石涛画学的本意和艺术观点完整而清楚地呈现在我们面前。

"一画论"是由石涛总结并提出的,是石涛画学思想的一个十分重要的美学概念,也是研究者最关注并长期争论的一个难题。杨成寅先生对"一画论"进行全方位、综合性的剖析,对"一画论"的基本含义、基本法则、哲学基础、美学形式和内在联系进行了充分的论述。认为石涛的"一画论"来自于《易经》的太极阴阳对立统一论和他在绘画上继承与创新的实践,是客观事物矛盾对立统一的发展观。

石涛在其画语录中首先阐述的就是他的"一画"之论,他说:"立一画之法者,盖以无法生有法,以有法贯众法也。"也就是说石涛的"一画论"是统贯众多绘画法则的大纲,是根本大法。这与黄宾虹的"太极图是书画秘诀"的见解有非常密切的联系,也准确地把握住了中国画这门艺术的本质和核心内涵。石涛的"一画"非简单的一笔之画,其作为众法之法的立意应该从更高的精神层面和哲学思维来认识。笔墨上的"一画"属于技法或方法的范畴。石涛的"一画"的理论依据来源于《易经》的阴阳太极和老子的道学理论,杨成寅先生对石涛画学研究的贡献是,从理论上分析了"一画论"如何从哲学的意义上指导美学层面和绘画领域,而且具有更加具体的指向和多方面的意义。

杨成寅先生在国庆六十周年书画展开幕式上致辞

根据《周易》的太极理论，太极是万物的初始，也是一切事物的起源，所谓太极生两仪，两仪生四象，四象生八卦，八卦又衍生出六十四种卦象，从而构成了五彩缤纷的万象世界。同时阴阳相合而有三才相通，四象成形得五行相生相克。那么为何石涛以"一画"而"法立"呢？"志道据德，依仁游艺"是中国文化人的心理，也因此决定了国画的艺术属性和审美趋向。道是什么？《易》曰："一阴一阳之谓道。"六朝的刘勰在《文心雕龙·原道》中说："心生而言立，言立而文明，自然之道也。"而石涛的"一画"秉承了中国传统的求"道"思想，并充分体现在对绘画的认识中。

绘画艺术是中国文化意识中的修为之道，并为历代士人才子所独钟。因此中国文人的绘画过程实是心性修为、心境探源和心趣所向的表达，"此一画收尽鸿蒙之外，即亿万万笔墨，未有不始于此，而终于此，惟听人之握取之耳"，所以石涛认为"夫画者，从于心者也"。一画发于心，行于意，收于笔墨。一画的生发依赖于"蒙养"。"蒙"即是万物的初始，也是心源造化生发起始的状态，是"生活"之元气和灵性的萌芽。"养"是一个渐进的过程，有其特殊的自然法则。"蒙"是初始的混沌，滋养以使元气聚升，修养以使灵性焕发，善养以使天人合一。故蒙以养正，才能"运墨如已成，操笔如无为"，师自然之造化，得山川之神遇。

综观石涛一生的道学修养和艺术探寻之路，他深受老庄哲学思想的影响，并通过参合儒释道三教的文化精髓而于画理画艺通而达之。老子"道生

杨成寅先生(中)与作者(右)交谈

杨成寅先生(左)在北京接受记者专访

一,一生二,二生三,三生万物"的哲学思想,揭示了中国绘画艺术乃至一切事物的发展变化规律。"道生一"为太极,"一生二"为阴阳,为何是三生万物呢？三是什么？刘勰的《文心雕龙·原道》中说："仰观吐曜,俯察含章,高卑定位,故两仪既生矣。惟人参之,性灵所钟,是谓三才。"三才就是天、地、人,在石涛的"一画论"中就是"我"。元气上升则为阳,下沉则为阴,而阴阳相合,互为盈亏,构成了揭示事物本质的阴阳鱼太极图像。我们从太极图上看到了事物变化、发展的对立统一法则,运用在绘画中则表达了虚与实、黑与白、藏与显、意与形等美学意义上的审美关系。因为圆形太极图所呈现的阴阳关系在阴阳相合的条件下处于一个瞬间的稳定状态,但这种状态很难长期维持,阴阳之所以变化,必定需要第三者的作用才能发生。使阴阳关系改变的第三者就是在太极图外的三才中的"人"。这就是中国哲学的玄妙神奇之所在,也是中国画画外工夫和"藏与露"的意韵,所以石涛有"山川与予神遇而迹化也,所以终归之于大涤也"之语。我们也从历史的研究中认为事物的变化和社会的发展往往不以人们的意志为转移,那种二极的对立与统一的关系在现实中不可能发生,只存在着三极的变化而使得万物呈千姿百态之象,如我们熟知的三角弧、三角定律、三足鼎立等等。

杨成寅先生在一次讲解中谈到"三"的关系时,说到儿童经常玩的石头、剪子、布的游戏。他说石头、剪子、布的游戏就是相生相克、有机统一的又可独立存在于现实中的循环系统,充满了哲学的辩证关系。二分法和阴阳两

二 艺韵流芳

仪只不过是事物发展形成过程中的一个基本阶段,真正使事物发生作用的是有形中的无形因素的参与,才能促使事物发生变化。

中国的绘画艺术是"写心"还是"写形",在美术理论界多有争论,石涛在《苦瓜和尚画语录》中说:"画受墨,墨受笔,笔受腕,腕受心。"心生才能画成,形神而能化心,只有达到心与自然的交融合和,才能得造化之笔墨,获自然之玄机,"如天之造生,地之造成,此其所以受也"。所以才有"山川使予代山川而言也。山川脱胎于予也,予脱胎于山川也"的绘画境界。"天有是权,能变山川之精灵;地有是衡,能运山川之气脉;我有是一画,能贯山川之神形。"天地灵气在作者的主导下使山川精神气韵得以通贯相合而为我所用,石涛在其著述中反复强调"我"的主导地位,一切以"我"为主,并主张遵从于心灵的感受,即"尊受"。这就十分明确地告诉人们画心为本、画形为表、形迹是宾、心迹为主的两者互相参合的关系。

对中国绘画的理论研究和潜心创作需要一个独立并于动静中保持其心境的环境,所以要能守得住、静得下和远离世俗尘嚣。杨成寅正是这样一位受人尊敬并独行于世的学者,所以才能于美术界独树一帜。先生不但对石涛的画学理论及相关理论展开深入的研究和探索,而且也对石涛的作品、生平、名号、经历、交往、思想及所处的时代环境给予了严密的考证,并几乎查阅了现存的相关文献和古今研究论著。其孜孜于案桌之前,涉人之不为、难为、不敢为和不能为,可令今之草草于学问、致用于市场者汗颜,而于后辈堪称楷模。

2010 年中秋

西子长传师友情

——记黄宾虹与诸乐三在西子湖畔的情谊

西湖这颗东方明珠,如天赐碧玉,历经数千年的岁月磨砺,得天地自然之造化,合人性慧源之精华,终放华光。自 20 世纪初因文催艺引而群贤毕至、群星同辉,演绎出蔚为壮观、璀璨辉煌的艺术盛世,把中国书画艺术这项人文精神的至高形式又推向了一个新的历史高峰。

代表近现代书画艺术高峰的标杆性人物,并被称为"四大家"中的三大家吴昌硕、黄宾虹、潘天寿各占一席,李叔同、马一浮、林风眠各领风骚,吴茀之、诸乐三、顾坤伯、沙孟海、陆维钊、陆俨少、陆抑飞同台争艳。可谓当代大师级的书画艺术人家相继汇聚西子湖畔,并为西湖独到的自然景致注入了丰厚和精湛的精神文化生命力,杭州也由此成为我国当代文化艺术的重镇。

黄宾虹(左)与诸乐三(右)在葛岭写生

黄宾虹题字的诸乐三作品

诸乐三作品

　　20 世纪 50 年代初,被后人赞誉为亦师亦友的一代大师黄宾虹先生与诸乐三先生在西子湖边的一段交往,至今仍然成为艺术界所传颂的佳话。他们在孤山、葛岭、平湖秋月、栖霞岭的艺事依然在我们的记忆中缠绵,而他们为后人所赞叹不已的大量艺术杰作也永远地与西湖同存。

　　黄宾虹,原名质,字朴存,一字予向,安徽歙县人。1865 年生于浙江金华,曾先后执教于新华艺专、昌明艺专、上海美专,1948 年受邀赴杭任杭州艺专教授至 1955 年去世。黄宾虹先生是我国近现代德高望重、贡献卓著和影响深远的集艺术家、哲学家、思想家和教育家为一身的国学大师,为当代国画艺术的一面大旗,是继谢赫、石涛之后又一位开创性的画史画论大家。

诸乐三，原名文萱，字乐三，号希斋，浙江安吉人，生于1902年。1920年拜吴昌硕为师，曾在上海美专、新华艺专、昌明艺专任教，1947年受好友潘天寿之邀执教杭州艺专，1984年在杭去世。诸乐三先生是我国当代著名的金石书画大家和美术教育家，吴昌硕艺术的重要传人，当代浙江花鸟画和现代美术教育的重要奠基人之一。

两位艺术家年龄相差近一代，但他们有共同的追求和对艺术的独特理解，再加上机缘相交，同时西湖景致的至美所独造的天然环境，在那个国画艺术被边缘化的20世纪50年代初，他们终于成为莫逆之交。由于在新中国成立初期强调美术为大众服务而提倡人物画、年画和版画，认为国画艺术与时代不合，当时改名为中央美术学院华东分院的艺专将国画系和西画系合并为绘画系。当时老先生大多被排挤，诸乐三先生亦被取消教授头衔，调离绘画系。而黄宾虹先生虽仍为教授，但实际已赋闲在家，过着闲云野鹤般的生活，其画亦在其时颇有争议。这样两位艺术大家自然惺惺相惜而相交甚欢，他们总是隔三岔五地你来我往，有时黄宾虹到诸乐三家，有时诸乐三去拜访黄宾虹先生，有时相约到平湖秋月湖边品茶谈艺，兴致来时一起爬山写生。50年代社会环境对国画艺术的冷遇，使得宾虹老人与乐三先生获得了一个能于孤寂中对中国画进行冷静思考的机遇，两位艺术家在这段时间里完全沉浸在书画艺术的自由境界中。黄宾虹晚年的绘画艺术经三起三眠而终破茧化蝶，进入"道"的巅峰状态，诸乐三也由此使自己的艺术更加完善充实而奠定了大师的根基。他们相互探讨，情谊相投，并对艺术理论进行了系统而详尽的梳理，诸乐三先生还直接参与了宾虹老人艺术思想的整理工作。其著名的《画学篇》文稿于1953年付梓后，又由黄老口释其义，诸先生笔录，成《画学篇》释义一卷。

那时诸乐三已年过50岁，而宾虹先生则已是80多高龄的老人了，虽然年龄相差近40岁，且一个是山水画大师，一个是花鸟画名家，但诸乐三先生一直是宾虹老人十分敬重的少数几位晚辈之一。究其原因，一是诸先生得吴昌硕写意精神的真传；二是二人在对艺术的见解上殊途同归；三是诸先生人品高尚，学识广博；四是两人早在20世纪30年代就在同校任教，情谊颇深。据黄宾虹子女回忆，宾虹先生认为诸先生人品第一，其笔力深厚，诗书画印样样皆精。而黄宾虹先生更是诸乐三一生中敬仰的一位师长和长辈,于艺事上获益匪浅、得教颇丰,在当时是极少数慧眼识得宾虹艺术精髓的大家之一。据诸乐三小儿子诸鼎回忆,诸先生有一次带他到宾虹家去,路上对他说:"宾虹先生的书画艺术在当今无人能及,他要送你画就赶快拿着,不然以后要后悔的。"果然见面后宾虹老人就送了一幅给他作见面礼。他们在一起经常交流书画艺术,诸先生也时时向宾虹先生请教山水,已得宾虹山水笔墨精神。诸先生曾以宾虹笔意创作山水画一幅请宾虹指教,宾虹先生观览后大为赞赏,并于其画作上亲题:"笔力遒劲,如古籀大篆,极磅礴之能事,乐三先生此帧最为合作。"有一次诸乐三在家画了一幅山水,还未落款就挂在墙上,这时潘天寿先生正好进来,一看就说:"黄宾虹的,好啊!"诸先生说:"你再看看。"潘先生听到这样说,就仔细再看了一看:"嗯,好像干净了点。"诸先生笑着说:"这幅是我闲来无事画的。"可见诸乐三对宾虹画意领悟之深和笔头的厉害。

诸乐三作品

黄宾虹先生一生游历山川无数，交往的艺术名家甚多且广，博览群书，通古贯今，涉猎广博，浸沥经久，独傲艺坛，尤对诸先生另眼相看。诸乐三先生年仅 20 岁时就受教于吴昌硕门下，醉心于写意花鸟画、篆刻、书法、诗词，出手笔笔见功力。当年吴昌硕对其颇具厚望而赞之"得我神"，吴昌硕与黄宾虹二人是诸乐三先生一生中最为敬佩的师长，然而诸乐三与黄宾虹这两位大师级的师友之交所结成的深厚友谊，还自有其惺惺相惜的独特艺术因缘。他们共同拥有对民族、对生命、对生活、对自然发自内心深处的大爱以及通过笔墨所流露的对人性的关怀。呈现在画面上或蕴含于笔墨中，如涓涓细水的意蕴流动，无时不流溢出春风化雨、润物细无声的浓浓温情。他们的山水、花鸟画都深刻地表达了作者内心的田园诗意和自然造化之大美，并在深厚的文化积累的基础上达到精神境界与天造自然之完美融合，完全不同于八大山人的冷峻孤高和扬州八怪的愤世嫉俗。

诸乐三一生为书画艺术而生，对当时轻视国画艺术的倾向深感忧虑，一时心情低落，宾虹甚为关切，对诸乐三说："不要担心，这只是一时的现象，从历史上看，民族几千年传承的艺术是不会被轻易丢弃的，几十年后我们的艺术一定会被人们认可的。"有宾虹老先生的开导和关心，诸先生内心更加坚定了自己的方向。诸先生曾向承其衣钵的大儿子诸涵回忆说："50 年代初，在教务行政工作之余，一度专攻山水画，经常向宾老请教。"

黄宾虹与诸乐三先生于画史画论通贯古今，笔墨上追秦、汉之古朴，中得唐、宋之风骨，近承元、明之气韵，其画品为"士夫""学人"之逸格。他们的艺术脉络和发展行于大道，落于常人不可到之处，故而从平实中见奇绝，于笔墨中见功力。天机造化，中锋用笔，篆隶入画。看似随意挥洒而又法度严谨，笔墨纵横又笔笔皆有玄机，于无法中却又处处合于法。故在其时宾翁与希斋于冷落孤寂中友谊倍增，其乐融融。

诸乐三先生与黄宾虹先生在 50 年代西湖边的一段友情，是诸乐三先生一生中最为难忘和值得珍藏的记忆，也是黄宾虹老人在人生最后几年心灵上的最大安慰。在这几年当中，诸乐三先生在艺术事业上产生一次重要的突变，我们可以从他的绘画作品中细细地品味出来。在西湖边与黄宾虹谈艺论史，互为勉励，共同度过艰难时期。那时王伯敏先生还是一个年轻学子，跟随宾虹先生学艺，有时也在旁聆听，并不时提问请教。另外还有洪

二　艺韵流芳

刘江(左四)、马其宽(左三)、徐家昌(左二)、诸立(左一)
与作者(右一)交流

世清也常陪两位写生作画,为他们拍摄照片,也见证了这两位艺术大家的忘年之交,很多非常珍贵的历史照片就是出自洪世清之手,洪老师在世时每忆这一段情缘都不禁唏嘘不已。

　　诸乐三与黄宾虹之所以成为相交甚合心意的师友,还因为他们的审美情趣和艺术品位十分相近。反映在绘画思想和笔墨关系上,他们有一个共同的特点,就是都力求从中华文化的源头顺流而上,以老庄易道和太极起始,融合佛家禅理及儒学修为。在画理中中和圆润会通,即无极的心源造化合一的超脱境界。中华文化的核心乃为"和"的深刻认识,对自然之"圆"有着哲学深度的慧心独到之解,"和"之极为像"圆","圆"之极为像"方",故有天圆地方的方圆之道,唐张志和《空洞歌》曰:"无自而然,自然之源。无造之化,造化之端。廓然悫(诚实)然,其形团圞(月圆)。""圆"者,太极之形,自然之道也。意蕴周全,完美无缺之谓也。"圆"者,心无定所又呈定所,无边无际浩然渺茫,故有天心月圆之化境,圆通大觉之悟境,功德圆满之利境。何子贞《与汪菊士论诗》中说:"所谓圆者,非专讲格调也。一在理,一在气。理何以圆:文以载道,或大悖于理,或微碍于理,便于理不圆。气何以圆:直起直落可也,旁起旁落可也,千回万折可也,一戛即止亦可也,气贯其中则圆。"诗与画同理,所以宾虹老人曾以"太极图为书画秘诀"而直抵中国绘画之本质,而诸乐三先生的"分明在笔,融洽在墨,气韵生动,浑厚华滋，则法备气至"和"运笔在方圆之间"的名言，则与宾虹精神合一。故黄宾虹与诸乐三皆以篆籀用笔入画，点线柔中寓刚，求直于曲，以一炬之光，意出画外。方圆之间，阴阳转合，动静之势，相互呼应。笔墨圆润内敛而呈中和之象，气韵涌动暗藏机变万千，看似平易，实则深不可测，于画中自见品性出尘之高格，乃为时人不知其象、不识其形也，凸显出书画艺术的内家深厚功力，今日贤达之士非摈弃杂念、精修明性而达澄怀之境，无以观其道之精严。"道"可知而不可传，世人言善，其非真善也，故黄宾虹有五十年后之说，而五十年后众人皆举宾虹，而知宾虹者谁？

中国的文人学者深受传统文化的浸润，其身心历练由入世、经世、愤世到出世，以达到自身的修为巅峰，并经脱胎换骨以新的面目拯救世界，即是黄宾虹所说的"经三眠三起成蛾飞去之时代也"！其反映在艺术作品上则表现在：初步掌握绘画技法者为入世；笔墨自由方可经世；个性飞扬以画为心则为愤世；超脱飘逸则为出世；深藏自我、笔墨精邃、文脉连绵、气韵无穷且以艺唤醒世人者则为再入世。综观黄宾虹与诸乐三的艺术人生和艺术作品，无疑他们最终都达到了艺术的最高境界。我们可以从他们不同时期的作品和诗词、文章中体悟到其发展的脉络，我在此暂不做论述。所不同的是黄宾虹在理论上把绘画艺术上升到民族的精神品格的高度，并力求通过纯正的艺术在民族颓废之际达到精神的复苏。而诸乐三先生则以毕生的追求，使黄宾虹的思想理论融于美术教学中，从而一以贯之地在实践中艰难独行，把吴昌硕的"雄浑大气"和黄宾虹的"画之大者"以及潘天寿的"高峰意识"融汇在教育实践的言行中，并培养和造就了一大批艺术大家。可以说没有诸乐三先生呕心沥血的教育实践，则不能体现黄宾虹与潘天寿的伟大，也没有今天的艺术发展，反言之也正体现了诸乐三先生的独特和伟大之处。特别是诸先生身体力行的艺术教育思想，始终坚持求正、行正和守正的原则，先生从不为名利所动，亦时常告诫其弟子不可恋官而废艺事，实是"道不两立""技进于道"之精神独立的写照。据时任浙江美院党委书记高培明回忆，"文化大革命"结束时，文化部林默涵部长曾亲自登门邀请诸先生出任名誉院长一职，以引领中国画艺术继续前行，但被先生婉拒。诸乐三先生身逢乱世，处变不惊，独行天道，其心不改，外虽和气，内守心志。我们可从诸乐三先生一方"宁作我"图章中窥得其内心真境，也可从其作品坚守"严

黄宾虹(右)与诸乐三(左)合影

谨、精到、秀逸、苍润"，以致每幅作品皆可为后世经典范本中体会到其心志。观其作如品其德，笔墨流长，内涵丰厚，于尺寸之间，纵横千年中华文脉，粗看似风格不显，细品之实为大家风范，非善识者不可知其真也。

　　诸乐三先生和宾虹先生相识应该最迟是在 20 世纪 30 年代的上海，因为诸乐三于 1920 年拜吴昌硕为师后，一直在上海缶翁身边。1922 年在上海美专教书的其兄诸闻韵到日本去教书，就推荐诸乐三代课，当时吴茀之先生是班里的学生。黄宾虹曾于 1913 年在上海与吴昌硕合作《蕉石图》，与吴昌硕多有交往，应该在 20 年代与诸乐三有见面的机会。吴昌硕于 1928 年去世后，其子吴东迈为纪念父亲，在 1930 年创办了昌明艺专，诸闻韵、诸乐三、王个簃都在该校任教，黄宾虹也受聘任教授，所以他们开始交往最迟在此时。在 20 世纪二三十年代他们都曾执教过上海美专、新华艺专和昌明艺专，故于 20 年代相识亦在情理之中。1935 年诸乐三在上海参加"百川画会"，黄宾虹时为理事。画会定期聚会、吟诗、作画、论艺，其乐陶陶。这说明他们的友谊是有历史渊源的。1948 年,黄宾虹受当时的杭州艺专校长汪日章邀请来杭任教,八月十五日在杭州的湖滨一公园为宾老举行欢迎茶会,到会的杭州艺术家有潘天寿、吴茀之、诸乐三、潘韵、虞开锡等一大批在杭艺术家。至此两位艺术大家在心性相合、共参造化的书画艺术中携手畅游,并留下了一段西湖情缘。岁月虽已流逝,两位老人也早已作古,然而湖畔青山依旧,他们的艺术风采和文化精神必将与西湖同在,万古流芳。今年时值我国著名艺术家诸乐三诞生 110 周年,美术界为此将举行系列纪念活动,我身为诸乐三艺术研究会一员而参与其中,深感先生为艺术而生、以艺术为魂之可敬可佩,故撰此文以纪念。

李　钢

写于 2011 年春

二　艺韵流芳

试论周昌谷绘画艺术特点及其价值

　　中国的书画艺术是整个中华文化体系中一个重要的组成部分,是对中华文化的核心——"道"的探求。正如唐张彦远在《历代名画记》中说:"夫画者,成教化、助人伦、穷神变、测幽微,与六籍同功,四时并运,发于天然,非由述作。"成教化是真,助人伦是情,穷神变是理,测幽微是道。从而达到探自然之道,明自然之理,求自然之象,达自然之意,以获得神气畅怀、启发心智、感化民风和维系伦理的作用,正所谓"记传所以叙其事,不能载其容;赋颂有以咏其美,不能备其象;图画之制,所以兼之也"(张彦远《历代名画记》)。书画之道在于"技"与"道"的融合贯通和相互作用,因此书画一艺必须有所求、有所依、有所循、有所思,就是《论语》中"志于道,据于德,依于仁,游于艺"的

周昌谷(右)与潘天寿(中)

身心体验。由对自然之象的探源所派生出的诗赋、音乐和书画等丰富多彩的艺术形式,使得中华文化博大精深。

中国绘画艺术历史悠久、种类繁多、形式多样,从上古开始发展至今有岩画、崖画、壁画、丹青、版画、年画、染画等,而在丹青绘画基础上形成的画种,我们今天称之为国画或中国画。

中国画肇始于人物画,自史皇首创,有周之封膜、齐之敬君、秦之烈裔、汉之毛延寿使之日渐丰富,至魏晋、六朝发展到唐代,有顾、陆、张、吴一脉相承,神形具妙,六法完备,笔墨精到,气韵丰沛,穷极造化。然而自唐以降,人物画则日渐式微,难有起色,而山水画兴起,花鸟画进入鼎盛期。究其原因有三:一是文人雅士开始走进绘画领域,以书画为修身养性的方式。自王维开文人画之先河以来,以线条为主要手段的人物画创作已不能满足文人士夫们多层次的表达欲望并体现其气韵风骨,而山水画为他们打开了更加丰富的思维空间。南朝的宗炳在《画山水序》中说:"圣人含道映物,贤者澄怀味象。至于山水,质有而趣灵,是以轩辕、尧、孔、广成、大隗、许由、孤竹之流,必有崆峒、具茨、藐姑、箕、首、大蒙之游焉,又称仁智之乐焉。夫圣人以神法道而贤者通,山水以形媚道而仁者乐,不亦几乎?"故文人寄情于山水,并以丰富的皴法和墨法的运用,使得山水画逐步成为中国画的主要画种之一,从而奠定了宋元绘画艺术的高峰。二是人物画的主要功能是歌功颂德

周昌谷(右)与弟子吴永良(左)教授

和记载史实，唐张彦远在《历代名画记》中说："以忠以考，尽在于云台；有烈有勋，皆登于麟阁。见善足以戒恶，见恶足以思贤。留乎形容，式昭盛德之事；具其成败，以传既往之踪。"所以逐步为历代帝王所用而成为宫廷之专制。三是线描人物画像部分转入佛像绘画或民间宗族绘事，而日渐图案化，沦为民间画。《宣和画谱》中说："故画人物最为难工，虽得其形似则往往乏韵。"遂为士人所弃而日趋衰微达千年之久，直至晚清任伯年深入民间承袭传神写照之神韵，开文人人物画之写意先河，方使得人物画为世人看重。但人物画真正形成新的气象而迎来又一个中国绘画史上的历史性高峰，则是自吴昌硕首开融汇诗书画印于一体的大写意风格的推动和现代美学教育体系的培育下，以当时的浙江美术学院为主体的新中国第一代艺术家们进行了开创性探索与实践，在现代画坛开创融汇古今、造形坚实、笔墨厚重、紧扣时代而独树一帜的浙派人物画风，其代表性人物主要有李震坚、周昌谷、方增先、顾生岳、宋宗元等，而周昌谷先生是其中突出的新浙派艺术标杆和现代人物画巨匠。

一、当代大写意人物画第一人

从中国历史上看，在文化上每一次发展和繁荣后，总要步入一个漫长的衰落低迷阶段，如春秋战国百家争鸣，诸子创立，至汉末进入文化纷乱时期；魏晋、六朝至唐初的书法绘画艺术辉煌灿烂，形成我国具有独特艺术特征的第一个高峰，但自晚唐至宋初又呈衰落低迷之势；宋元文风畅意，艺术鼎盛而达到一个历史上的巅峰状态，而明清以后则日显枯靡颓败，直到民国初期又是大家辈出，锐意于变革，呈现一派欣欣向荣之象。究其原因，除社会环境影响之外，一个重要的因素就是文化的每一次创新发展必定为社会所追捧效仿，并逐渐流于形式而失其内在。同时也因为每一次新的突破和有所发展变化都需要一个长期的积累过程，因此也必然出现一段沉寂的时期。

而人物画作为一个比较特殊的绘画题材，长达千年依附于山水画而难以成为文人和学者绘画的主题，其再一次的复兴乃至超越必须具备以下几个条件：

其一是人物画能屹立于中国画坛，成为一个重要的表现形式，首先必须从

周昌谷作品

笔墨变化上求得士夫文人所追求和表达的气质神韵,也就是谢赫六法中的"气韵生动"。使人物画能够成为精神驰骋的天地,"夫丹青妙极,未易言尽。虽质沿古意,而文变今情"(姚最《续画品》)。达到"自古善画者,莫匪衣冠贵胄、高逸之士,振妙一时,传芳千祀,非闾阎鄙贱之所能为也"(张彦远《历代名画记》)的文心化境。而中国绘画艺术的最高品质正是唐朱景玄《唐朝名画录》中不拘常法又处处合法之逸品,而其极妙之处正在于"笔墨"。

笔墨为何?乃画之气韵与作者之风骨耳!其表现为书法入画与金石入画。书法用笔进入绘画中是文人画的一个重要标志,使得绘画的内涵更加具有书卷气而品性自高、意境自远,这是自苏东坡首开,而以倪、黄、吴、王为代表的元季四家达到山水画高峰的一个重要因素。所谓书法用笔,实则以中锋篆隶笔法求得笔墨的起承转合的变化,从而使绘画中增添了书法的韵味,于画外有画,画中有笔,笔中有墨,墨中有色。人物画则是在经过长期蛰伏后,由陈老莲、任伯年等开创人物画的文人画风,为人物画的复兴奠定了基础。吴昌硕大写意画风则是在书法韵味的基础上金石、草书入画,使文人画更加具有了写意精神和气韵丰沛的心胸逸致,一扫数百年摹古不化的消沉萎靡之风,而浙派人物画的形成正是在此推动下发展而来的。

二 艺韵流芳

以中国画大写意笔墨来表现,对于人物画来讲是一大难题,并长期一直困扰着一代又一代的画家。人物画的写实性和花鸟画的抽象性是绘画艺术的两个截然不同的用笔用墨表达形式,两者的融会贯通与完美结合是在潘天寿等一批艺术大师对中国画理论长期研究、探索、教学和实践中逐渐总结出来的,特别是一代画坛巨匠黄宾虹创造地提出"惟绝似又绝不似于物象者,此乃真画"这一理论,这一难题才得到真正的解决。我们从周昌谷先生的《画家黄宾虹先生像》《荔枝熟了》《草原儿女》等作品中,可以看到笔墨浑厚、气势灵动的写意风格与意象气韵。

其二是人物画必须从现实社会中寻找来自于真实情感的生活元素,并从世俗生活中丰富的人物造形情态中获得创作的灵感,这就是师自然造化以达心物合一。中国画是作者文心畅意的自然流露,是独入化境的笔墨流动,是达观环宇的情趣表达,是造化苍生的意象追寻。而人物画进入士夫学人的笔下,则是取材于民间,取象于造化,取性于逸致。这是宫廷画师不得其天然,民间世俗不得其情趣,官宦士族不得其真性,佛像画工不得其灵质之所然。但是长期以来文人士夫自命不凡、性孤情傲、寄情山水、守节梅竹,故不知世俗人性而与人物画游离。一般才子文人们只知造化出于山川自然,不识芸芸众生中生命之朴实无华,亦是造化苍生而为得道真学之士游艺之天地,晋葛洪在《抱朴子对俗》中说:"夫陶冶造化,莫灵于人。"故自明以后一些不肖于仕途者寓居民间,察风采俗,体恤民情,依仁游艺,文章人生。如陈老莲辈者,情有所寄、意趣生发,以笔墨绘就人生事态,使人物画得以重为士人所钟,为人物画重归文人视野展现了生机,从而使人物画因题材关注视线的转变而更加开阔了表达的空间。周昌谷先生十分注重到大自然中去写生,坚持深入社会,走进百姓的自由世界去寻找更加丰富的生命造化之象,化为笔下的艺术律动,而这一切有赖于作者的艺术灵性和心智悟性,以及不为时动、沉湎于艺术天地而达无我之境界。周昌谷多次受到不公正的待遇而被下放到基层劳动,可能也正成全了他的意愿。写生不是单纯地记录自然,而是以所学所思之理智对自然之考问。劳动也不是单纯地锻炼体魄与意志,而是在劳动的过程中感悟动与静、思与行、心与智、意与象生发的机变。

周昌谷作品　　　　　　　　　　　　　周昌谷作品

其三是人物画的兴起必须形成一个在前辈关照下勤于钻研、抱负远阔且志同道合的绘画群体，并且在其中出现超越前人的大师级人物。黄宾虹说："师今人不如师古人，师古人不如师造化。"但同时又认为师今人、师古人、师造化是士夫画家习画的必然途径。师今人得画之章法，师古人知画之渊源，师造化识画之天机。周昌谷先生正合机缘得到时为浙江美院院长的潘天寿等众多大师的指导，经过自身坎坷人生的意志磨炼，终得心源造化而成就人物画的卓绝艺术辉煌，跻身大师殿堂。美院各位同仁们探求技艺的岁月积淀，为他们以后开创新浙派人物画时代风范奠定了坚实的基础。我于 2012 年 6 月 19 日到浙一医院探视同为浙派人物画先驱的顾生岳时，顾老师有感于此，喃喃自语道："那时我们在一起探讨绘画艺术，没有名利，没有私心，就是为了艺术，多好啊。"

周昌谷先生的大写意绘画是在长期的笔墨浸润和扎实的绘画功夫基础上精研而成，是在当时美院老前辈的悉心指导和培育下始终孜孜以求地坚守艺术的正脉而厚积薄发，是长期深入社会体察众生、写生自然纯实之态而深得生命造化的正果，更是在寂静孤默中沉湎于艺术天地和畅游于心灵化境所参悟发觉的天赋使然，其人物画的写意性正是在传续前人笔墨的基础

二　艺韵流芳

| 129 |

上，于浙派众家中更具代表性而风格独树一帜，所以周昌谷先生不愧为当代大写意人物画第一人。

二、当代学者型人物画第一人

意境、气韵和风骨是中国画艺术大师所必须具有的三大品质。意境者，画外之意，心中之境也，无学则胸无境界，心无灵智，实修为也。故南朝王微《叙画》曰："本乎形者融灵，而动变者心也。灵亡所见，故所托不动。目有所极，故所见不周。于是乎以一管之笔，拟太虚之体，以判躯之状，画寸眸之明。"气韵者，合于阴阳，穷极妙理，造化机变，生动华发，自然律动与精神气象蕴藏于笔墨之中，实天赋耳。风骨者，《文心雕龙·风骨》曰："怊怅述情，必始乎风；沉吟铺辞，莫先于骨。故辞之待骨，如体之树骸；情之含风，犹形之包气。结言端直，则文骨成焉；意气骏爽，则文风清焉。"实饱学矣。因此修为、天赋和学问构成了中国画最高品质的三个基本元素。中国绘画艺术是一项综合性的文化载体，是作者身心的修为、笔墨的历练，所以黄宾虹针对当时的现状把画家对绘画的创作在传统画品之分的基础上又分为市井画、江湖画、作家画、文人画和士夫画五类画品，这一划分仍然对当代中国画市场具有意义。

学者画家集作家画和文人画于一身，然去作家失天然之雕琢，又有别于文人无法之轻率。"凝神遐想，妙悟自然，物我两忘，离形去智，身固可使如槁木，心固可使如死灰，不亦臻于妙理哉！所谓画之道也。"（张彦远《历代名画记》）所谓学者画，应是从规矩入手，于六法中求道理，于画史中梳脉络，于师承中循变化，探幽求微，造化天成，独树一帜，以成就非凡之创造而登临大师殿堂。如唐王维之所言："妙悟者不在多言，善学者还从规矩。"

周昌谷先生无疑具备了以上条件，成为当代众家合力构筑的新浙派人物画的佼佼者和代表性人物。周昌谷先生自幼从家乡雁荡山的灵山秀水中获得了绘画艺术的启蒙，1948年如愿考入杭州国立艺术专科学校（现为中国美术学院）后，他的人生遂与中国画艺术融为一体，并为之呕心沥血、尝尽甘苦，最终在艺术的熔炉中凤凰涅槃、破蛹化蝶，为浙江乃至中国的美术史增添了一个传奇的故事。周昌谷先生在校学习期间勤学苦练基本功，并在当时被赞誉为"素描大王",由此可见其训练之刻苦。过多地拘泥于西式教学训练容易抹杀禀赋天性,但周昌谷立足于中国画的审美意识,并致力于中国绘画的系统探求,这样就使得自己不会过多地停留在技术层面而为今后的心灵驰骋开启了广阔的天地。据周昌米先生生前回忆,周昌谷先生喜欢花鸟画,经常向美院的花鸟画大家请教。为此周昌谷先生在人物画课余大量地研习花鸟、山水的笔墨技法,从中体悟和感受到中国画的精髓,也为今后形成自己的绘画特色打下了基础。

周昌谷先生严格系统地从中国画的笔墨韵味中获取精神的元气,通过诗书画印的综合修习提升和丰厚文化底蕴,并于1954年赴敦煌莫高窟和永乐宫考察并临摹壁画,深刻领悟和掌握中国民族传统绘画的艺术特色和精神实质,从而具备了中国书画家的必备素质。所以当年潘天寿先生曾说:"1949年后,我碰到有才华的学生,只有周昌谷一人。"故日后有浙派人物画领军人物之称。

周昌谷先生作为一位学者型的画家,具有严谨的学风、综合的学术素养、对中国画的悟性,而将这些统纳为对笔墨的表达。从周昌谷先生的作品轨迹看,早期注重于人物的造型把握,中期用笔呈线条变化,而晚期则以大写意笔墨融汇人物、花鸟、山水妙理于一体。笔墨交融,气韵生动。水墨设色,浑然天成。书中有画,画中有诗,诗书画印融于一纸,从而开创浙派人物画之一代新风。

书画名家吴永良(右二)在桐乡考察农村养蚕

黄宾虹先生说："筑基于笔,建勋于墨。"周昌谷先生正是这样一步步向大师迈进的。自古绘画一艺,几与道同,道形而上,艺形而下,而笔墨则是画家"挥纤毫之笔,则万类由心;展方寸之能,而千里在掌"(唐朱景玄《唐朝名画录》)之机玄。"非夫神迈、识高、情超、心慧者,岂可议乎知画?"(唐张彦远《历代名画记》)因笔墨全关气韵,气韵则见绘画之品第,所以自古以笔墨见其画之高下。故前人谓有笔有墨为上品,有笔无墨次之,有墨无笔又次之,无笔无墨不称为画。有的作品虽有笔有墨,但笔是笔,墨是墨,笔墨是分离的,而达到笔墨相融,笔中有墨,墨中有笔者则世上无几。周昌谷先生的笔墨已达到相互交合、融会贯通的上乘之境,其画墨中蕴藏笔法书意,笔路呈现淋漓墨气。众所周知,人物画难就难在写实与写意的把握,周昌谷先生以形传意,以意立形,以笔墨中求气韵,于洒脱中见法度,实为当代学者型人物绘画大师第一人。

三、当代中体西用、以色为墨第一人

中国近代中华文化脉络出现了不可逆转的断裂,而外来的西方文化艺术乘虚而入,其中一批文化艺术界人士企图借西方的理论、观念和表现来改造传统文化或者来融汇中西,从而诞生了一批又一批以西方美术理论或教学方法来改造中国画的艺术家和理论家们。然而中西文化和思维特质的差异,以及由此形成的两条完全不同的发展方向和相互独立的传承方式,使得这两种艺术要么相互排斥,要么不西不中而难有成就,当然正是他们孜孜不倦的探索与追求才推动了艺术的多样化,也迫使一些冷静的有识之士去反思。

虽然周昌谷先生是在现代以西学为主的教育模式下培养出来的艺术家,但幸运的是在当时以潘天寿先生为主的一批具有现代创新意识的传统艺术大家的直接关怀和人文熏陶下,他是在两种文化的交叉影响下成长起来的学者型艺术教育家,在人物画的创作中具有敏锐的观察力和兼收并蓄的启发能力。譬如他对画面结构具有现代意识,特别是大胆地借鉴西方注重色彩的变化和敦煌壁画中冷色与暖色的对比互补,而在国画创作中引入重彩亮丽和色调变化,产生奇妙的视觉冲击效果。以及重视色彩在花鸟画中的渲染作用,采取以满画面的花鸟画来烘托人物的形象,使大写意笔墨和虚实对比得以进一步彰显,从而给人以全新的气象。

中国画通过对墨的深浅浓淡变化,营造出在意识上对"色"的理解,故有"墨分五色"之说。周昌谷先生对色彩的运用,完全是建立在中国绘画对墨色的理解上的。中国画重墨色轻五彩,故唐王维曰:"夫画道之中,水墨最为上。肇自然之性,成造化之功。"但周昌谷先生一改传统观念,反其道而行,视五彩为墨色,求墨色出五彩,彩墨并用,相互穿插,色中破墨,墨中破色,从而形成具有独立风格的"破色"技法。如果我们以心感受周昌谷的作品特别是他的山水画时,看到的是水墨淋漓、浑厚华滋、气韵生动的意象造化之功。周昌谷先生正是凭着天赋悟觉,通过以色为墨达到技进于道的当代艺术大家。

人、天地、造化构成了中国文化艺术哲学思辨的三维关系,艺术家们也正是借用手中之笔来表达或传递由此生发的精神情态、心灵意境。正所谓"师造化"的目的不是控制自然,而是"外师造化,中得心源",达到心与自然互通共进、和谐并存的化境。周昌谷先生天资卓绝、英才早发、心气高远,又蒙诸位大师亲授点拨,以至于风华正茂而艺事独立,然天妒其才,竟然抱憾离世,实为当代我国学艺界之一大不幸。我们可以大胆推测,如先生假以天年,必定成为继黄宾虹、潘天寿之后的又一世界级巨匠。

2012 年 6 月

天造英才　以画求真

——浅谈张正恒先生的艺术人生

四川省位于我国的西南部,东出瞿塘,西接横断,南阻云贵,北屏巴山。内有岷江、金沙江、沱江、嘉陵等四大水系流淌而过,峨眉山、青城山、龙门山、华蓥山等名山逶迤藏毓,气候温湿潮热,物种繁多森茂,素有"巴山蜀水"之称。正因为这一独特的地质气候条件,孕育了具有四千多年历史的巴蜀文化,成为中华文化圈之中一朵奇异之花,并于漫长的历史变迁中一直保持着相对独立与长期的稳定,由此形成了尚古、质朴、侠义、淳厚的民风民俗,故有"少不出川,老不入蜀"之说。也正是因为这一奇异的文化特征,自古四川文化奇人、奇才、奇艺层出不穷,历史上著名的画家吴道子、阎立本、韦偃、辛澄更是与四川结下不解之缘,所以蜀中山水为中国画的形成,特别是文人画的兴起提供了十分重要的天然范本。

作者(右)与日本学者合影

作者（右一）与杭州市老领导、老艺术家合影

　　纵观中国绘画史，四川、浙江、北京是三个重要的地点。四川是绘画史起始地之一，浙江是近代绘画方向转折的一处衍生地，而北京则是融汇各种流派的政治文化聚集地，从而构成了中国绘画史上的一条文脉走向。画家张正恒正是当代一位从四川走出，深造于浙江，从事艺术事业于北京的在我国具有重要影响力的艺术名家。张正恒先生于1932年生于四川成都的一个木匠之家，中国传统木工手艺，描摹图案是基本功之一，且其图案来自于民间生活之中，这对艺术的启蒙至关重要。中国画立于千古不朽之高峰，就在于中国画所表达的民族精神千古不朽，正如黄宾虹所说："这种精神，便是民学的精神，其结果遂造成中国文化史上最光辉灿烂的一页。"并提出了中国画的未来在于民学的盛兴。因此，深藏于民间并在民间生活中无所不见的文化基因，正是中华文化艺术的生命所在。齐白石之所以后来成为艺术大师，也是因为他的艺术与民族的精神息息相通，这恐怕与其早年做木工不无关系。可能正是张正恒幼时的耳濡目染，对图案从小就开始喜欢，也可能其天赋灵性的启发，在家不时涂写，从而萌生其天性对绘画的敏感。据他自己回忆："我从小喜爱国画，希望成个山水画家。但家庭的条件太差，父亲是木工，没有文化，不懂艺术，根本不支持我的爱好。加之一家六口，全靠父亲一人做木工养活，常常处于饥寒交迫之中，也没有钱来实现我的理想。我便是在这样环境中坚持自己学画的，没有山水画范本，就到裱画店里去看去抄，没有纸笔，就用树枝在地上画，用木炭在墙上画，在拾来的废纸上画。"在其

二　艺韵流芳

成长的三个阶段有三位书画大家对张正恒先生的绘画艺术起到关键作用。这就是四川著名的篆刻大家曾默躬，当时的浙江美术学院院长潘天寿，以及影响张正恒一生艺术走向的黄宾虹。

曾默躬先生又名思道，字墨公，号苦行者、默居士，晚年又号大荒老人，斋号暾斋。曾先生在四川以行医为主，又精于诗文、书法、篆刻、绘画和鉴赏，然先生注重学问，不善交往，且行事低调，故知之者甚少。抗战时期，杭州国立艺专迁往重庆，学校老师曾与其多有交往。当年谢无量先生曾对张正恒讲："汝师（曾默躬），余之挚友也，赫赫一大学问家也，余极钦慕之。"齐白石称曾默躬与其为神交友，在题《门人罗祥子印谱》中说："今之刻印者，唯有曾默躬删除古人一切习气而自立。"并在题曾默躬画中赞曰："读书然后方知画，却与专家迥不同。删尽一时流俗气，不能能事是金农。"据张正恒自己回忆，1958 年在浙江美术学院学习时，曾将几方曾师刻印给诸乐三先生看，诸先生看后大为吃惊，说："你老师的印刻得太好了，想不到四川会有这样的高人，将来有机会我一定要去拜访。"可见曾先生学问和艺术水平之高。1953 年张正恒开始跟曾默躬先生学画，兼修学问，故进步神速。这为他今后在艺术道路上的发展奠定了坚实的基础，也培养了张正恒先生甘于寂寞，执着艺术，严谨正直而不攀附时俗的人格。张正恒报考当时的中央美术学院

作者（右一）与浙江省军区领导及艺术家马其宽（左二）、吕国璋（左三）、俞建华（右三）、钱大礼（右四）等人合影

作者(右一)与艺术家孔仲起夫妇在杭州超山

华东分院(后改为浙江美术学院,即今之中国美术学院)时,将在茶馆为成都市京剧团老艺人赵瑞堂画的一幅自认为不甚满意的山水扇面作为报考作品寄到杭州,被免考录取。直至其后一生的艺术发展,曾师的启蒙教育一直潜移默化地影响着张正恒先生的绘画创作和艺术品德。

第二个影响张正恒先生的则是书画大师、浙江美术学院院长潘天寿先生。张正恒就读美院期间,在众多老师中对其教诲之深和影响最大的要数潘天寿先生,在张正恒的心目中始终对潘师充满敬仰之情。其一是钦佩潘先生品德高尚、光明磊落、刚正不阿,体现在其画艺则刚健雄奇、气足法正、骨强势大、笔墨浑厚;其二是敬佩潘先生把书画艺术放在体现民族精神的高度,肩负起发展我国美术教育的历史使命,并以毕生的精力投入这项创造性的事业中;其三是潘先生执着于书画艺术的教学正道,在实际的教学中与张正恒产生了深厚的师生情谊。张正恒先生在《伟大的人民艺术家潘天寿》一文中这样写道:"他的画除包含有许多文人画的精华,艺术水平极高之外,还突出表现了我们的民族精神和时代气质。所以他的画能够做到大气包举而有磅礴之势,笔墨苍劲而有雄健之风,格调高雅而有奇宕之致,意境天成而富清新之韵。尤其是他的大画,随意纵横,豪放壮美,气势逼人,成为象征我们民族精神的珍品,更是十分可贵。"张正恒先生在美院学习的几年中,在与潘先生的师生交往中,无时不感受到潘先生的人格魅力。据张正恒自己回忆,有一次潘先生讲课,讲到五代山

二 艺韵流芳

水画家董源时,由于一时疏忽,把钟陵(南昌)错讲成金陵(南京)了。当天晚上我去先生家向他提意见,他翻书查对以后说:"你提得对,你不仅山水画画得不错,而且注重理论学习,这很好!我要画一幅好画奖励给你。"通过这件事,使老师看到学生做学问的真诚和个性的淳朴,也让学生认识到老师对学生用心之良苦及虚怀若谷,这样他们的师生情谊通过正直个性的自然流露而日益加深,潘先生成为张正恒一生仰慕的大艺术家。

国学艺术大师黄宾虹先生是张正恒第三个敬佩的艺术家,并在张正恒长期的艺术创作实践中影响至深至远。张正恒先生在美院读的是人物画专业,但他真正喜爱的却是从小就追慕的山水画,所以毕业后也主要从事山水画的创作,其画风尤得宾翁之神,晚年亦得益于黄宾虹最深,对黄宾虹绘画艺术也在当时研究用功最深。张正恒先生在《艺辉日月万古存——论山水画大师黄宾虹的艺术成就》中评价黄宾虹的艺术:"由于黄宾虹是集古今诸家之大成,而又风格独创的艺术大师,所以他的画品格变化较多,有的雄浑高古,有的沉着自然,有的豪放含蓄,有的典雅洗练,有的疏野缜密,有的超诣飘逸,有的旷达流动。而最奇妙的是,尽管其画品格变化各异,但都能归于自然流动,使所画皆妙极而神化,足可雄视百代,照耀千古。"

成都历史文化悠久,民风淳厚古逸,山水奇特绝险,是历代文人游赏寄兴之地,留下了大量经典名篇。也就在张正恒出生的1932年,黄宾虹先生游

张正恒作品

张正恒作品

历了这片他心仪已久的土地，并完成了他绘画里程碑上的一次飞跃。所以他在《峨顶》一诗中说："烟景传丹素，青光却炎热。金碧李将军，水墨王摩诘。荆关南北宗，合体无优拙。粉本集众史，摹拟苦症结。常此疑古人，容画不容说。峨山瘦且秀，天绘巧施设。请穷十日游，徐参画中诀。"宾翁游历蜀中山水，使他的身心完全融入自然之中，这是一次师法自然的心灵抚慰，也是一次艺术精神的升华。从四川走出的当代艺术大师张大千，游历大江南北，笔绘历代名迹，并于敦煌修得正果，而生活在江浙皖的另一个大师级艺术大家黄宾虹，走进四川以求造化之象。然而殊途同归，各得其所，终获成功。大千妙得中国画之形质，宾虹则以笔墨呈画之精神。正如宾虹先生在《题画嘉陵江山水》中所道："嘉陵山水江上游，一日之迹吴装收。烟峦浮动恣盘礴，画图挽住千林秋。秋寒瑟瑟窗牖入，唐人缣楮无真迹。我从何处得粉本，雨淋墙头月移壁。"可能因为此，在黄宾虹的画作中无时不散发出峨眉、青城的天机自然气象之精神，所以使张正恒先生在以后的艺术道路上，自然而然地更加对宾翁心存一份特殊的仰慕。而张正恒先生祖居四川成都，自然得川西山水之滋润和文化性格的铸就，形成川人的率真、诙谐、坚定与敏锐，其于画中自然天机焕发、气韵不凡，也自然与宾翁山水之精神气质相合。

张正恒最早接触到黄宾虹的艺术，则归于其师曾默躬。据张正恒回忆

二 艺韵流芳

说:"50 年代初,我业余学画时,在曾默躬老师指导下,直接以黄宾虹的画法为基础,画的一幅山水画扇面便成为我免考进入中央美术学院华东分院(今中国美术学院)的敲门砖。"入川讲学,再加上他对川西自然山水的独到理解,宾翁在四川的影响力持续深远。年轻的张正恒学画过程中自然而然地神往黄宾虹绘画及其艺术思想。所以在就读浙江美院期间,在宾虹艺事大成的西子湖畔,他对黄宾虹的山水画艺术尤为用力。张正恒先生曾说:"我的山水画是以近代山水画大师黄宾虹的画理画法为基础的。研究他的画法40 余年,心得体会很深,能够以假乱真。"据张丹整理的张正恒回忆在杭州与黄家关系时说:"遗憾的是,他到达杭州时,黄宾虹先生已经过世了,没能见到。而他的美术史老师王伯敏先生,已经是黄宾虹先生的弟子了。于是,张正恒与王伯敏先生经常来往,讨论黄宾虹的艺术风格。有幸的是,他在黄宾虹位于栖霞岭的故居拜访其遗孀,并一直称其'黄师母'。"由此可知张先生对黄宾虹的爱戴和钦慕。

大凡卓有成就的艺术家,其成长必须具备得天独厚的生长环境,自幼得到开发的心源悟性,有缘获得良师的启蒙教育,在其发展关键点偶得高人指点迷津,最终具备坚持不懈的毅力,并得颐养天年之福。然人生无常,机遇难得,非天助之功无由,能得其二三,则成就自然不凡。张正恒先生可谓有幸之至,得之几全矣。出生于大师辈出的"天府之国",自幼便对山水画情有

张正恒作品

独钟,有幸能拜一生刻苦治学、甘于寂寞、生性淡泊而又能"删除古人一切习气"的"一代尊师"(吴作人语)墨公为师,在就读美院时与潘公有不遇之恩,贯其一生亦与宾翁机缘相投而有神交之称,终能享用终生。然天不获假年,正欲艺道高举之时,竟匆匆如流星陨落,岂不惜哉!

张正恒先生以真性见人,以率性待人,以诚性忠于艺事,不事虚伪,提携真才,仗义天下,不为己功,其朴实率真及不容瑕疵之品性,为挚友见赏,为同道知心,为从学者敬重,为拘于门户者所戕,凸显巴蜀豪情与快意人生,实当世之侠士。张公以忘世之心陶然于山水之乐,以入世之责扶助艺术正道,以愤世之情匡扶社会风气,以急世之义力荐隐士英才。张正恒先生同窗好友,著名山水画大家孔师仲起曾为其挽曰:"正觉黄潘法门,对事从艺不入时流;恒守传统宗旨,为人处世急公好义。"当为其一生风范之精确评价。

观张先生的山水画,笔触生动,墨气浑厚,初似随意挥洒,然则法度森严,收拾精到。其匠心独运,文思泉涌之意,水墨淋漓,浑然天成之态,含章露华,跃然纸上。宛如巴山夜雨,云雾缭绕,"千峰随雨奇";疑似赤城初阳,生机华发,"亭荫话旧情"。其绵绵情意,矻矻笔力,以意笔山水,写心中真象,实超然于众家之外,而合于规矩之中,凸显一家风范。张公不为时尚风气所动,于书斋中摈弃世俗杂念,存古辨今,析证时弊,潜心艺术纯正之理论

张正恒作品

二 艺韵流芳

研究与艺术实践，以宾翁艺术理论为开启艺术天地的机杼，形成自己大气磅礴的艺术特色。正如张正恒先生总结道："40多年来，我除了研究黄宾虹的画理画法外，同时对传统各家各派的画理画法也进行了深入的研究，目的是想要达到'众妙攸归'、'集诸家之大成'。并游历了许多名山大川，做到师古人又师造化，最后终于形成了自己的艺术风格。这风格在画法上虽然与黄宾虹有了极大的不同，却保持了他的'浑、厚、华、滋'的艺术要求。"也正因为此，所以才有了张正恒先生艺术和理论研究的累累硕果，从而修成技道两进的艺术正果。原中央美术学院院长潘公凯评论道："在洗尽铅华的平实之中，饱含着对人生深刻的理解和追求，由此，我们回过头似乎不难感受和理解其作品中的那种苍茫意境和深醇气息的独到之处——正是这种高远的境界决定了张先生艺术和人生的成功。"

2015年6月7日于三江濯石斋

黄宾虹艺术地位及其文化价值

　　黄宾虹是中华民族文化艺术史上的一座高峰,是中国画数千年蜿蜒正脉及文化主流上的高峰,他用一生的精力致力于对东方哲学、美学、书画、金石、文字和教育的研究,并站在中华五千年文明史的高度,把握民族的精神脉络,深入堂奥,逆流而上,系统梳理,去伪存真,纵横开阖,直抵核心,合而为一。因此,黄宾虹是我国近现代一位德高望重、贡献卓著和影响深远的集革命家、艺术家、哲学家、史学家、教育家和思想家于一身的具有现代意识的国学巨匠。他在所处的时代,以改变社会为己任的担当精神,艺术救国的民族责任,凭着其一生的文化修养和人格炼造,以坚忍不拔的毅力,精严治学的态度,中流砥柱的定力,甘于寂静的修为和穷极人生的探索,集历代各家精华之大成,杂而统之、统而化之、化而变之、变而生之,形成了一整套保持中华主流文化的精神性、纯正性和系统性的艺术正脉,具有划时代意义的综合文化体系。

作者(右二)参加 2012 年黄宾虹学术研究会迎春年会

二　艺韵流芳

黄宾虹作品　　　　　　　　　　黄宾虹作品

综观黄宾虹先生的一生，深受传统文化的陶冶，从革命性的改良开始，终以艺术为使命，特立独行于国势低迷、文化衰微和精神迷失的艰难道途中，力求通过对绘画艺术的渊源、转合、发展与式微的思考以及文化史观的研探，寄希望于以艺术唤醒人心，达到民族精神的独立与文化的复兴。这种强烈的使命感和对民族文化的虔诚之心，使黄宾虹对艺术的理解成为其生命的支柱，并一直与当时风靡于世的艺术家们保持了不同的艺术理解和绘画思想观，其表现的艺术形式则更与当时媚俗造势的审美态势截然相悖而凸显其艺术的纯粹、通透与圆润，以至于当时真正能赏识、理解和读懂宾翁者实无几人矣。所以对于宾虹先生的绘画风格，自20世纪20年代起，非议之声就一直不断。

大凡一种文化及由此文化产生的艺术形式，在出现之初必受习惯于或受益于既有形式之人非议，但随着时间的推移，则无外乎两种结果：其一因于形式上的猎奇而无文化渊源之承续，则终将昙花一现而烟消云散；其二则因把握文化走向而深藏精神实质，故为人所不解而后又为人所渐悟渐识者，必将使这种文化呈现一种新的艺术形式。黄宾虹先生所孜孜以求并在不断探索和积累的基础上终化羽成蝶的绘画艺术，正是这第二种的结果，也正凸显出宾翁艺术的价值所在。由于艺术本质的自然生发和心灵的升华，必然推动其表现形式走向更高的精神层面，然而在这一发展过程中也必然会产生因心境嬗变而激发的精神痛楚，表现在社会意识形态上就是争议乃至非议，此种争议乃至非议愈烈，则此种艺术之紧要愈显，此种争议历时愈久，则此种艺术之价值越大，其价值愈大，则真识者盖愈寡。反之如果为世俗所共誉，则此种形式的文化将日趋低俗而失去其价值。

黄宾虹先生以中国哲学即"道"的精神高度，通过以绘画艺术为表现形式所形成的综合文化体系，已然上升到形而上的哲学境界。黄宾虹对绘画艺术的提升，是从对整个绘画史的梳理过程中逐步实现的，而这一梳理的方式建立在对每一个绘画阶段所表现的不同气象进行剥离、积累、统合和分析，并结合中华哲学体系，形成自己的艺术体系，又最终落实和体现在自己的绘画艺术作品中。因此黄宾虹先生的书画艺术已开始脱离了传统的专业画家的绘画范畴，从而进入抽象的自由王国，把书画作品当作通过文化修为来完成的一部美学意象的学术论著。从这个角度来说，宾虹先生已经无法以传统而繁杂的绘画技法来表现他所要达到的画意，而只能依靠浸润和集合着数千年中国传统文化修养的，却又无法用文字表述的，融汇了东方独特的哲学态势的心意会通，即最中国式的"笔墨"来表达，正如黄宾虹在《古画微》中所说："知用笔用墨，古人之意，极其惨淡经营，非学养兼到，不能得知。"

在黄宾虹的内心世界，"笔墨"已不仅仅是作为书画工具，而是作为可承载中国文化内核与体现精神品质的一种功能性的载体，并通过笔墨作为精神化境流于纸上的传递，故宾翁在《弈通》中说："画言丹青，考之实理，黑白二色为真，五色七色皆借太阳之光，以成彩色，非真色也。"以"日落宵清，星月灿烂，天地之间，只见黑白二色"的阴阳、明晦的变化万千至理，使其艺术体系所构成的层层叠叠和繁复深邃，来高度呈现出其思想的博大精深内涵。而运用到绘画中也就自然而然地表现出多种笔墨的层层叠叠和繁复深邃的意境，因而使黄宾虹的绘画艺术之高、之大、之广、之深、之远为后人所无法企及。故黄宾虹先生在《虹庐画谈》中说："兹言画法，其要有三：曰笔法；曰墨法；曰章法。"因而黄宾虹先生执着于对笔墨的惨淡经营，并以画史、画论、

二　艺韵流芳

画艺与文学、史学、哲学为经纬,交叉纵横,精心布置,恣意叠加。并系统总结前人用笔用墨之优劣及各流派之时习,进而综合统筹,集合于自身笔下,名曰五笔七墨。所谓五笔七墨,实成就于历代诸家之手,而最终却集于宾翁腕底之功而妙化神奇。因此黄宾虹的绘画艺术集历代众家精妙,化繁为简,集简为繁,笔写墨染,造化万千,天机自然,幽深高妙,综合贯通而又融会于方寸之间,从而形成独具风格的黄家风范,独步近现代画坛众家俯仰之绝顶高峰。所谓创造并非异想天开,而是基于书画理法之中,合乎文化本质之内,肇于民族风俗之源的生命体征。故历代名家于画艺虽各有一绝,成就一方,足可传世后昆,堪称一代大家。而宾翁艺韵以画之魂魄为主脉,画之风

黄宾虹作品

骨为精神,画之神韵为气质,故其高、远、深、广、大合为一画之中,实为古今一人耳。当代书画大家潘天寿先生亦不免感叹道:"孟轲云:'五百年其间,必有名世者。'吾于先生之画学有焉。"实可谓至理名言。

黄宾虹是一个文化巨匠,是以艺术承担民族未来的一位孤独的行者,而不只是一个为画而画的单纯画家。他向人们揭示的文化意义,已经远远超出了他的绘画艺术。他是站在"形而上"的层面来审视和观察中华民族的文化历史,再用笔墨来表达自己的心灵世界。中国画是一门综合性极强的艺术种类,而黄宾虹却是以文化的综合来实现技进于道的艺术生命,盖因"士之读书治学,盖将以脱心志于俗谛之桎梏,真理因得以发扬"(见陈寅恪《海宁王先生之碑铭》),则又比其他画家更高明。要理解黄宾虹就必须站在民族文化的高度,并具备综合的国学文化素养和在此基础上的审美觉悟,才能把握其艺术真谛。所谓综合,黄宾虹说:"中国绘画,本原在综合,精工由分析,包括一切科学、哲学、宗教、政治,全以目治。"(见黄宾虹《残稿一束》)其综合之根本在于画家人格的确立,而黄宾虹以画学研究为宗旨,他认为中国画学人格的塑造过程应基于"多读书、广见闻、有胸襟和勤练习"(见黄宾虹《中国画学之人格》)。所以单从某个专业的视觉来认识,则无法把握宾翁艺术的本质,也无从理解宾翁独特的绘画语言。因此只是把他看作一个艺术家,只是从"艺成而下"绘画的技术层面来研究他,则更是南辕北辙,差之毫厘,谬以千里。

黄宾虹书信

| 147 |

作者(左二)在名家论名家启动仪式上与省老领导
翟翕武(右四)及名人家属合影

　　黄宾虹这个高峰的高度和大而无边的广度所体现出的伟大性,表现在它今后数百年之内将只能成为世人所仰慕、远望的对象,或者根本不知其象而漠然视之,过去几人能识?当今几人能识?今后又有几人能识?故黄宾虹于《残稿一束》中曰:"善画不知高手之画,能诗者难说古人诗圣之诗,不明其志,不通其意,习艺而未见道者比比然也。"正因为其广大无边,高不可及,正因为他过去被冷落而至今能深入者少,所以今天黄宾虹其实只是作为一个偶像和标杆存在于我们的心中。因此我们站在当下看黄宾虹的作品,只能以远视的心态去崇敬,而无法近观去赏析,更何谈深入堂奥?故如今谈黄者众,赞黄者多,知黄者少,能与宾翁语者则更了了。而今所谓学黄者不过徒具形式而已,这就是黄宾虹思想及其艺术的伟大性和悲剧性。

　　一种文化及因此种文化而生的艺术形式,必将历经发源、肇起、发展、成熟、延续和衰落的过程。综观历史,没有一种文化会长盛不衰,但是文化却可以通过变异而获得再生,只是这种文化的变异已失去了原本固有的形式和结构。文化首先存在于民族之中,没有一种文化不是民族性的,所谓普世的文化只是一种政治推广,而不是一种文化态势。吕思勉先生认为民族是由种族、民俗、地域、文字、语言、历史、宗教、文学、外力等方面因素构成,因此文化的生命需要其生存的文化土壤、文化环境和文化空间,而这种土壤、环境和空间在文化上的表现就是该民族的民俗(社会基础)、语境(思维定式)和宗教(精神信仰)。

中华民族五千年的文明史所形成的文化体系具有极大的包容性、综合性和发散性,既有建立在现实生活之上而又完全脱离于物质形式,以关注生命与自然的纯粹精神性的哲学体系;又有借助于丰富的文学艺术形式,把现实社会中的生活情趣和人文情怀推向极致的文化表达;更有理性思维和自觉意识积极介入而又源自于自然生态的族群风俗。正是这种特殊的多层面的文化现象,在相互作用的过程中,造就了中华民族完全不同于世界其他民族的特有的文化历史和长达数千年的稳定的社会体系。

在这种文化抚育下的社会体系,发展到宋代达到了历史的巅峰,后经元、明、清三朝,因社会结构屡遭摧残,19世纪西方的文化渗透和20世纪世界巨大的变局,最后到民国时期发展到生活结构、生活方式、生活趣向呈不可逆转的变异,由此使得我国早期开始形成的族群宗法、道法、王法三位一体的文化特质开始解体,而原有的精神品质、文化取向和思维特性则随之发生了整体的坍塌。文化的脉络由此断裂,而传统的文化体系也随之消失,从今天一些民俗、民风的逐渐消失以及某些非物质文化成为历史遗迹可见一斑。所谓民国二三十年代的文化兴盛以及黄宾虹艺术的高峰,实际上是一次中华传统文化回光返照式的集体迸发,正如国学大师陈寅恪先生在《王观堂先生挽词并序》中说:"凡一种文化值衰落之时,为此文化所化之人,必感苦痛,其表现此文化程量愈宏,则其所受苦痛愈甚……"正因为苦痛,所以由

作者(右一)与著名艺术家童中焘(右二)、郑竹三(右三)合影

二 艺韵流芳

该文化所孕育的文化人才会贯注整个生命,并激发出所有的能量,以晚霞般的绚丽来完成一次千古绝唱。

黄宾虹先生正是看到这一关键之点,以中流砥柱式的铿锵之情,力图用国画艺术唤起民族的自觉意识,以截然不同于王国维式的殉道来推动民族文化的延续。因此他深刻地认识到民族要复兴,必须从文化的复兴开始,而文化的复兴又最终落实到艺术的复兴。艺术的复兴只有根植于民间才能具有生命的活力,因为君学成为政治的手段之后,早已完全失去了内在的生命价值,并成为社会发展、民族自强和精神独立的阻力。所以他在《国画之民学》中说:"君学重在外表,在于迎合人。民学重在精神,在于发挥自己。"并强调民学之于民族精神而言:"这种精神,便是民学的精神,其结果遂造成中国文化史上最光辉灿烂的一页。"并曾经多次强调从重君学向重民学转变的重要性:"要之三代而上,君相有学,道在君相;三代而下,君相失学,道在师儒。"师儒以道不同与君学对立,并通过传道设教作用于民间,又从民间风俗中获得营养,因而使人民有了开启文明的途径,从而享有自由的权利,这种权利正是民族得以发展、文化得以兴盛的重要基础。因此文化、教育和艺术应该依靠民间自由地发挥,而不是在政治的把持下成为附庸,如此则精神的文明将在自然的环境中才能获得光大。

因为中华文化的心态需要从自我到自由再到自在的升华,而这一升华必须依赖于自由的环境、自由的空间和自由的语境。白居易可以隐于朝,竹林七贤可以隐于野,黄宾虹可以隐于市,正如黄宾虹所言:"岩栖谷隐,抱道自尊,虽有时以艺见称,溷迹尘俗,其不屑不洁之负志,昭然若揭,有不可仅以画史目之者。"

因为中华文化的品格形成,需要发展独立的人格精神。而人格要想具备,则须知礼仪,匡正心术,去除杂念,行道中庸。要想人格独立,则须人身独立、思想独立和学术独立。正如国学大师陈寅恪所言:"独立之精神,自由之思想。纵观当下无不以利驱使,而尚可有独立或自由之处?"

因为中华文化的发展必须具备一个社会层面独立的集体主流意识,并在其意识支配下通过自我欣赏、自我完善的过程达到传续和承接的目的,从而有所作为,有所发展,有所坚守。正如黄宾虹所言:"屡变者面貌,不变者精神。"综观当下以标新立异为时尚,以摒去传统为独造,其文化精神之传续任重道远。

作者在虹叟书画展开幕式上发言

因为中华文化生发的元素渊源于该族群生活的自然状态,其艺术的表现形式根植于民间,其哲学性的精神品质由从民间脱离而出又深藏于民间的精英文化群体所创造。综观整个历史,如战国、魏晋、五代、元末和20世纪初,官本位的强弱与文化的兴衰此起彼伏,交错前行。所以黄宾虹提倡并认为是未来希望的"民学"在当今世界格局中,特别是在日益官化的艺术领域已渐式微,是否有植根的土壤?

文化失去了土壤、环境和空间,未来就没有了中国几千年不绝于世的文化语言,也就更没有了黄宾虹这样品学高尚、艺术超绝、具备综合文化素养的大家。虽然我们不敢承认,也无法面对,但必须要正视残酷的现实。过去的已然过去,未来我们将走向何处?在迷茫中,将历史、现实与未来相结合,正是我们深入研究黄宾虹的绘画思想和黄宾虹的艺术价值的关键所在。

知道自己迷茫,证明还没有死亡,因此还有醒来的机会。

李　钢

2015 年 5 月于三江濯石斋

二　艺韵流芳

诗心不改画为魂

——浅析宾虹门下盛牧夫先生的诗画情缘

在文字产生以前，图画成为人们表达意思与传递信息的一种手段，艺术成为文化传递和表现的媒介。三代以上君王重学，故君学倡道于天下，三代以下则礼崩乐坏，君相失学，故道存乎民间。所以大约从春秋战国时代诸子百家兴起，诸侯争霸天下，艺术向更高的精神表达形式发展，并由于政治集团对艺术的关照，艺术逐步成为纯文化的精神载体和政治的艺术化语言，因而艺术又开始了一次大分离，即艺术和文学的民俗化与形而上的精神化、政治化的分离，并由少数文化精英形成以民俗为源头、哲学思维为导向、人文修养为途径、艺术形式为表达的士夫意识，从而形成了三种文化轨迹，即民俗文化、士夫文化和官僚文化。属于民俗文化范畴的艺术更加符合世俗生活的审美特性而蜕变为社会化的工艺，具有士夫文化精神特质的艺术思想开始进入技进于道的哲学审美层面，而依附于政治的艺术则逐步沦落为一种精神工具和君治的手段。文化的分离，使得艺术也开始了不同审美追求特质的远离，绘画由此形成民间画（工艺化）、文人画（精神化）和宫廷画（程式化）三种分类。然工艺已不等同于艺术，工具则更加成为僵化的程式。所以在 20 世纪上半叶，当社会还在为早已萎靡颓废的国画艺术盲目地寻找改良的方法时，一位文化艺术界的伟人黄宾虹先生，就一针见血地提出了中华艺术未来走向的观念，即重民学的精神内美价值。因此黄宾虹先生在《国画之民学》中说："君学重在外表，在于迎合人。民学重在精神，在于发挥自己。"并强调民学之于民族精神而言："这种精神，便是民学的精神，其结果遂造成中国文化史上最光辉灿烂的一页。"也曾经多次强调从重君学向重民学转变的重要性："要之三代而上，君相有学，道在君相；三代而下，君相失学，道在师儒。"师儒以道不同与君学对立，并通过传道设教作用于民间，又从民间风俗中获得营养，因而使人民有了开启文明的途径，从而享有自由的权利，这种权利正是民族得以发展、文化得以兴盛的重要基础。因此文化、教育和艺术应该创造人民自由发挥的空间，而不是在政治的把持下成为附庸，如此则精神的文明在充满自然生机的环境中才能获得光大。

在近现代引进西方的美术教学思想而创办各类美术院校，使得中国画从依靠人文启迪的师徒传授方式，逐步开始向日益美术化的程式化教学方向转变，从而脱离了中国画原有的文化精神，并且在政治体制和市场经济的作用下与官本位相结合，反过来又成为作家画一个新的滋生地，这也更加反衬出黄宾虹先生微言大义的精要所在。因此在当代中国文化艺术得以滋生的土壤正在这一新的形势下逐步流失，所以真正能传世的艺术大家必然产生于极少数仍然游离于主流艺术群体之外并深藏于民间的隐者之中，温岭的盛牧夫先生就是其中之一。

盛牧夫先生（右）与学生在一起

盛牧夫作品   盛牧夫作品

　　盛牧夫先生于1907年出生在浙江东南山水奇秀的雁荡大荆镇临溪村的一户书香门第,自幼生长在江南山色清濛、炊烟雾淼、淳朴自然的田园环境中,每日但闻琅琅读书声,不识世外红尘事,从小在自家的私塾里受到严格的启蒙教育,勤于诗书,兼习绘画,14岁便具备了一定的文化修养和诗画基础,并在当地小有名声,萌生外出求师之意。据其子回忆,盛牧夫先生和三弟负笈赴沪从学于姐夫李子瑾(康有为晚期门生)学习古典文学与诗词,同时兼学绘画、书法。15岁即作《梅花》一幅,称奇于沪上名流,当时郑午昌、张圣为其画题词。17岁经朱盍文先生介绍拜名画家黄宾虹为师,从此专攻山水画,常常登门候教,蒙获黄师循循开导,面授笔墨诸法,润饰修改,至1936年已深得黄氏传统画法之涯略,并于同年秋考入上海新华艺专西画系学习,但课余间隙仍照常去黄师处求教,直至1937年黄老应邀去北平艺专任教暂止。

　　中华文化是建立在山水田园式的以家庭或宗族管理的农耕社会形态基础上,其自然变化如天时、土壤、水源等环境因素,决定和影响了人们的生活方式,以及由此生活方式形成的主观意识、价值观念和精神气质,从而形成了表现和影响社会生活的民俗,并形成从习俗、礼俗到文化风俗的发展轨迹。所以人与自然的关系构成了文化起源的基本元素,在对自然(阴阳)、环境(风水)和人(生死)的思考中,形成以自然为基础、以生命为核心的价值观,通过对自然的崇拜、对图腾的崇拜、对神灵的崇拜、对宗祖的崇拜,形成对生命的崇拜,使我们在对自然的敬畏中指示我们有所不为,对圣灵的敬仰中引导我们有所依托,对生命的敬重中启示我们有所必为,从而构成了天、地、人三者合一的哲学观和以孝为核心,以礼为内涵,以祭为形式,以敬为思维的行为准则。最后使文化脱离于宗教而又归结于一整套社会观念、礼仪和形式来表述,如文学、艺术、诗歌、音乐、雕塑和建筑,这正是中华民族的文化所具有的哲学意义、精神价值和综合内涵。由于其文化的属性所在,它自始至终应具有神圣性、庄严性、崇高性和本土性,所以中华文化从一开始就具有高度的精神性、哲学性和伦理性,并且以文化性的方式对自然物象给予了哲学性的表达,即对与生活(精神和世俗)中相关联的物质和用品赋予了生命及情感,并给予意象性的拓展空间。因此中国的文化特性具有高度的综合性,而中国画本就是这种文化综合性的一种表达形式,所以中国画的绘画艺术已脱离了西方美术的范畴,而成为哲学思维、文化修养、心灵意境等多层面的综合。而融汇于一体,综合之关捩,非诗词无以尽其妙,因诗言志,故诗中有人格;诗言情,故诗中有情怀;诗言意,故诗中有意境;诗言理,故诗

盛牧夫作品

二 艺韵流芳

中有哲理,非诗无以得中国文化之精妙。所以人格、情怀、意境和哲理构成了中国文化的独特面貌,而中国画正是诗意的视觉性具象表达与传递。所以中国文人向来自认诗第一,书第二,画第三,正如黄宾虹先生所说:"古来士夫名画,不惟天资学力度越寻常,尤重道德文学之渊深,性情品旨之高洁,涵养有素,流露行间,故与庸史不同,戛然独造。"

盛牧夫先生一生中有大量诗作存于世,他的诗是他人生旅途心灵的寄托,也是他与山川自然造化的对语,更是他对艺术独特领悟的写照。写诗首先要有诗兴,情之所发则兴之所会,故兴之起始皆以情之有所依,而情之根本又在于生活的环境、方式和人性的催发。中国当代书画艺术名家,与黄宾虹先生亦师亦友关系的诸乐三先生曾说,画画首先要有诗意,有时先作诗,再根据诗画画,有时心中先有了诗意,画好画再成诗。唐代大文豪王维也说:"诗中有画,画中有诗。"此皆诗画互补,诗画相合,诗画一体,诗画同理之重要法则。

盛牧夫先生对自幼生长的乡野山村充满了依恋之情,也由此抒发了他内心的诗意,他的《夏夜》诗曰:"炎炎暑气屯,散发待黄昏。萤落疑星坠,云飞讶月奔。更深虫泣露,人静竹敲门。客路风波险,吾宁爱野村。"该诗表明作者心静如水无波,意深似风无影,并暗藏禅意化境及田园恋情。他的一首《北斗洞即事》:"善男信女设斋宴,来邀先生也结缘。野味山肴齐罗列,印花小印印汤圆。"生动的民风乡俗跃然画面,先生与乡民同乐而陶然怡性的率意心态在诗中表现无遗。《溪边即事》:"清溪一滩水,苍发两诗人。野语生真趣,清流涤俗尘。喧嚣车马远,问答牧童亲。只此幽闲绝,何须问古津。"此诗清虚雅逸,天真自然,悠远意长,高俊格古,大有魏晋之遗风,儒道之高洁,反映作者向往恬淡无欲和脱俗隐逸生活的品格,其人格修为、人文气质和乡土情怀通过一首首诗作尽情地流露,其归隐乡野、远离俗尘、忘情山水的心灵意境,如一幅幅画面呈现在人们的面前。

诗言志,志传意,意表情,情达性,性见心,心澄明。所谓澄明,其如清流无声,如清泉无色,如清水无形,即澄净无我之态也,归之曰:"诗无邪。"故摩诘诗无我、无住、无着,天真无邪,自然高洁。因此诗传情为基本,诗无我则进入另一境界,此之谓诗中无我,我自在诗中,诗中有我,诗不必言我。无情

盛牧夫作品

不成诗,用情过度则诗不脱,只有在脱与不脱之间,诗的韵味才能达到至臻至善、至情至诚的澄明正道与天然灿烂。正如国学大师钱穆谈诗所说:"后来人论诗,主张要不著一字,尽得风流。……这种意境,妙在他不讲,他只把这一外景放在前边给你看,好让读者自己去领略。"所以尽得风流就是无我而有我的一种境界,这一境界使诗具有了其他文学形式所无法产生的玄妙真象,自觉或不自觉地牵引着读者走进你的心灵意境中,并由此与读者神交对语。这就是诗所要的"相隔虽天涯,只在咫尺间"的"似曾相识燕归来"之境界。盛牧夫先生《灵隐月下闻笛》:"梵宫墙角影中斜,修竹断垣三两家。正是清秋明月夜,深山何处落梅花。"此诗描绘的是清秋之夜的深山景色,因有了月色下的梵影断垣和修竹人家,油然而生的玄空清朦和宁静孤寂便有了玄机,一句"深山何处落梅花"引出了作者品洁心修的天人合一,由此从无我之境进入有我的世界中,从而托出了作者心有天地的形象,因而盛牧夫先生的诗既是出世的本性回归,又是入世的心灵写照。《春日回文》:"长堤柳绿草萋萋,听惯春声鸟乱啼。芳圃野花飞满路,狂风逐蝶粉窗西。"该诗字面

二 艺韵流芳

无人,然人之情态尽在诗中表现无遗,这正是诗的魅力所在,盛公一生学问也尽赋予诗中。中国诗词发展到唐宋为最高峰,王维的诗充满禅意,于诗中见佛缘;李白的诗豪放随性,于诗中见老庄;杜甫的诗具有哲理,于诗中见儒学,是故谈诗以此三人为最。而盛牧夫先生的诗归于田园之本色,并于诗中略显道家老庄之随性,又不失传统士夫理学之渊源,故时而乐见山水自然之无痕妙造,时而畅怀于烟云村落之乡土风情,时而又为世道不伦感慨悲愤,以诗的表现方式坦露出其独特的爱国情怀。

盛牧夫先生一生中游历自然山色无数,读书之余尝身临泉林野壑,或访友求教及吟诗作画,可谓读破万卷书,游历万里路,并留下作品无数。然因喜清静而无意仕途,且与世俗多有不争而神离,其身处战乱和剧变之时代而时运不济、命运多舛,故其作多有散失,其人其艺亦为当世所忽视,甚惜,甚悲!1948年黄宾虹重返上海,同年8月旋任教于浙江美院,期间曾约盛牧夫先生来杭州,并亲自为他借得灵隐某山庄为学习之所,嘱他从事编写画学著作,想借此逐步把他调入学校教学,也为他日后在画坛谋得一席之地作铺垫。在杭州这段时间多有诗作可见其活动,如《戏寄锦梅、采莲二女士》:"辉煌灯火满杭城,光映流霞入水明。遥想高楼当此夜,频频起舞按歌声。"如《夫妻峰》:"灵峰观夜景,形影若夫妻。更静君休怕,金鸡在隔溪。"

可惜的是1949年1月因父病日笃,电召其回家。回想这段往事,他在晚年曾写道:"谁知与师湖上小别竟成永诀,从此立雪无门,手泽陡存,提携顿失,聆训何年,悲痛之情至今无时或释。"从此也彻底与教学绝缘,亦是他人生的一大转折。盛牧夫先生虽远在乡村,但时与友人、师长以诗交流会友,如《和鞠国栋》《赠北斗洞泉信炼师》《奉和赵医师恭沛》《寄襟兄树民》《呈朱丈筱鸿兼简笃甫》等等,犹与同为黄宾虹弟子的王伯敏先生交往最多,如王伯敏先生曾专访盛牧夫,先生作诗相赠《喜伯敏兄见访》:"祖生先我着长鞭,君作鸿儒我学仙。敢羡西湖名世业,聊安北斗洞中天。登龙不负虹庐望,伏枥空吟魏武篇。卅载音书成阻绝,一朝相逢慰樽前。"可见交往非同一般。

盛牧夫作品

黄宾虹赠送给盛牧夫的写生稿

　　盛牧夫先生正如中国传统文人一样,文章之余,兼修书画,以此陶冶情操,游戏笔墨,艺道两进。自从拜得艺术大师黄宾虹先生为师以来,绘画艺术日益精进,并在创作实践中体会尤甚,故宾虹先师曾赠其作品,并题曰:"子骧弟勤事六法,究心笔墨之理,自写元人意以贻之。"牧夫先生的画注重笔墨内涵,以宾虹画理为宗,太极阴阳转合为章法,篆籀用笔之法入画,水墨交融,气韵生动,浑厚苍郁,颇具田园气象,深得自然山水之神韵,于画中无时无刻不流动着浓郁的诗意。静观其画,如品其诗,细品其诗,如见其人。诗、画、人,浑然一体,卓然风骨。如《登金鸡峰》之水墨淋漓,山岚秋色一望空;《珠濂瀑》之高古深远,看尽深壑寻无路;《天柱峰前》之林泉高致,岭下清泉几家人;《雁荡老僧岩》之苍郁清秀,雾霭不锁江南雨。

　　中国画自古以品论高低,何为品?学养、功力、人格、骨气乃为品;何为高?笔墨见其学,诗情见其魂,气韵见其象,乃为高。是故为画者以风格标扬其人格,以人格彰显其品格,以品格立见其画格。牧夫先生之画,实为其诗性的流溢,气质的荡漾,学问的挥洒,品格的写照。观中国画之优劣,画无诗意则无画,笔无诗韵则无笔,墨无诗性则无墨。所以读中国画,就像品读心灵之诗,聆听天籁之音,欣赏造化之美,所以中国的文人士夫独获道的体悟,独察象外之物,独入意的境界。

黄宾虹赠送给盛牧夫的作品

文化的素养造就了艺术的天赋和诗意的灵质,而这种天赋或灵质来源于纯粹、情怀、理想和浪漫的情操,并通过蒙养、素养、修养及善养以达到人格的完善。纯粹乃人性之本源,是思无邪之蒙养;情怀是心灵发育于纯粹的情态,是造就博大的生态素养;理想是灵质的焕发,是人生获得正果的修养;浪漫是心、智、神、情、理综合融会的生发与精神的嬗变,是已达天意的善养。然而在人生历程的发展轨迹中,不能缺少的一个重要环节就是其成长所依赖的土壤,田园乡村及其民俗是中国文化得以生存发育的肥沃土壤,一代代文人士夫以其为源,创造出自己的人生价值。盛牧夫先生正是在这一片肥沃的土地上诞生的一位纯粹的文化人,因此他的诗画所展现的情结是他生命的组成部分。正是像盛牧夫先生这样的一代文化人在痛楚的煎熬中,希冀把中国的文化精神传续给后人,因而对他们的作品所传递的思想进行研究,更应是当代致力于文化的学者们承担的责任。

2016 年 7 月 31 日

二　艺韵流芳

陵阙烟雨
LING QUE YAN YU

中国传统墓葬的历史演变和文化特性

殡葬这一行为是人类最具历史、最具人性本质、最具民族特性的一种文化现象，它充分反映了人类社会对生命本性的理解，揭示了人类自身心理活动的内在形式，也是人类社会文化心理终极释放的一种表象。所以从事这项工作是对生命一次神圣庄严地致意，是一次人性宣扬的壮举，是人生修炼的功德行礼，更是释放孝爱和人性至善的历程，因此殡葬工作者必须具备执着的信念、至善的情怀、完整的人格和渊博的学识。

不知道过去，就把握不了今天，不了解历史，就不知道未来，不清楚从哪里来，就无法找回自我。人类一切文化精神活动，其终极目标就是对生命的理解与考问，因此我们必须抛弃焦虑，克服浮躁，保持冷静，用心思考，细心体悟。知其然而不知其所以然，是对生命的亵渎，知其敬而不知其所以敬，是人生的悲哀，知其难而不知其所以难，是人性的迷失。因为责任和使命在身，我们需要在无私、无欲、无畏、无我的境界中沉寂与修行。因为责任和使命在身，我们应该成为心灵疏导的抚慰使者，先进文化的光明使者，殡葬专业的引领使者，情感交流的沟通使者，社会诚信的传播使者。因为责任和使命在身，我们必须清晰地认识到我们正在做什么，我们为什么要做，我们怎么去做，做什么？为什么？怎么做？这三个基本的问题是我们从事这项工作的基本点。

一、阴阳的沟通——和谐自然

人们对阴阳的认识来源于对日、月的早期崇拜，是人类对万物兴衰、变化的统象探求，是从生活现实的感性认识到天道演义的哲学思想过程的理论核心,也是对事物的转化从阳盛到阴衰客观规律的认知,从对立到统一,从相生到相克,从刚强到柔顺,从诞生到灭亡辩证关系的综合。生与死是天象的循环,是自然的演变,也是肉体和精神的离合。《礼记·祭义》说:"众生必死,死必归土,此之谓鬼。骨肉毙于下,阴为野土;其气发扬于上,为昭明。"而《礼记·礼运》又说:"魂气归于天,形魄归于地。"我们从这里可以认识到死亡不等于灭亡,而是自然之气与物象之体的一次分离,从而实现了灵魂与肉体的分离。在这里生命开始了一次转化,并且从这一转化中变换为另一种新的形式,从另一方面也可以理解为形体重新回归到本来的状态。

阴阳相合,天成其顺,阴阳分离,天演其变。任何事物都不是始终处于对立面,也不会恒定不变,正是在阴阳此消彼长的过程中,完成了生命的转化,也让我们体会到阴阳变化的微妙关系,以便我们能准确地把握自然规律,使我们在所从事的事业中,处于和谐的状态,对社会产生良性的推动作用,使社会、家庭、企业和自身处于相互联系、相互补充、相互作用的互动中,这就是我们所说的社会和谐。正如《易经》所言:"大大人者,日月合其明,天地合其德,四时合其顺,鬼神合其凶吉。"这就是我们追寻的目标和我们应该达到的目的。

阴与阳在作用中转化,生与死在分离中获得升华,而使生命在祥和中永恒的守护神,就是殡葬与从事殡葬事业的使者。因此殡葬从远古时代就开始了它的使命,形成了具有独特表达特性的一整套程序和表现形式,并随着中华民族历史进程的演变而深化。丧葬二字不是一开始就合为一体的,它经过了人类对自己不断认识的漫长历史过程。"丧"字在古代有四种说法:其一指"失去"之意,如《尚书·舜典》曰:"二十有八载,帝乃殂落,百姓如丧考妣。"其二是指"死去"之意,《礼记·檀弓上》说:"公仪仲子之丧,檀弓免焉。"其三是指"尸体",《春秋左传》说:"夫人氏之丧至自齐。"其四是指丧礼,《庄子·渔父》中说:"处丧以衰,天问其礼矣!"

"葬"字在甲骨文中解释为把尸体掩埋,葬者,藏也。《礼记·檀弓上》中说:"葬也者,藏也;藏也者,欲人之弗得见也。"东汉许慎在《说文解字》中解释为:"葬,藏也。从死,在茻中。一其中,所以荐之。"从这里我们看到古人对逝者遗体的处理所蕴含的文化观念,因为生命来源于阴阳结合,也就是天地滋养了生命,而生命也必将回到它的起源之所。而且人走之后,升之为鬼神，属阴，所以不能为人所见，故以土藏之，同时逝者的外表也给人会造成不良的心理反应，亲人更是因悲伤而不忍目睹，所以深埋也是对逝者表达的一种敬意。

殡葬的"殡"字是指逝者入棺以后，停枢待葬的意思，因为此时逝者的灵魂已经离开了肉体，所以此时的遗体已不是原来的亲人，所以《礼记·檀弓上》曰："周人殡于西阶之上，则犹宾之也。"也就是把灵枢当作外来的宾客一样对待。周人就是西周时代的人，殡于西阶之上，是因为死亡就像落日西下，所以放置在西面的台阶上。太阳西落，就是由阳开始转阴，逝者阳气衰竭，阴气上升，体现了古人对阴阳关系的理解。

"坟墓"两字的由来也是糅合了阴阳的思想，"坟"和"墓"两者之间是有所和也有所别的。在春秋以前的所有史料和文献中，墓葬称之为墓，它指的只是置尸之所。王充在《论衡·四讳》中解释说："墓者，鬼神所在，祭祀之处。"所以它具有两个功能，即安葬和祭祀的功能，从这里说明古人对逝者藏之，不是为了隐藏遗体不被人们发现，而主要是为了给神灵一个安宁的地方，并让亲人有一个祭祀和祈福的场所。坟和墓在当时有严格的区别，即地下为墓，地上封土为坟。故"坟"原意是指隆起的土堆，后随着人们在地面上堆土而又称之为"坟"，这里主要是指人们对墓地外形的一种描述和概念。坟墓合称是在战国时期对安葬墓地形成新的定制以后才产生的叫法，包括"上墓"和"冢墓"的出现也是与"坟墓"的缘由相类似。

墓地在我国历史上由王族、宗族、家族墓地逐渐形成今天的家庭墓，从这一变化可看到中华民族以族群祭祀向家庭祭扫所产生的观念性的转变。因为中华民族的形成过程始终伴随着对农业的依赖，并由此形成稳定生活状态下的社会结构，因此注重集体的作用，而集体制的稳固则必然需要以一条血缘关系为纽带，才能保持其世代的延续，故而祭祀成为一个重要的凝聚点，所以《礼记》中说："国之大事，在祀与戎。"把祭祀提高到关系国家存亡的大事的高度来认识。同时为了以宗族式的方式加强对属民的管理，尤重治人之道，故《礼记·祭统》说："凡治人之道，莫急于礼。礼有五经，莫重于祭。"因此宗族和家族墓地以及后来的宗祠制度，成为我国古代长期以来的主要管理形式，这主要是为了形成一整套繁复和严谨的殡葬礼仪，以达到启迪、教化和尊奉的目的。以家庭为单位的墓地则源自于孔子，据《礼记》说孔子在一个叫防的地方为自己的父母做坟，并曰："吾闻之：'古也墓而不坟。'今丘也，东西南北之人也，不可以弗识也。"以此来纪念亲人，孔子后来成为一代宗师，其宗庙(孔庙)成为中华文化的朝圣之地。

二、血脉的延续——认祖归宗

纵观世界各国历史，我们发现一个现象，就是一个民族的文化历史悠久且博大精深，内涵丰厚且持久不衰，它必定在殡葬内涵上形成规模宏大、制度严谨、礼仪繁复，而且一直保持至今的独特文化奇观。中国在经过几千年的漫长历史后，仍然保持了自己特有的完整的文化体系，其根本原因就在于深藏于民间并浸润着深厚文化内涵的殡葬习俗一脉相承。

为什么？这是因为中华民族一以贯之的信仰和血缘的延续，以及深藏于血脉之中的文化基因从未断裂。其一，中华民族作为一个以农业社会为基本结构的体系，热爱着这片土地，形成较为统一的群体认同，在观念上产生了对先祖的敬仰、敬畏和敬奉，并通过殡葬的形式不断地传承。其二，中华民族十分重视生存空间的关系，产生天、地、人三者合一的哲学思想，从而淡化宗教信仰。其三，中华民族较早地形成了统一的文字，统一的道德理念，统一的礼仪形式，统一的文化体系，这一系列的统一，强化了民族的意识，也必然排斥和同化其他形式的文化侵入。其四，从历史的长河看，中华民族较少受外民族冲击，因而其文化的积累深厚。所以血缘的沿袭是国人生命的脊梁，而敬祖、崇祖、祭祖以庇护后人，则是宗族得以维系和发展的精神命脉。

上古之时，人类穴居野处，生活十分艰难，而且族群关系也较为松散，文化观念尚处于萌芽阶段，所以对逝去的亲人处理也很草率，只是简单地在附近的荒野中进行掩埋。故《周易·系辞下》中记载："古之葬者，厚衣之以薪，葬之中野，不封不树。"就是人去世后，以草革或者植物掩盖埋入土中，不封土作坟和不做标识，尚处于原始阶段。到了旧石器时代的晚期，人类开始有了自我的认识，并也关注到族群和宗族构成社会生活，因此也感受到对亲人的安葬与活着的人所具有的联系，于是开始有了墓地的观念，居室葬就是墓葬最早的一种形式。就像山顶洞人那样，上室是活着的人的居所，下室是死者的墓地,这样就可起到保护先人、保佑后人的作用。

到了新石器时代,随着对生死现象的认识加深,人们的观念又进一步发生转变,氏族的血缘关系得到了强化,形成氏族整体认同的社会意识。他们确认了共同的祖先,并发生血肉相连的关系,也形成了一定的文化意识和精神情感。反映在墓地制度上,重大的变化就是公共墓地的形成,如马家浜文化、崧泽文化和良渚文化的遗址考古中都有发现公共墓地。但是在氏族内部又因血缘的亲疏而分为若干小集团,在墓地的设置上,以行为单位安葬着同一个集团或者本氏族的人。到新石器晚期,氏族内部开始形成了贵族和平民的分化,于是在原有的公墓基础上又分为贵族墓地和平民墓地。在良渚文化的遗址中,这一现象形成了极其强烈的对比,平民墓地设置在平地上,贵族墓地设置在人工建造的高台土墩上,但又都是以血缘为关系分群埋葬。

到了殷商时期,由于国家政体的形成,墓地制度发生了又一次转变,即等级、家族、血缘三者互为联系的"公墓"和"邦墓"制度。"公墓"是指国君和王室成员的墓地,有专人负责掌管,并事先规划,按宗法等级进行排列。"邦墓"是指自由民的墓地,由墓大夫掌管,亦按宗法关系排列,各族群仍然分别自行建造。最早的"公墓"发现于河南殷墟的考古现场,而家族墓地的兴起,则主要在春秋时期才开始兴起。

华夏始祖对先人的敬仰和敬重表现在殡葬过程的每一个细节中,并且以形象的方式予以体现。比如在墓的朝向和墓的方位上,就可体味到先人的心灵诉求。祖先的墓地是后人的心灵寄托,也是对灵魂的关照。所以圣灵之所需要后人的祀奉,以使后人获取圣灵的庇护。就像天佑万物,地不私藏,生者赖以存,死者因有归。因此作为后人的一种依托和结气之地,其方位就应居于生者之后,故《礼记·礼运》中说:"故天望而地藏也,体魄则降,知气在上。故死者北首,生者南向,皆从其初。"所以在我国的聚集住所和乡镇规划的格局中,墓地作为一项必不可少的功能设施,其位置应在族群聚集地的北面。而墓的朝向在远古是指头、面、足所朝的方向,这与今天我们所说的墓碑朝向具有不同的概念。每个氏族和每个地域文化都有各自的朝向原则,这主要遵从于日月、高山、宗祖、灵魂和崇拜意识等方面确定,如崧泽文化的墓葬朝日出方向,大溪和巫山文化遵从高山方向,台湾泰雅族面朝宗

三 陵阙烟雨

祖之地的方向,一些民族也有向日落和西方等等。墓的左右方位则主要是从文化观念上体现贵贱、尊卑、阴阳、长幼的关系,同时也是文化要素的具体化、生活化与概念化。其要归之为:左凶右吉、左尊右卑、左男右女、左阳右阴、喜东厌西、男东女西等等。这种方位的观念是文化认同的体现,并由此形成严格的殡葬制度,从而影响着人们的日常生活与行为方式,也体现出中华文化的思维特性。我国城市格局中左祖右社、北天南地、前殿后寝等就是在此文化观念中逐步成熟的。阳盛阴衰,否极泰来,周而复始,此之谓天道,是故天不变道亦不变,不可不慎之,不可不顺之。

三、礼仪的平台——社会形态

礼仪作为一个民族的行为方式,是一个民族脱离野蛮时代的标志,也是一个民族文明进程的表现形式。《礼记·曲礼上》中说:"是故圣人作,为礼以教人,使人以有礼,知自别于禽兽。""凡礼之大体,体天地,法四时,则阴阳,顺人情,故谓之礼。"(《礼记·丧服四制》)因此礼仪最基本的内涵就是让人懂得什么是廉耻,什么是尊敬,什么是高贵,什么是神圣,这也是人类文明产生的基础。

中国社会的道德体系分三个层面,即皇权、宗法与礼法,构成了一整套完美、和谐的结构。礼仪是人们交往的形式,宗法是族群管理的权威,王法就是国家主张的意志。通过这三个层次构成的社会体系,形成了道德、思想、观念、行为、风俗等的综合规范与统一,以及从个人、家庭、家族到整个社会各阶层的伦理秩序和国家的司法制度。

"礼"就是对民族先祖的敬仰,就是对生命的崇拜,就是对文明的尊崇,并在"礼"的过程中使文明的基因植入血脉之中,因此形成了以礼为核心的价值观,报答与感恩父母,并以此建立长幼君臣关系的道德秩序。这一切又最后落实到对死亡的态度,因死亡是人生中最重要的大事,为逝者送行和敬事逝者体现了对生命的终极关照,这一关照映射出为人的至尊。《诗经·小雅·蓼莪》曰:"哀哀父母,生我劬劳,无父何怙,无母何恃!"又说:"父兮生我,母兮鞠我,抚我畜我,长我育我,顾我复我,出入腹我。欲报之德,昊天罔极。"所以在我国的礼仪规范中,丧礼、葬礼、祭礼是礼的重要内容。孔子在

《论语·为政》中说:"生,事之以礼;死,葬之以礼,祭之以礼。""慎终追远,民德归厚"就是对逝者最大的慰藉,也是礼的终极目的,所以葬不得不慎之以厚道,尊之以天地,敬之以人伦。

礼在殡葬方面的具体表现体现在安葬的形式和等级上,如《礼记·月令》中说:"饬丧纪,辨衣裳,审棺椁之薄厚,茔丘垄之大小、高卑厚薄之度、贵贱之等级。"又《礼记·王制》曰:"天子七日而殡,七月而葬;诸侯五日而殡,五月而葬;大夫、士、庶人三日而殡,三月而葬。"以及《春秋·含文·嘉亡》说:"天子坟高三仞,树以松;诸侯半之,树以柏;大夫八尺,树以栾;士四尺,树以槐;庶人无坟,树以杨柳。"可见对其形制、规格、名称和树种都有明确的规定,也从这里体现了古人对礼的要求,而且发展到后面,对墓地的叫法也有规定,如一般百姓的墓地叫"坟",士大夫的叫"墓",皇帝的墓叫"陵",圣人的墓叫"林"。并且在具体的丧礼、营墓规格、建筑形式、占地大小和棺椁要求等方面都在国家的法律层面作了明确的规定,如有乱礼,则按律处罚。中国是一个多民族的国家,并且形成了多种文化相互渗透、相互包容和相互促进的大环境,同时又保留了各自地域文化的特色。但总体上是沿着中原华夏文明的主脉,并在儒释道三教合一的大格局范畴内,呈现出一条思维发展的特殊轨迹,反映在殡葬方面,虽然形式多样,可说是包罗万象、丰富多彩,但具有一个共同的特点,就是以祖宗崇拜为主要对象,从而远离了宗教化的方向。它涵盖了对逝者的祈望,并赋予其神圣的功能,以达到对后人的祈福和庇佑,体现对生命的一种人性化的道德关怀。其表现形式主要有:表达儒家思想和启迪教化作用的土葬;始于先秦,以"精气归于天,肉身归于土"的登遐升天观念,以及佛教坐化转世影响,并在宋元明清风行一时的火葬;来源于普度生灵、灵魂升天、图吉至孝和逝者神圣观念的悬棺葬;与原始宗教信仰和家族血缘关联的崖洞葬;进入永生不灭的天国世界,于佛法中获得超度的天葬;源于炎帝下葬传说,祈祷逝者进入另一个世界的水葬;取自"全身不散,如塔灭度"观念的塔葬;起源于"构木为巢",追寻远祖归宿的树葬;以及风葬、瓮棺葬、船棺葬、石棺葬、衣冠葬、二次葬等等。安葬主要表达生者对逝者的一份眷念,并希冀仍然不时地与家人团聚,依靠礼的形式构建了一处心灵畅通的世界,让人们知尊卑,识善恶,通灵性,达理智。

四、文化的传承——观念统一

中华民族历经五千年而不衰,其中更遭遇了多次外来文化的巨大冲击,仍然保持其顽强的生存能力,这主要源自于生活方式的一致,思维意识的一致,精神观念的一致和社会形态的一致,而这一切必然集中反映到殡葬形式的表象上面。不只是在中国,而且在世界各民族的历史中,殡葬都是各自文化的集中体现,只是中国的文明发展较为成熟而在殡葬上表现得更为充分而已。

中国殡葬文化具有独特而又丰富的思想内涵,主要是因为中华文化体系博大精深。通过殡葬的行为达到教化、宣导和推广的作用,同时也以殡葬的形式,使文化的观念通过血缘达到世袭传承。中华文化有三个层面,第一个层面,也是最高的层面,是以文化哲人为体系,并站在整个宇宙的高度,看待天地自然造化的高雅文化;第二个层面,也是社会的基本层面,是社会基层以物质生活为特征的世俗文化;第三个层面,也是中间层面,是为官僚体系服务的庸俗文化。这三种文化又同时从不同层面来关照生命,并合而为一,使生命的终极在各个环节上都指向了同一个目标,因此中国的殡葬实际上就是一部文化大全。文化,表现在殡葬上的形式主要为殡葬礼仪、祭祀文化、镇器冥具、墓碑墓表等。

殡葬礼仪中的丧礼,根据《仪礼》的记载和儒家礼仪,主要为以下程序:初终、送终、穿衣、小敛、属纩、招魂、送魂、报丧、讣告、沐浴、含饭、为铭、置灵、设帛、吊丧、赠襚、大敛、停殡、浮厝、成服、朝夕奠、朔望与三朝接煞等。葬礼则主要有:宅兆葬日、启殡与出殡、亲宾奠祭、下圹、回丧、谢坟等。

祭祀文化是人类从物质向精神的重大飞跃,使心灵获得了无限的发展空间。文化的诞生造就了发展的繁荣,世界从此充满了活力,而这一切应归功于先祖血缘情感的宣泄过程中,注入了理性和神性的祭祀活动。可以说文化源于祭祀,祭祀更丰富了文化的内涵。祭祀主要由祭制、祭礼、祭仪、祭乐、祭所、祭器、祭品等构成气势恢宏、神圣庄严的场面。传统的祭祀根据不同的人群和需要,主要有郊祭、庙祭、墓祭和家祭这四种形式。中国人对祭祀非常重视,祭祀为国之大事,社稷之所系,王天下之所依。祭祀上尊天意,下承地德,中循人性,所谓名正言顺之至理也,所以历代帝王以泰山封禅为登峰造极的大业。在建制上尊崇左祖右社以承先祖之灵,南天坛,北地坛,左月坛,右日坛,以尊天道而震四方。

镇器冥具是殡葬过程中一项具有心理安慰作用的精神祈求,并具象地落实在殡葬的用具上,也是民俗与文化结合的一项产物。在它的背后,隐藏着非常深厚的思维意识,也反映了当时人们对逝者及鬼魂的敬畏与尊崇,并映射出人们内心的祈愿。中国古代的殡葬镇器主要有:玉器、陶俑、魂瓶、镇守、地券、告文、冥符、冥钱、摇钱树、墓碑、墓表等。玉器具有礼教、吉祥、守魂、辟邪和安神的作用,《周礼·春官宗伯》说:"玉作六器,以礼天地四方:以苍璧补天,以黄琮礼地,以青圭礼东方,以赤璋礼南方,以白琥礼西方,以玄璜礼北方。"

文化是人性情感飞跃为精神形态的一种反映,它以物质为载体得到具体的表现。玉就是中华文化精髓浓缩的物质表象,从而使其一切物理化学特性蕴含了深厚的哲理。玉集天地之灵气,万世之精华,山川之精神,人文之精美。古人给予玉以人性的灵质,说玉有五德:仁、义、智、勇、洁。孔子更是从道德的层面总结出玉具有的仁、义、智、礼、乐、忠、信、天、地、德、道这11种德性,故君子有佩玉无故不离身之说。而且玉通阴阳,包含天地,护神镇邪。君子玩玉是一种品德的修养,礼义的信物,百姓喜玉是为了辟邪顺安。陶俑是在古代丧葬中用以替代人畜的随葬品。《礼记·檀弓下》说:"孔子谓为刍灵者,善;谓为佣者,不仁。"《孟子·梁惠王上》曰:"仲尼曰:始作俑者,其无后乎?"魂瓶作为随葬的用具,其意为祭祀死者,超度和慰藉亡魂,以瓶(平)护灵,而镇兽则为驱赶外鬼,以正辟邪,护卫亡灵。墓志铭是存放于墓中载有死者传记的石刻,主要记录逝者生平,以散文和韵文书写,有歌功颂德的功效。因此古人在殡葬方面所植入的文化意义,可说是发挥到了极致,我国的殡葬领域蕴含着深刻和丰富的文化元素,并一直潜移默化地影响着社会的发展,所以殡葬其实是活着的历史。

五、地位的象征——众神归位

是人定胜天还是天定人安,站在不同的位置,从不同的视角去理解和探析,才能真正地把握方向。人定胜天是充分发挥主观能动性,是激发人的身心体能的精神要点,而天定人安则是自然的法则,是社会稳定渐进的有序状态。故孔子有感叹曰:"天何言哉!"天虽无言,不言自威。

自然规律使得万物按照各自的秩序相互作用,并由此产生了符合优胜劣汰自然规则的和谐生存环境,而天人合一的自然形态就是各定其位,各归其所,各守其道,各食其力,各尽其职。所以人有定数,社会有等级之别,文化有雅俗之分。其实古人所追求的大同社会理想,即是实现天、地、人、神各归其位的良性循环的合理秩序。

人生只是整个生命链中的一个环节,生命是在不断的转换中完成其使命,并由此获得永恒。其不同之处就在于表现的形式各有面目,鬼神就是人类对生命现象延续的意象化诠释。《论语》中说:"不在其位,不谋其政。"实则就是对自己的认识。而逝者不归其位,则其灵不安,其魂无所,众神归位,则天地祥和。所以殡葬服务在于为不同的客户量定各自适应自己的位置。好风水好阴宅因人而异,帝王之位,虽权倾天下,非人人可为,富豪之家,非人人可有,正所谓为欲望所累,为名利所败,一念之差,命运各异。因此殡葬工作者是安宁祥和的光明使者,是生命通达的引导者,责任重大。

葬式和墓形在殡葬中起到归灵就位的作用,也是引导神灵各归其位的一种形式,它作为天地崇拜和祖宗敬奉的产物,在中国形成了多种方式,主要有以葬式为特点的仰身直肢葬、侧身直葬、屈肢葬、躬身葬、俯身葬和二次葬;以墓形为特点的土坑墓、崖坑墓、木椁墓、砖室墓、土墩墓、崖墓、大石墓、火葬墓等。墓主的不同地位和等级区分主要体现在墓形、格局、建筑和地宫设置等方面,经数千年演变和发展,并按照儒家伦理形成俗成的建制,我们仅以帝王的陵墓为例简要分析如下:

1. 陵墓的建筑形式:建筑在地宫之上的用黄土层土夯筑,呈方锥体造型的叫方上。其代表为秦始皇陵和宋陵,其源头来自于远古墓台。另外以山为陵建设,地位如山石一般坚固,象征天长日久,永恒保存的叫山陵,其代表主要为乾陵。还有一种以城墙为固,上呈圆顶的叫作宝顶。明清时期为典型代表,又称之为宝城宝顶,前有城台,上建明楼,称之为方城明楼。

2. 陵墓的格局依次分为:祭祀建筑区、神道区和护陵监区。

3. 陵墓的建筑主要是:牌坊门、大红门、三孔桥、神道、隆恩殿、碑亭、石望柱、石像生、龙凤门、方城、明楼、宝顶等。

4. 地宫建筑形式主要有：土穴木版墓室、黄肠题凑和砖石发券砌筑地宫等三种形式。土穴木版墓室是原始社会时期的建筑形式，黄肠题凑是木构地宫的最高层次，其棺有梓宫、多棺、多椁，且做工考究。颜师古注曰："以柏木黄心致累棺外，故曰黄肠。木头皆向内，故曰题凑。"砖石发券砌筑地宫按照前朝后寝制度，追求"死犹如生"之义，前部墓道，分为前、中、后三殿，以汉白玉、艾叶青和花斑石建筑。

殡葬作为人类历史的一项古老的文化现象，是每一个时代社会形态、社会观念、社会文化、社会经济、社会体制、社会政治和社会生活最集中的反映，也是人类文明传承的重要纽带，它反映了人们心灵深处的精神态势。我们每一个活着的人实际上一直生活在前人的影响中，前人的关照与指引，使我们获得生活的动力。因为人生是一次次磨难和修炼的过程，并在阵痛中得到升华，所以殡葬工作是一项神圣而又光明的事业，只有心存悲悯和敬畏，才能保持宁静和纯洁的心灵。

2006 年

三　陵阙烟雨

名人墓

　　杭州这个享有"东方明珠"美誉的江南水乡城市，历来为人们所向往，是好游历者的必经之地。山峦叠翠，碧水流馨，亭台楼阁，精雅秀毓。更有古都之悠远，文人雅士之风韵，民俗自然天饰之婉约和市井栏栅如鳞之风华。成为古往今来多少英杰俊贤、文豪大家心之所向，神之所往，灵之所归。散落在西湖周边苍幽深处的一座座文化名人的墓地，构成了杭州一道奇特的人文遗迹，让后人感怀万分、充满遐想。寻踪它们的主人，阅读他们的人生，追叩他们的灵魂，呈现在我们眼前的是中华文化的悠远而博大的精神脉络和无法磨灭的人文历史印迹。

浙江大学教授、中国著名书法家马世晓墓

民国第一笔杆陈布雷墓

杭州因西湖而闻名,西湖因景色而秀美,秀美的景致又因人而具有了它的灵性,它的风格。西湖不及黄山之秀美,不逮阳朔之丽质,不如华山之俊俏,更不比泰山之大气。然西湖有儒释道三教和谐共养的空灵,天地阴阳聚合升华的睿智,心性纯净和澄怀知性的空明,以及天然温厚而不饰雕琢的逸性雅致。我们对西湖这一本质的解析和西湖文化的内核的探源,恐怕应从名人墓地的研究开始。

一、墓地是民族文化的元素

人类精神活动的起源这一带有哲学性质的科学命题,一直以来是学术界研究的内容,是不同学派争论的焦点。以殡葬文化的独特视角来分析和探索这个问题却往往被人们所忽视,这可能因为殡葬长期以来成为社会关注的死角而逐渐边缘化。然而殡葬却一直实实在在地影响着我们的现实生活,我们排斥它的存在,它就存在于我们的身边,我们祈求它远离,它却一直在影响着我们的生活。

纵观人类整个文化思想的发展历史,其核心就是人们对自身的认识与再认识的过程,从而诞生了最初的生死观。人类最初的精神活动起源于祭祀,而殡葬活动是人们传达观念、表述感情、确立价值、塑造权力、规范行为、统一礼制、创造艺术、标风立节等的平台。孔子在《论语·为政》中说:"生,

三　陵阙烟雨

民国报人史量才墓

事之以礼;死,葬之以礼,祭之以礼。"死亡是人类社会生活中重大的事件,对死亡的恐惧让我们知道了敬畏,逝者对生者的持续作用产生了敬仰,生命的交替使我们内心懂得了敬重。敬畏、敬仰和敬重构成了社会生活的精神支柱,也迫使我们去思想、去表现、去生活。人就是在生与死的离合、交融、对立和妥协中艰难地走过了一生。

生死观是维系社会活动的灵魂,墓地的出现以及它所具有的功能、作用

20 世纪 30 年代秋瑾墓

和形式都必然体现本族群的心理意念,成为表达或传递行为道德的最有效、最规范、最合制的方式,集中反映了民族的文化特性。

二、墓地是社会历史的见证

对历史的认识和研究是为了准确地把握我们未来的方向,是为了清醒地认识自我。而对历史的分析需要我们还原历史的真实,就必须依靠严谨的态度、科学的思想和原始的资料。东方文明是在封建专制社会条件下发展而来的,丰厚的物质、文化、精神财富的积淀为世界文明发展做出了巨大的贡献。社会意识形态一方面取法自然,师承造化,广修心源;另一方面又天人合一,大道归统,君王为尊,这种差异由儒家道统所融合,虽有助于长期的稳定,但也因保守而渐趋落后。历史上大量的文化遗迹被荡涤无几,其原因有四:一是我国大量古建筑为木结构而易于损毁;二是因历代更替,不断地摧残;三是因近代落后,倍受他国抢掠;四是因无知而冠以各种理由大肆破坏。不为世人关注的一处孤寂之地——墓地,为我们留存了内容丰富的历史遗迹,但如今连这仅存的文化遗产也面临疯狂的盗掠。

海宁徐志摩墓

三　陵阙烟雨

人民音乐家周大风墓

飞虎队抗日精英吴其轺墓

岳飞墓

　　西湖周边大量的历史名人墓地较好地保存下来,这是西湖的一份财富,也是前人留给杭州的一份厚礼,西湖正是因它们的存在而更加富有人文意韵。这些历史名人的墓地因主人的显赫身份和文化地位而受人瞻仰,墓地虽经岁月的冲刷而斑驳残缺,却让后人永远地不会忘记他们。据记载西湖周边作为名人的身后庇佑佳地可追溯到汉以前,现有遗迹可查者从南北朝至今,他们当中很多成为杭州的名胜,但更多的则散落或淹没于山林之中。

从这些墓地的造型、制式、结构、雕琢的不同特点来看是十分丰富多彩的,通过这些折射出当时的社会状态和文化特性,为我们的历史研究留下了可贵的史料根据。

苏曼殊墓

中科院院士徐世哲墓

辛亥革命志士徐锡麟墓

无产阶级革命家张闻天衣冠冢

三、墓地是人文精神的脉络

中华民族悠远的文化历史具有很强的延续性和完整性,在其整个的发展过程中始终贯穿着一条东方人文的精神脉络,形成了具有特色的文化色彩。中国文人士夫们在一定层面上汇集了中华文化的灵魂精髓,他们的精神生活和价值取向也彰显了东方文化的生命力。中华文化的思想体系基础起源于太极哲学,发展于易学,成熟于儒学,完善于程朱理学。我们的先人站在宇宙的高度来审视人类的一切活动,他们穷天地之理,极万物之情,发睿智之思,得造化之心,以阴阳相生相克的太极循环统达天性,以合和构建和稳固社会体系,故《易经》言:"天地合其德,日月合其明,四时合其序,鬼神合其凶吉。"而反映在生死观上则更加强调和说明了阴阳关系的原理。《礼记·祭义》说:"众生必死,死必归土,此之谓鬼。骨肉毙于下,阴为野土;其气发扬于上,为昭明。"《礼记·礼运》中说:"魂气归于天,形魂归于地。"生与死是天象的循环,阴阳的转化,形气的分离,自然的演变。中华文化精神所具有的卓绝的灵智、洞达的理性和飘逸的情致使得士人们期望寻求一方心灵的净土,而西湖及其周边的山水形态和儒释道气韵参合所具备的天然韵致使文人雅士的灵思涌动催发,也为他们勾勒出一幅绝妙的画境,更吸引了一个个文心道骨归寂于此,从而为西湖注入了丰厚的文化底蕴,形成了西湖独到的风骨和品格。由这种品格所产生的文化包容气度,造就了它的博大精深,也引得不同文化、不同宗教、不同信仰的俊贤心归一处。

四、墓地是杭州名城的记忆

一个国家必定需要经过千百年的沧桑和历史的考验,其文化才能经久不衰而产生出较强的凝聚力。一个城市没有因岁月的积淀而大量残存丰碑永垂的人文墓地,就无法延续和唤醒社会沉睡的记忆。杭州那一座座名人墓地及墓主人传奇的人生,勾起了我们对历史的关注,对文化的记忆,对精神的祈盼,对先贤的敬仰,对自身价值的重新认识。无论游客来自于哪个国家哪个地方,每当人们在杭州停留几天,都渐渐地被它毫不张扬却与心性相

章太炎墓

通的人文遗迹所迷恋,并被它们所传递的人生哲理而深深地吸引。几乎每一处名胜的背后都隐藏着源源不断的生命动力,墓主人生前的思想精华早已超越了世俗所理解的生命形式,他们的生命已与天地融为一体,他们的灵魂无时不在向我们指引着方向。

五、墓地是现代情感的寄托

殡葬是人类社会的一项神圣而神秘的产物,它集中地反映了人们的生活观念、文化意识、精神形态和心理情感。作为留存至今并仍然延续的最古老的习俗,在现代社会中它的性质已悄然地发生了变化,并更加充实和丰富了它的功能,且起着引导社会观念与现代文明进程的作用。

在相当长的时期里,由于殡葬被视为封建糟粕集合地而淡出人们的主流生活,只简单地保存了其市政职能,切割了它本应该具有的且产生重要作用的社会精神文化功能。

墓地是一个民族历史的重要组成部分,是民族文化精神的集中体现,是前人精心构筑的血脉情缘,更是历代先贤遗留给后人的文化遗产和精神财富。它浓缩了一个民族的生命价值和灵魂风骨。我们应该勇敢地承担起承

三　陵阙烟雨

著名艺术家诸乐三墓

接和传续的责任,大胆地发掘和拓展它的精神情感功能,使之成为推动杭州文化创建的重要一环。承接、丰富和发展殡葬文化的核心价值,应实现几个方面的转变才能适应社会文明的发展趋势:即祭祀拜神向纪念文化转变,安葬功能向情感寄托转变,商业运作向文化经营转变,传统形式向人文艺术转变,家庭事务向公共教育转变,整体设计向生态园林转变。

六、西湖名人墓的界定和现状

西湖的名人墓内容十分丰富,数量众多,分布广泛,时间跨度较长,墓主身世、地位和阶层各自不同,形成了蔚为壮观的人文景观,为后人游赏、感怀、研究留下了宝贵的财富和原始遗迹。但是长期以来墓葬在国民的意识中一直视为私家阴宅而较为忌讳,虽深藏于我们的心中,却在公众的关注视线之外。只有少数学者因研究的需要而重视,大多数墓地因年代久远无人管理,相当部分已踪迹全无,从而给杭州的社会历史文化造成了严重的缺失。自改革开放以后由于社会文明的觉醒,政府积极地对此进行了有效的管理,很多有影响的人物的墓地得到了保护和维修,放任自流的状况已开始改善。

2006 年,由省市历史学会组织杭州的部分学者和有心人士,对杭州地区
(不含萧山、余杭)的现存名人墓进行了一次实地调研和考查,并举行了多次
座谈会,就名人墓的范畴、年代、地域进行了界定。在调查中发现现存有遗
迹的名人墓(包括重新修复、重建)最早起始于南北朝时南齐的苏小小墓,在
此之前的有数十个仅存于文献记载。我们明确了名人墓的界定范围标准为
在历史上具有一定影响,文化史上有其地位,参与重大历史事件,对杭州地
方发展有较大作用的人物墓地,其中涵盖了文化人士、达官重臣、社会贤达、
宗教友人、商贾巨富、革命志士、艺术大家。如此繁多的不同社会阶层人士
构成的墓群,我认为以名人墓统称较为通俗合理。同时出版发行了收录 94
位墓主的《情归西湖——西湖文化名人墓探寻》一书,从后续反馈的信息看
还有数十位未载入。这些人物的墓址主要分布在灵隐、三台山、九溪、孤山、
半山、满觉陇、鸡笼山、九曜山及南山公墓和安贤园内,范围如此之广,人物
如此之多,内容如此之丰富,实为全国罕见。其具有以下几方面的特点:一
是墓主大多生前壮怀激烈,坎坷一生,忠心报国,终了大彻大悟,修心笃静。
二是虽生于各地或主事四方,然品学修养归于同道,心属西湖,圆缘山林,有
别于传统习俗回乡安葬的情况。三是墓地选址和建筑特点各有特色,艺术
地反映出主人翁的思想观念和人生态度。四是看似随意经营,却各有规矩,
位置相宜又互为烘托,自然巧夺,别有洞天。由此使西湖成为众多名人大家
精心营建的天然而成又极具中华人文意境和艺术风韵的江南园林,更使得
西湖名动天下。

七、西湖名人墓的保护和开发

随着岁月的沉淀,杭州的名人墓已成为西湖的一个文化标识。每当我
们走近它们,在心灵中仍然感受到墓主人生命的存在;每当我们在幽谷中冥
思,历史的声音悄然在耳边回荡。找回历史、维系文化、传播思想、重建精神
是我们的责任和使命。我们不能眼见一个个历史的痕迹从身边默默地消失
而熟视无睹,我们应该立即行动起来,保护、珍惜这块神圣的净土,精心地构
筑和经营文化历史的精神家园,呵护我们的文化根基,使历代先贤们的生命
价值不再被尘土湮没。

三　陵阙烟雨

保护、开发、利用这份丰厚的文化遗产，是当今打造历史文化名城，创建文化精神品质，促进文化产业发展的一项重大项目。要做好这项工作应从四个方面进行：

1. 由政府组织制订以法规形式明确的历史名人墓的管理办法，在对名人墓的界定、归属、范围划定的条件下，就杭州地区的名人墓进行一次全面、系统、深入地核查，并建立分布分类的档案管理。同时进行专业的维护性规整、标注和挂牌，在路边设立指示标志。其次公开广泛地面向社会征集与此相关的历史实物、照片和文字等资料。另外建议成立杭州名人墓博物馆或研究院。

2. 组织以专家学者为骨干力量，社会各界共同参与的学术组织，开展长期的研究工作，定期开展各类主题的活动及与爱国主义相结合的教育，编辑出版研究、资料汇编刊物，举办各类讲座等进行宣传推广。

3. 实施集知识、交流、教育、游览于一体的特殊文化旅游服务项目，以丰富和拓展西湖的旅游文化，把西湖的人文品牌推向世界。

中国近代教育先驱司徒雷登墓

4. 延续和发展墓文化的丰富内涵，开发和充实纪念功能，不但保护历史的文化遗产，更要创造文化的未来。所以应该为现今过世的影响当代或未来的重要代表性人物建立一个名人纪念园，同时在西湖景点内为个别重量级的文化艺术巨匠树立纪念性艺术雕像，使西湖的文脉得以不断地延续和积累，也为后世留下一份精神的财富。

八、结　论

杭州的名人墓地是历史的见证，是西湖的文化遗产，是人文精神的印迹，是历代先贤文哲的心灵归属。我们应该以神圣的敬意使它们重返我们现实社会的精神生活中，并使之成为我们对历史情感的寄托，成为支撑我们前行的动力，成为我们留给后人的一份宝贵的财富。

2009 年初夏于钱塘

情归西湖

——杭州历史文化名人

  杭州作为中华民族历史延续的历史文化名城之一，历经良渚文化、吴越文化和南宋文化的更替和浸润，人文底蕴深厚。物华天宝，人杰地灵。清灵秀毓的湖光山色和雅致温婉的风土人情，凸显其卓越天成，而美丽婉约的西子湖则似一颗天赐明珠，镶嵌在山峦滴翠、烟雨苍郁的山林幽谷之中，更显得精美绝伦，至真隽秀。

  我们因杭州而自豪，我们因西湖而荣幸。西湖在当代社会生活中的地位，西湖对文化历史的影响，以及西湖给人们留下的永远无法消逝的记忆并不仅仅因为美丽而迷人的湖光山色。西湖美丽景色背后所蕴藏的厚重而博大的文化内涵，有其独具的风韵和其他地方无法比拟的人文气质。历史上，特别是在宋代以后，杭州成为中国文人、学者、艺术家、士夫、名流们流连忘

2006 年举行西湖墓文化论坛合影

杭州部分专家学者在晚清著名诗人陈散原墓前留影

返的理想家园和世外桃源,这恐怕是杭州的一大特点。杭州因西湖而闻名,西湖因景色而秀美,秀美的景致又因人而具有了它的灵性,它的风格。

根据现有的资料显示,祖籍杭州或非杭州的历史文化名人与杭州渊源深厚者,从春秋战国时至今近 600 人,这还不包括 1949 年以后的文化名人。然而随着岁月的流逝,他们在杭州的活动遗迹,他们馈赠给西湖的无数精妙绝伦的佳作,以及流传于大街小巷的风流韵事,只有少量见诸史料和已面目全非的残碑断壁。但在西湖沿线的寂静山林中为后人悄然留下了一条人文的印迹,那就是杭州独一无二的人文景观——西湖的名人墓地。他们当中有文心归隐的饱学之士,有大化归寂的佛学高僧,有真情真性的风流才子,有壮志柔骨的侠士人杰,有欲尽趋真的高官大贾。文豪英杰期望寻求一方心灵的净土,而西湖及其周边的山水形态和儒释道气韵参合所具备的天然韵致使文人雅士的灵思涌动催发,也为他们勾勒出一幅绝妙的画境,更吸引了一个个文心道骨归寂于此,从沿湖绵绵密林中散落的大量历史文化名流的墓地,我们可以感悟到历代文人心宿于此便获得灵魂的真正升华和超脱。或许他们与西湖的灵性贯通,或许他们找到了自己心中的理想家园。

西湖的名人墓内容十分丰富,数量众多,分布广泛,时间跨度较长,墓主身世、地位和阶层各不相同,形成了蔚为壮观的人文景观,为后人游赏、感怀、研究留下了宝贵的财富和原始遗迹。

杭州部分专家学者在胡雪岩墓前留影

杭州部分专家学者在史量才墓前留影

北伐将士塔

2006 年,由省市历史学会组织杭州的部分学者和有心人士,对杭州地区(不含萧山、余杭)的现存名人墓进行了一次实地调研和考查,并举行了多次座谈会,就名人墓的范畴、年代、地域进行了界定。在调查中发现现存有遗迹的名人墓(包括重新修复、重建)最早起始于南北朝时南齐的苏小小墓,在此之前的有数百个仅存于文献记载。我们明确了名人墓的界定范围标准为在历史上具有一定影响,文化史上有其地位,参与重大历史事件,对杭州地方发展有较大作用的人物墓地,其中涵盖了文化人士(林逋、李渔、俞曲园、张闻天)、达官重臣(胡则、岳飞、张沧水、于谦、夏同善、瞿鸿禨、蒋百里)、宗教友人(惠理、袾宏)、商贾巨富(胡雪岩、袁南安、蒋抑卮、史量才、都锦生)、革命志士(秋瑾、徐锡麟)、艺术大家(鲜于枢、赵之谦、吴昌硕、黄宾虹、潘天寿)。如此繁多的不同社会阶层人士构成的墓群,我认为以名人墓统称较为合理。这些人物的墓址主要分布在灵隐、三台山、九溪、孤山、半山、满觉陇、鸡笼山、九曜山及南山公墓和安贤园内,范围如此之广,人物如此之多,内容如此之丰富,实为全国罕见。

为什么在杭州能出现这一现象呢?我们对《情归西湖——西湖文化名人墓探寻》一书中所载的 90 余位墓主进行分析,可看到一个特殊的现象,就是虽然他们的社会背景和文化层次不同,但他们当中绝大多数的祖籍、出生地都不在杭州,而在人生的终极归属上却完全违背了中国几千年来形成的叶落归根回乡安葬的传统习俗。杭州位于东南一隅,远离政治、文化、

陈英士纪念墓

经济、军事中心,由于历史的原因和特殊的地理位置,历史上受到战争的影响较少,且气候湿润,物产丰茂,环境优美,所以民风温纯,生活殷实,心态平和,情感婉柔。长期以来造就了杭人灵性十足而悟性不高,精致有余而不够大气,悠闲散漫而思想保守,安逸狂放而坚韧不足的精神生活状态,所以杭州的地域特性决定了历史上很少有出类拔萃的英才大家。但是对卓有建树的外省籍的文化人来说,杭州是他们灵性催发、启迪心智最佳的土壤,因而历代名家英豪多与西湖结缘,而杭州本地的有志俊杰则需向外发展才有作为。

但杭州具有得天独厚的湖光山色,并经千年的人文熏染,隽雅而不失皇家富贵,毓秀而富有文人逸质,经世而不庸俗繁杂,更得儒释道三教和谐共养的空灵,天地阴阳聚合升华的睿智,心性纯净和澄怀知性的空明,以及天然温厚而不饰雕琢的逸性雅致,成为中国文人心之所向、道之所属、神之所归的精神家园。李叔同在回忆出家时的杭州感慨道:"杭州这个地方实堪称佛地,因为寺庙之多有二千余所,可想见佛法之盛了!"

李叔同所说的佛地也真是一块中国文人品学修养的"福地"。中国历代文人在现实生活中始终追求营造自我独立的精神境界,往往借助于"隐逸"的生活方式,在山水园林中找到精神的寄托和人生的慰藉。所以自古就有"小隐隐于野,中隐隐于市,大隐隐于朝"的人生体验,唐代大文豪白居易对杭州的经营就是这种隐逸思想"物化"的结果。杭州人文风格的逐步形成,

尽忠柏

白居易和苏东坡是两大重要奠基人。《西湖游览志余》中说："杭州巨美,得白、苏而益彰。"所以历代文人无不钟情于西湖的温柔之美,并留下了大量的歌赋诗画,使之成为闻名遐迩的楹联之都、书画之都、园林之都。

杭州的自然环境丽质天成,幽静葱郁,含珠藏玉,阴阳和谐,气畅神聚,实为庇荫呈祥的一处绝佳的魂归化境,并为儒学、道仙和释家禅意所属的六和境界。六和即:戒和同修;见和同解;身和同住;利和同均;口和同语;意和同悦。佛家六和即:天、地、东、西、南、北。当年乾隆帝曾于乾隆十六年(1751)登六和塔,亲笔为每层命题:"初地坚固""二谛俱融""三明净域""四天宝网""五云覆盖""六鳌负载""七宝庄严"。

西湖的文化名人墓为杭州平添了一份人文风情,也使得这一方山水更显得风骨卓然,这就是西湖无穷魅力之所在。殡葬是人类精神生活高度浓缩的一种表现形式,是人类在社会生活中情感的表达与外溢。正是因为人们对生与死的畏惧、敬重和迷惘才开启了心灵之窗,萌发了人类的第一次精神飞跃,而人类从古至今所有的文化活动和哲学观念归根结底就是对生与死的认知。伴随着殡葬的诞生,其形式、礼节、祭典、明器、建筑、用品、风水等内容,无不透射出行为的规范、感情的表达、观念的体现、艺术的创作和社会的建构。

杭州净慈寺高僧塔

一·二八淞沪抗战纪念塔

　　中国文人非常善于营造自己的生命归属,以一种淡定的心态在营造他们的生命精神和树立永恒的生命价值。我们能从一个个名人墓(如刘师复、刘大白、史量才、胡明复、章太炎、张闻天等人的墓地)的艺术造型中领略到他们卓绝的人格品性,寻找到他们不死的生命意义,感悟到他们永恒的精神价值。

　　西湖周边沿岸山谷中曾有大量的墓地,据估计达万余之多。随着城市功能的不断扩展和城市规划管理的加强,大多数已在历次清理中处理,由此也造成相当一部分具有历史文物价值的名人墓消亡。

2008 年春

《礼记》与民俗及殡葬文化

一个民族的形成是由多种因素所构成的,主要应该具备以下几个条件,即族群血统、生活方式、文化特性、语言结构、宗教信仰、生活环境、风俗习惯等,而其中最有影响的则是文化与民俗这两个基本的要素。民俗与文化是一对孪生子,相互影响,相互依存,相互促进。民俗是文化得以生存的土壤,文化是民俗得以保持的灵魂,因此,文化产生于民俗之中,又促进了民俗的发展。民俗是一种生活的态度,文化却是一种生活的精神,民俗属于物质生活的属性,文化则是脱离于物质的精神诉求,因此民俗具有了文化的元素,文化又支撑了民俗的延伸。它们的区别在哪里? 就在于民俗是因生活的需求而产生的,而文化则是因精神的需求而生发的。

一、民俗与文化

民俗与文化在早期是通过艺术发生相互联系,艺术也就成为民俗与文化的中介。三代以上君王重学,故君学倡道于天下,三代以下则礼崩乐坏,君相失学,故道存乎民间。所以大约从春秋战国时代诸子百家兴起,诸侯争霸天下,因此艺术向更高的精神表达形式发展,通过政治集团对艺术的关照,艺术逐步成为纯文化的精神载体和政治的艺术化语言,因而艺术又开始了一次大分离,即艺术和文学的民俗化与形而上的精神化,以及文学与艺术的政治化,从而形成了长达二千多年的三种文化轨迹,即民俗文化、士夫文化和官僚文化。属于民俗文化范畴的艺术更加符合世俗生活的审美特性而蜕变为社会化的工艺,具有士夫文化精神特质的艺术思想开始进入技进于道的哲学审美层面,而依附于政治的艺术则完全沦落为一种精神工具。然

三 陵阙烟雨

宋代春节燃爆竹驱厉鬼

工艺已不等同于艺术,工具则更加成为僵化的程式。所以在 20 世纪上半叶,黄宾虹先生一针见血地提出了中华艺术未来走向的观念,即重民学的精神内美价值。

　　民俗具有的特征是对生活的期盼,是物质生活的现实需求,是自然生发的,可以不断重复的,带有集体意识的,有固定程式的,且主要以代代口传与师徒相传的方式延续。文化的特性则是源自个性心灵需求的,纯精神性的,不可复制的,有表现形式的,富有哲学思想的,而且往往通过特殊的载体进行传播与交流。美国民俗学家扬·哈罗德·布鲁范德认为:"民俗包含民众的未被记载的传统:它包括此传统的内容和形式以及互相传播的方式、技巧。"并指出了民俗的五种性质:1. 它的内容是口传的;2. 它的形式是传统的和传播的;3. 它以不同形式存在;4. 它通常是匿名的;5. 它有程式化的倾向。1987 年联合国教科文民间艺术国际组织对民俗的定义是:民俗是群体或个体基于传统、具有群体导向的创造物,作为文化和社会身份的合适表达方式,反映了群体的愿望;借助模仿或其他途径,其标准和价值观口口相传。

其形式包括语言、文学、音乐、舞蹈、游戏、神话、仪礼、手工艺品、建筑和其他艺术。

　　文化的土壤是族群的现实生活的社会基础，因此它必须借助于民俗才能获得生存的空间和时间，才能具有生命的力量，民俗也必须依赖于文化才能维系它的权威性和凝聚力，并以此获得不断提升的动力。所以一个民族的文化是否具有强大的生命力，就在于其民俗是否稳固、持久和深厚。文爱艺曾在《中国古代风俗百图》跋中写道："由自然条件的不同而造成的行为规范差异，称之为'风'；由社会文化的不同而造成的行为规范的差异，称之为'俗'。"其实民俗就是因生活的需要由族群约定俗成的，由此说明民俗是由自然特性产生的，但同时又受到社会当时文化的影响，因而具有文化的元素。我们应该注意到由自然生活作用下产生的早期风俗只能称之为习俗，而因族群维护的需要，在文化、经济、政治的参与下形成了今天我们所说的民俗，因此一个民族的兴衰应该从该民族的文化环境的演变中探寻答案，因此对文化的研究应从分析民俗起源、发展和解体的关系开始。

宋代春社祭祀土地神

三　陵阙烟雨

世界对民俗的认识应该伴随着其文化的历程就已经开始，也就是说文化只有落地于社会风俗之中，才有了支撑。但对民俗进行系统的研究，并成为一种学问而进一步发展为今天我们所说的民俗学，则要比对民俗的认识晚了很多。

中华民族之所以延绵不绝，至今仍然为世界瞩目，就在于其民俗民风具有超强的稳定气质、深入血脉中的厚重深广和强大的包容性。我国著名的史学家吕思勉先生曾说："一国之民族，不宜过杂，亦不宜过纯。过杂则统理为难，过纯则改进不易。惟我中华，合极错杂之族以成国。而其中之汉族，人口最多，开明最早，文化最高，自然为立国之主体，而为他族所仰望。他族虽或凭恃武力，凌轹汉族，究不能不屈于其文化之高，舍其故俗而从之。"（见吕思勉《中国民族史》）当然传统的民俗正在面临着消亡，而我们也在不自觉中加速了这一衰亡的过程。

民俗学作为一门兴新的学科，发端于11世纪的德国，在浪漫主义和民族主义思潮的影响下，一些学者已经不满足于文字记载和书斋中的研究，而开始尝试从社会基层的世俗生活中去寻找民族的根源，于是就诞生了民俗学。中国的民俗学研究则又要晚于西方，在20世纪初，特别在五四运动后，学界在冷静之后开始了又一次的反思，并把目光投入对社会普通市民的生活心态的研究中发掘历史的真实，而一批进步的文学人士也开始提倡以民众生活中的生动语言来促进新文学的产生，由此开始了对民俗的系统研究。

世界民俗学研究的起步是从对神话的研究开始，因为神话源于早期的民族起源、民族信仰和社会活动。因此研究者希望通过对神话的研究探索人类早期的历史，并由此拓展到传说、图形、崇拜、祭祀和语言。民俗学研究从19世纪开始，主要有太阳神话学派、进化论学派、比较学派、功能学派、心理分析学派、结构主义学派，直到今天的田野调查学派。其研究方法有英国的班恩女士提出的精神领域、行为领域和语言领域三分法；法国的山狄夫提出的物质生活、精神生活和社会生活三分法；以及瑞士的霍夫曼·克莱耶提出的平列式分类法，即把民俗分为乡村、建筑、用具、象征物、惯性、心理、艺术、惯习、食物、法律、信仰、医药、诗歌、故事、戏曲、历书、语言、名号等18类。中华民族的东方文化特性决定了与西方的民族特点有本质上的差异。中华民族的文化体系和民俗特色，从诞生之日起就开始逐步远离宗教的范畴，因地域环境和生活方式等多种因素所致，它往往具有很强的包容性和综合性，在起始之初就带有哲学、艺术、科技、音乐和习俗相互影响、交融的特质，并在其发展过程中，文化就开始了对民俗的干预，因而我认为应建立我们自己的民俗研究体系。

在漫长的人类历史发展中，因血缘关系而结成的不同族群，在其特定的地理环境、气候条件、生活方式、生理特质等因素的共同作用下，形成了特定的原始生活的习俗，并在这种特定的生活习俗的影响下，经过长期稳定的孕育、演变和延续，沿着自然崇拜、图腾崇拜、鬼神崇拜、祖宗崇拜这条精神性、宗教性的轨迹，衍生了各自相对独立又相互影响的丰富灿烂、形式多样的文化现象。同时又在文化的作用下，生发出各民族不同的生活习俗、行为礼俗和文化风俗。所以一个民族生活方式和地域范围的长期稳定状况的差异，决定了其文化属性的不同。而生活习俗是该民族以血缘为纽带在自然状态的生活中形成的原始习性，行为礼俗则是为维护稳固的族群而建立的文明理性习俗规则，文化风俗更是生活习俗与行为礼俗结合所产生的精神属性。所以只有游离于物质生活之外形而上的文化基因对自然生活的干预，才会使得原始的生活习性萌发人文的内涵，并经过岁月的沉积，进一步转化为具有文化价值的民族风俗，并反过来又催生其文化属性向更高的层面延伸。因此文化艺术、民族风俗、生活方式和思维特性的相互融汇，造就了一个民族乃至人类文明的历史进程。

以农耕为主要生活方式所产生的风俗与文化，依赖于土地、环境与血缘、族群的关系，因此华夏民族的民俗核心内容与其文化价值始终保持了一致性，即尽"情"、尊"敬"、致"孝"。"情"就是人性，是民俗和文化之本；"敬"指有所敬畏，有所敬仰，有所敬重，是民俗和文化之形态；而"孝"则是整个社会的结构，是民俗和文化之伦理。"情""敬""孝"又最终通过道法、宗法、王法三者合一，以"礼"的形式来得到实现。因此中华民族的风俗特征落实到对"礼"的理解、实施和构建，而"礼"的确立则归功于《礼记》这一文化经典。

二、《礼记》的文化属性与民族风俗

中华民族五千年的文明史所形成的文化体系具有极大的包容性、综合

三　陵阙烟雨

性和发散性,既有建立在现实生活之上而又完全脱离于物质形式,以关注生命与自然的纯粹精神性的哲学体系;又有借助于丰富的文学艺术形式,把现实社会中的生活情趣和人文情怀推向极致的文化表达;更有理性思维和自觉意识积极介入而又源自于自然生态的族群风俗。正是这种特殊的多层面的文化现象,在相互作用的过程中,造就了中华民族特有的、完全不同于世界其他民族的文化历史和长达数千年稳定的社会体系。

文化是人类的灵智基因在社会实践中因生与死的茫然而被激活的一项精神产物,它是独立于物质现象的社会性精神活动,并通过物质形式来表现和作用于世俗。只有作用于世俗才会推动整个社会的发展,否则只能存在于少数独立于社会世俗的精英生活中,也只有作用于民族风俗,才会获得生命的源泉。这也就是为什么一些文化随着民俗的自然解体而消亡,一些文化因完全独立于世俗而只能成为民族的记忆的原因。综观世界历史,文化对世俗的干预基本上是通过宗教和民俗这两种形式展开,并以此为载体产生文化的产品,如建筑、绘画、雕塑、诗歌、文学、服饰等。中华民族的生活特性和文化的多层次精神性,只能以特有的文化形式进入世俗,那就是以"礼俗"作为切入点,从而以"礼仪之邦"闻名于世。何为"礼",子曰:"礼也者,理也。"何为俗?俗也者,习性也。

正因为中华文化具有包容性、综合性和发散性,所以才博大、深远、厚重和精微。但系统梳理其思想体系和精神核心,则集中体现在我国影响深远的经典名著"十三经"中。所谓"十三经"就是我国的十三部经书:《易》《书》《诗》《周礼》《仪礼》《礼记》《左传》《公羊传》《穀梁传》《论语》《孝经》《尔雅》《孟子》。"十三经"是由汉以前的五经《易》《书》《诗》《礼》《春秋》发展而来,后来又增加《论语》《孟子》和从《礼记》中独立出的《大学》《中庸》两篇形成"四书",就是我们通常所说的"四书五经"。"十三经"的形成经历了一个长期发展的历程,最终确立于宋代。"五经"中的《礼》,是由《周礼》《仪礼》和《礼记》组成,合称为《三礼》。《周礼》主要记录的是周朝礼仪的典章制度,《仪礼》则是具体的礼节仪度,而《礼记》是对前两个的补充与阐释。相传《周礼》和《仪礼》是周公所作,而《礼记》则是如汉代班固在《汉书·艺文志》中所说:"七十子后学者所记也。"也就是在战国前后由后人不断地汇集,并在汉代由戴圣编撰的《小戴礼记》而来。因此在汉以前《礼记》在《三礼》中属于从属地位,但后来不但被列入经书("十三经")之中,而且成为儒家重要的一部典籍而影响我国整个社会历史达几千年之久,且远比《周礼》和《仪礼》重要得多。这是因为:(1)《礼记》着重于从学理和义理上阐释"礼"的实质,并与儒家理论完美融合而成为儒学重要的核心价值。(2)《礼记》以"博达雅丽"的文采,简明扼要又通俗易懂地对"礼"进行论述,涵盖了社会各个层面可行的行为规范。而另外两部则文字生涩烦琐,礼节规定僵化教条,不易于传播,以至于像韩愈这样的古文大家也感叹:"余尝苦《仪礼》难读,又其行于今者盖寡,沿袭不同,复之无由。考于今,诚无所用之。然文王、周公之法制,粗在于是。孔子曰'吾从周',谓其文章之盛也。"(3)《周礼》《仪礼》二经,成书较早,年代久远,典籍缺失,到了秦以后,由于对经义释义和周礼仪的繁缛而歧义较多,且随时代变迁而形式尚易,宫廷朝中尚且如此,社会世俗基层就更加无法传习。而《礼记》注重因时而异,合于义理,顺情而动,更加容易为大众所接受,朝野所便宜。(4)《礼记》中有关丧葬、祭祀、婚礼和孝道等世俗生活的礼节,经过儒家道学的植入,有机地与农耕生活下的生活习俗相融合,为宗族内部的管理和族群血缘凝聚提供了支持的依据。所以宋代以后《礼记》取代其他二经而成为科考必读之重要经书,成为历代统治者对朝廷、地方和乡村进行有效管理与控制,并由此建立起由王法、宗法和道法互为一统的社会综合管理体系,以及通过"礼"治的形式来维系国家稳定的重要道德手段。因此,可以说中华文化核心价值体系"十三经"中,唯一与民俗合为一体,并成为社会生活文化导向的就是《礼记》这部经书。

南朝刘勰在《文心雕龙·宗经篇》中说:"'经也者',恒久之至道,不刊之鸿教也。"中国美术学院教授童中焘先生在谈到黄宾虹艺术时则说:"'经'就是'常',就是常道,就是正宗的被大家认可的大道。"所以"经"是普遍性和真理性的,是一切认知观念的常识性的原则。而中国古代的"五经"则由《文心雕龙·宗经篇》描述为"故象天地,效鬼神,参物序,制人纪,洞性灵之奥区,极文章之骨髓者也"的高度,而对五经的各自特点评之为:"于是《易》张《十翼》,《书》标'七观',《诗》列'四始',《礼》正'五经',《春秋》'五例',义既埏乎性情,辞亦匠于文理,故能开学养正,昭明有融。"而《礼记》中对"五经"的教化作用更是做了进一步的说明:"其为人也,温柔敦厚,《诗》教也;疏通知远,《书》教也;广博易良,《乐》教也;洁净精微,《易》教也;恭俭庄敬,《礼》教也;

属辞比事,《春秋》教也。"这也正可说明《礼记》在中国文化核心中的地位重要,因此而上升为"经"的地位也就顺理成章了。

三、《礼记》对民俗的文化渗透

人类开始进入文明时代,是从生物学的生理本能活动迈入思维型的智慧生活形态,其中一个重要的标识就是为了族群的整体利益开始建立一个共同的行为准则或者为大家所共同尊奉的宗旨,即知敬畏、识荣耻、守秩序、合行止。因此,按照自然与便利的原则,以原始宗教的方式开始,创造教义并以福音来传播,以较快的速度为世俗的民众所接受,这也就是世界上大多数地区采用的一种形式。而另一种形式,则以源于情感的理性灵智的方式,由少数精英或者先哲们首先构建带有哲学性的理论体系,结合自然环境和生活方式下产生的民族习俗,并由此建立起一整套稳固的社会系统,这种形式需要稳固的相对封闭的族群生活形态,以及一批不断承袭并脱离于物质生产的高智慧的精英群体,以精致而深远的精神觉悟来完成,这种形式比较典型的主要在希腊和中国采用。中国的"文艺复兴"是以文化的姿态在整个历史的发展中延续性地保持了一条完整的脉络,以中和的方式每过几百年必有一次文化的"复兴",并以这条脉络为中轴进行修正,使之保持延续性。如春秋战国、西汉初期、魏晋时期、南北朝时期、唐代初期、北宋时期、乾嘉时期和民国初期。

中国的先贤们非常有大智慧,通过建立"礼"的文化观念,即《礼记·曲礼上》所说:"是故圣人作,为礼以教人,使人以有礼,知自别于禽兽。"引导人们以理智的思维方式从原始宗教的茫然中走出,使文明的曙光深入并根植于民间,并且使文化在自觉的过程中融入自然社会生活中,从此中华民族才在真正意义上进入了一个文明的时代,也由此奠定了长达一千余年的世界文明鼎盛期。此正所谓"教化"之作用,正如《白虎通·三教篇》中所说:"教者,效也。上为之,下效之。"孟子曰:"有如时雨化之者。"赵岐注:"化,教之渐渍而浃洽也。"然而在宋以后由于文化精英群体的瓦解和分化,仍然沉湎于已经被官僚体制所僵化了的文化思维中,没有新的适应时代发展的观念注入以"礼"为核心的民族风俗中。

以"礼"治国恰到好处地满足了社会各个层面的精神需求和愿望,又自觉地把整个社会引向理想的状态中,以达到先哲们修身、齐家、治国、平天下的良性循环,使得精英文化有了与世俗联系的渠道和存活的土壤,从而保证了社会结构进一步的稳定。宗教治国是通过使庶民保持愚昧才能发自内心地盲从于统治者,以"礼"治国则是启发人的善心来达到顺从的目的,并且使文化的基因深深地扎根于社会的基本元素中,而从原始习俗改变为行为礼俗这条途径的关键之处在于有教无类的教育思想的成熟,春秋战国时期学术上的百家争鸣正为这样的教育提供了思想基础。

　　"礼"是怎样通过"礼俗"来实现自己的政治主张的呢?先哲们十分清醒地知道必须为人们设计一个理想的社会形象,才能在精神上获得向往和追求的动力。于是《礼记》借助于人们对"三代之英"的夏、商、周的社会向往来寄托自己的政治理想,并通过修史著文来实现。在《礼记·礼运》中明确地阐述其理想的最高目标是:"大道之行也,天下为公,选贤与能,讲信修睦。故人不独亲其亲,不独子其子,使老有所终,壮有所用,幼有所长,鳏、寡、孤、独、废疾者皆有所养。男有分,女有归。货,恶其弃于地也,不必藏于己;力,恶其不出于身也,不必为己。是故谋闭而不兴,盗窃乱贼而不作,故外户而不闭,是谓大同。"这一理想的设计,成为国人心中永远的梦想。但人们十分清楚地知道"天下为公"的大同社会只是一个理想,这就是中国先哲们的绝妙和高明之处,其真实目的是为现实的追求制造环境,所以《礼记·礼运》希望的是:"大人世及以为礼,城郭沟池以为固,礼义以为纪,以正君臣,以笃父子,以睦兄弟,以和夫妇,以设制度,以立田里,以贤勇知,以功为己。……以著其义,以考其信,著有过,刑仁讲让,示民有常。"这就是建立在"礼"的基础上的"小康社会"一说最早的提法。然而要使自己的政治主张成为一种深入百姓生活中的社会习俗,则必须巧妙地找到契合点,这一契合点是为世俗所不能拒绝而又容易实行的一套体制,这就是殡、葬、祭的礼俗。所以文化的先哲们以"道"为终极追求,以礼为实现"道"的途径,以丧葬祭祀为改变风俗的立足点,从而完成稳定的文化体系的构建。

四、《礼记》对殡、葬、祭的文化提升

　　《礼记》所记载的"礼",按照社会生活不同层面的需求,共分为五大礼,

即吉礼（祭祀）、凶礼（丧葬）、军礼（战事）、宾礼（朝聘）和嘉礼（昏冠），从而形成以"礼"为架构的社会行为准则。在五礼中有关丧葬祭祀的礼仪成为重中之重，《礼记·祭统》："凡治人之道，莫急于礼。礼有五经，莫重于祭。"并从丧葬祭祀的礼仪中确立了儒家哀、敬、孝、忠的道德核心价值，使"礼"的道义延伸到整个社会管理结构中，从而构建起以"礼"为核心的道德体系。自汉代戴圣编撰《礼记》后，由于它的影响力逐步向广大乡村的宗族式管理渗透，使之上自朝廷的积极推行、中自士夫的道德需要、下自庶民百姓对祖宗的崇拜有了依据，故到宋代以后成为华夏普遍尊崇的行为准则。由于"礼"的传播，各地区不同的自然习俗也开始在"礼"的影响下逐步统一起来，这对中华民族的形成和稳固产生了巨大的作用。吴地（今江苏、浙江一带）本属偏远地区，春秋时不同于中原的风俗盛行，据《左传》记载，哀公七年子贡言："大伯端委以治周礼。仲雍嗣之，断发文身，裸以为饰，岂礼也哉？"杨伯峻先生解释说："大伯初至吴，或仍其旧服，即所谓'治周礼也。'但仲雍不得已而从吴之旧俗。"这就说明当时以周礼为基础的礼俗在吴地还没有实行，而汉以后，特别是东晋北人大量南迁，把中原的礼俗文化也带到了南方。所以经过文化的传播和历史上几次南北大融合，使得各地的民风民俗虽仍保留其地域文化特性的烙印，但其核心形成了以"礼"的思想为主导的精神理念。而今天浙江的民俗，特别是丧葬民俗内在的文化核心已经完全与中原同为一体，这恐怕也要归功于《礼记》作为国之经典的巨大影响力。

殡、葬、祭是我国殡葬历史文化的三个重要的组成部分，并通过其不同的情感诉求、人文内涵和表现形式而成为"礼"的载体。《礼记·檀弓上》对殡的解释是："周人殡于西阶之上，则犹宾之也。"古人认为死亡就是灵魂离开了肉体，所以其肉体已经不是原来的人，因此只能当作客人对待。"葬"在《礼记·檀弓上》中说："葬也者，藏也；藏也者，欲人之弗得见也。"《礼记·礼运》解释说："魂气归于天，形魄归于地。"因此古人认为人死后其阴阳分离，阳气即"魂气"上升归天，阴气即"形魄"应下沉归于土。所以对逝者的尊重应该通过"礼"的行为使之各归其位。而"祭"的含义就上升到精神的层面，《礼记·祭统》中所说："祭者，所以追养继孝也。"其教化的作用与功能显而易见落实在"祭"的形式上。因此，殡、葬、祭的文化含义就在于从哲学的思维理念来认识自然与生命的关系，通过追本溯源、敬天尊地和认祖归宗达到人类认知自我的本意，所以《礼记·大传》说："人道亲亲也。亲亲故尊祖，尊祖故敬宗。"这样，丧葬祭祀就从亲情、哀情的情感性宣泄推进到尊祖敬宗的精神寄托，再发展到对天、地、神的恭敬，即对神灵的敬畏、对先祖的敬仰、对长者的敬重，从而以孝的形式建立一整套各归其位、各忠其事、各敬其宗的社会秩序，最后又通过小宗、大宗的敬奉关系而归结于"君子之道"的终极确立。而司马迁《史记·礼书》中所说："天地者，生之本也；先祖者，类之本也；君师者，治之本也。无天地恶生？无先祖恶出？无君师恶治？三者偏亡，则无安人。故礼，上事天，下事地，尊先祖而隆君师，是礼之三本也。"则把儒家对"礼"的本意进行了更加详尽的阐释。

五、《礼记》对殡葬习俗的介入和引导及其人文价值

《礼记》首先以民族早期传统的自然习俗为根源，通过承袭其习俗所形成的自然脉络，并在系统的梳理过程中自然地与文化的精神相契合，使之纳入文明的启蒙教化和道统理论体系的构建中，以此促进社会的各个层面对殡、葬、祭的心理和精神诉求达成一致。比如对墓地的起源的综述，据《周易·系辞》记载："古之葬者，厚衣之以薪，葬之中野，不封不树。"就是说上古时期，人们对逝者采取一种自然主义的态度，然而要树立宗祖敬仰的观念，则必须从这里开始转变，于是《礼记·檀弓上》曰："孔子既得合葬于防，曰：'吾闻之："古也墓而不坟。"今丘也，东西南北之人也，不可以弗识也。'"为了使后人对自己的先人葬地可以祭祀，就必须要有标识，所以"今丘也，东西南北之人也，不可以弗识也"。这样就为自己修建坟墓找到了理由，从此也开启了墓祭的先例而为后人所效法，因此坟墓的历史从此开始，也为以后对丧葬祭祀的规范和孝的思想理念提供了平台，并以宗族、血缘和亲疏的相互关系为差别建立了等级制。

对原始习俗的沿袭是"礼"的文化进入民俗中的一大关键，所以尊俗成为从原始生活习性中开启文明之门的重要一步。由此使宗教性的崇拜从世俗祭祀活动中巧妙地自然分离，并为民俗纳入王道创造了条件。例如《礼记·礼运》中说："及其死也，升屋而号，告曰：'皋某复。'然后饭腥而苴孰。故天望而地藏也，体魄则降，知气在上。故死者北首，生者南乡，皆从其初。"

三 陵阙烟雨

其中唤魂、土葬一直在民间保留，而"死者北首，生者南乡"，正是汉民族对墓地方位确定形成了"朝向学说"的一项基本原则。因为逝者属阴，生者为阳，所以墓地在城镇的布局中应位于北面。而"生者南乡"的"乡"为"向"的同义字，应理解为"生者南向"。而古人的朝向在产生坟墓这一安葬形式以前，是以逝者埋葬时头的朝向为方位的。以此推断后人墓碑朝南的说法，是对这一原理的误读，也是明清以后礼制混乱的结果。

守孝三年的传统习俗是体现孝道的一项重要内容，历代祭典都明文规定无国之大事，上自帝王，下自百姓都必须遵守，皇帝连宰相重臣也不得不准假让其回乡守孝。在《礼记·三年问》中曰："故三年之丧，人道之至文者也，夫是之谓至隆。是百王之所同，古今之所一也，未有知其所由来者也。"故也为后世者丧葬礼节提供了依据。《礼记》对上古时期中合乎人性的习俗不但延续，而且为理论上的确立找到了生活的来源，并由此总结为"人道之至文者也"的理论根据："曰：称情而立文，因以饰群，别亲疏贵贱之节，而弗可损益也，故曰：'无易之道也。'"儒家对于人性的关怀始终贯穿于其自身埋论的实践，以及理想化社会的构建之中。通过《礼记》对尊俗、称情、立文、有别、重祭的记述来确立"礼"的忠孝观念，以此为理性的思想基础形成一个完整的文化体系，同时又通过文化的作用影响民俗的演变，并向更加偏远和封闭的族群中传播。所以说《礼记》是所有文化典籍中最重视、最体现和最尊重民俗和人性的一部文化经典。

顺应自然情感，以人性为出发点，并进一步丰富其人文价值，是《礼记》的一大特点。《礼记》的内容正是以民族生活属性和精神需求为基础，融合先哲们集体的智慧，达到"道"的统一，形成集道德、文章、制度、礼仪、风俗、民情为一体的民族核心价值观和行为准则，使人性中善良、美好和洁净的心灵充满了中和之象，并把人类的情感发挥到极致。所以说以《礼记》为代表的东方文化的核心精神，是最富有人性、最富有人情、最富有哲理、最尊重生命的一门学问。从《礼记》一些论述中，我们完全可以体味到它的用心之处。例如《礼记·檀弓下》中说："子路曰：'伤哉，贫也！生无以为养，死无以为礼也。'孔子曰：'啜菽饮水，尽其欢，斯之谓孝。敛手足形，还葬而无椁，称其财，斯之谓礼。'"这里我们看到的是从中流露出的人性的智慧，所谓孝在于尽心，礼在于真诚，而不在于满足自己的虚荣，这和今天的一些大办丧事才是尽孝的观念相比要高明不知多少。

再如守灵三天是怎么来的,它的理由又是什么呢?《礼记·问丧》说:"恻怛之心,痛疾之意,伤肾、干肝、焦肺,水浆不入口,三日不举火,故邻里为之糜粥以饮食之。夫悲哀在中,故形变于外也;痛疾在心,故口不甘味,身不安美也。""或问曰:'死三日而后敛者,何也?'曰:'孝子亲死,悲哀志懑,故匍匐而哭之,若将复生然,安可得夺而敛之也?故曰:三日而后敛者,以俟其生也。三日而不生,亦不生矣,孝子之心亦益衰矣。家室之计,衣服之具,亦可以成矣,亲戚之远者,亦可以至矣。是故圣人为之断决,以三日为之礼制也。'"从这里我们知道它所蕴含的对生命的谨慎与尊重是多么具有人性啊!

守孝三年的传统礼仪的含义是什么?《礼记·三年问》中说:"孔子曰:'子生三年,然后免于父母之怀;夫三年之丧,天下之通丧也。'"所以守孝三年的初衷是为了报答自己父母的养育之恩,是为了表达感恩之心,而不是虚伪和烦琐,更不是鲁迅先生所说的"礼"的背后看到的是"吃人"二字。就像《礼记·三年问》所说的:"曾子问曰:'三年之丧,吊乎?'孔子曰:'三年之丧,练不群立,不旅行。君子礼以饰情,三年之丧而吊哭,不亦虚乎?'"

今天我们看到在殡葬礼仪中使用殡杖这一用具,它的来源也是出自《礼记》,《礼记·问丧》中说:"曰:'孝子丧亲,哭泣无数,服勤三年,身病体羸,以杖扶病也。则父在不敢杖矣,尊者在故也。堂上不杖,辟尊者之处也。堂上不趋,示不遽也。此孝子之志也,人情之实也,礼义之经也。'"同样也是一种对生命的关怀。

通常我们知道,亲人去世后要进行祭奠活动,但"祭"和"奠"的区别在哪里?它们的性质有什么不同?恐怕现在很少有人理解。《礼记·檀弓下》中是这样说的:"奠以素器,以生者有哀素之心也。"什么意思?宋代理学大家朱熹在《仪礼经传集解》中是这样解释的:"自葬以前,皆谓之奠。其礼甚简,盖哀不能文,而于新死者亦未忍遽以鬼神之礼事之也。"郑玄注云:"凡物,无饰曰素。"孙希旦《集解》:"盖奠主哀,故器无饰;祭主敬,故器有饰。"原来逝者在下葬以前的哀悼活动叫作"奠",属于凶礼,而且要朴素无华地极尽悲哀之情。下葬以后的活动叫"祭",属于吉礼,这时的礼仪是为了表达对鬼神和祖宗的敬畏和敬仰。所以我们看到在灵堂、花圈和棺上有一"奠"字,而下葬以后就没有了。另外在下葬前所有的用品都要体现素简,所以其色调用自

三 陵阙烟雨

然本色即白色,以示纯洁无华之意,而祭祀时则可华丽庄重,以显示敬重、仰慕。因此,后人延续至今的豆腐饭、豆腐干皆有哀素的意思。所以《礼记》所表达的大情怀和对内心哀与敬的微妙变化把握得非常准确,在细微中凸显人生哲理,也体现出中国人对人性和智慧的彰显。

六、《礼记》通过殡葬达到教化的文化意义

什么是文化? 文化就是用文明教化民众,而文明则是化愚昧为智慧,通过建立在理性基础上的文采华光启蒙和开化未泯的精神灵魂,《礼记》正是通过"礼"的道德标准和行为规则使原始的自然习俗转化为文明的礼俗。《荀子》曰:"祭者,志意思慕之情也,忠信爱敬之至矣,礼节文貌之盛矣,苟非圣人,莫之能知也。圣人明知之,士君子安行之,官人以为守,百姓以成俗。其在君子,以为人道也;其在百姓,以为鬼事也。""为人君止于仁,为人臣止于敬,为人子止于孝,为人父止于慈,与国人交止于信。"就是通过使习俗转变为礼俗的过程,建立起忠信爱敬之心和文明礼貌之态,其关键就在于立文。所以《礼记·丧服四制》中说:"凡礼之大体,体天地,法四时,则阴阳,顺人情,故谓之礼。"情之顺,礼之行,则天下和。何为"和"?《中庸》:"喜怒哀乐之未发,谓之中;发而皆中节,谓之和。中也者,天下之大本也;和也者,天下之达道也。致中和,天地位焉,万物育焉。"因此,在"国之大事"的丧葬祭祀中,丧尽哀,葬尽心,而祭则以敬为重,使哀情的大悲、祭祀的庄敬,达到不勉而中、不思而得、从容中道的修为。这正是《礼记·祭义》中"孝子之祭可知也,其立之也,敬以诎;其进之也,敬以愉;其荐之也,敬以欲;退而立,如将受命;已彻而退,敬齐之色不绝于面"的意义所在。所以《礼记》集"十三经"核心价值为一体,贯穿整个中华历史,为历代各家所尊崇,是一本不可不读之书,尤其是经营殡葬者,不览此书,不知胡为也。其对立学传道的作用,我们从当代一些大学的校训中可见一斑:

中山大学 "博学、慎思、明辨、笃行"(《礼记·中庸》)

东南大学 "止于至善"(《礼记·大学》)

湘潭大学 "博学笃行,盛德日新"(《礼记·礼器》)

黑龙江大学 "博学慎思,参天尽物"(《礼记·中庸》)

香港大学　"明德格物"(《礼记·大学》)

香港城市大学　"敬业乐群"(《礼记·学记》)

安徽大学　"至诚至坚,博学笃行"(《中庸》)

兰州大学　"博学笃行,自强为新"(《中庸》)

南京大学　"诚朴雄伟,励学敦行"(《礼记·曲礼上》)

中国政法大学　"厚德,明法,格物,致公"(《大学》)

致中和,行中庸,礼立体,敬以祭,孝诚心,善为本。所以丧葬礼仪以祭为核心,以敬为根本。《礼记·檀弓上》曰:"祭礼,与其敬不足而礼有余也,不若礼不足而敬有余也。"不拘泥于形式,通于情理之中,合于义理之内,正是此意。因此对于祭祀的原则《礼记》中是这样确立的:首先祭祀重在发自内心,而不在于形式,如《礼记·祭统》:"夫祭者,非物自外至者也,自中出生于心也;心怵而奉之以礼,是故唯贤者能尽祭之义。"其次是外顺自然之道,内得情理之中,如《礼记·祭统》:"贤者之祭也,必受其福,非世所谓福也。福者,备也;备者,百顺之名也,无所不顺者之谓备;言内尽于己,而外顺于道也。"三是以道德为基础,以意志为核心,以庄敬为礼仪,如《礼记·祭统》:"是故其德盛者,其志厚;其志厚者,其义章;其义章者,其祭也敬。祭敬,则境内之子孙莫敢不敬矣。"四是掌握分寸,规定尺度,如《礼记·祭义》:"祭不欲数,数则烦,烦则不敬。祭不欲疏,疏则怠,怠则忘。"五是以人为本,生命平等的原则,如《礼记·中庸》:"父母之丧,无贵贱,一也。"最后是祭祀国重于族,族重于宗,大宗重于小宗,小宗重于家庭,如《祭法》:"夫圣王之制祭祀也,法施于民则祀之,以死勤事则祀之,以劳定国则祀之,能御大菑则祀之,能悍大患则祀之。"所以《礼记·礼器》曰:"礼,时为大,顺次之,体次之,宜次之,称次之。"可见我国的丧葬祭祀活动是文化的一个重要部分,是文明进程中一大重要载体,是具有文化内涵和理论体系的一项精神活动。

七、《礼记》通过殡葬树立社会的道德体系

尽哀、感恩、恭敬是丧葬祭祀过程中的三个重要环节,它分别代表了人性不同的方面和表达的不同形式,形成自敬以敬人、敬人而不慢、不慢则不怠的修为,以此达到积善行孝的文明素养,其终极指向实则为通往文明的最

三　陵阙烟雨

高层面,即身心合一的中和之道。《礼记·祭统》:"是故孝子之事亲也,有三道焉:生则养,没则丧,丧毕则祭。养则观其顺也,丧则观其哀也,祭则观其敬而时也。尽此三道者,孝子之行也。"可见通过丧葬祭祀的过程,培育人性至善至孝的品行,以此提升道德的修养,从而实现人生的价值。但是这种由哀情到庄敬、由率性到修道的转变和度的控制必须按照中庸之道为之,才能达到"尊德性而道问学,致广大而尽精微,极高明而道中庸"的教化。何为中庸?郑玄注:"庸,常也。用中为常道也。"朱熹注:"中庸者,不偏不倚,无过不及,而平常之理,乃天命所当然,精微之极致也,惟君子为能体之,小人反是。"

因此这就要建立起"有别"的秩序。所谓"有别",《礼记·郊特牲》曰:"父子亲,然后义生;义生,然后礼作;礼作,然后万物安。无别无义,禽兽之道也。"而在《礼记·祭统》中则对祭祀有明确的论述:"夫祭有十伦焉:见事鬼神之道焉,见君臣之义焉,见父子之伦焉,见贵贱之等焉,见亲疏之杀焉,见爵赏之施焉,见夫妇之别焉,见政事之均焉,见长幼之序焉,见上下之际焉。此之谓十伦。"因此要使祭祀不违背伦理,就要行"礼",如对天子、诸侯、大夫等殡、葬的时间在《礼记·王制》中就有明确的规定:"天子七日而殡,七月而葬;诸侯五日而殡,五月而葬;大夫、士、庶人三日而殡,三月而葬。"对逝者德行歌颂的铭文和祭词写作人的身份在《礼记·曾子问》也有规定:"贱不诔贵,幼不诔长,礼也。"对礼的标准也有区别,"孔子曰:'礼不可不省也。礼,不同、不丰、不杀。'此之谓也,盖言称也"。而"礼"的实行又是为了体现孝的内涵,所以在对铭文的要求中《礼记·祭统》又规定:"为先祖者,莫不有美焉,莫不有恶焉,铭之义,称美而不称恶,此孝子孝孙之心也,唯贤者能之。"

又比如对待不同的对象则根据伦理亲疏的关系,其尽孝敬奉的原则就不能一样,《礼记·檀弓上》这样说:"事亲有隐无犯,左右就养无方,服勤至死,致丧三年。事君有犯而无隐,左右就养有方,服勤至死,方丧三年。事师无犯无隐,左右就养无方,服勤至死,心丧三年。"如果碰到同时有丧事,那应该怎么办呢?《礼记·曾子问》则说:"曾子问曰:'并有丧,如之何?何先何后?'孔子曰:'葬,先轻而后重;其奠也,先重而后轻,礼也。自启及葬,不奠,行葬不哀次;反葬奠,而后辞于殡,遂修葬事。其虞也,先重而后轻,礼也。'"

家里有丧事则要奔丧，奔丧也要分主次。首先是奔父母的丧，《礼记·丧服小记》：“奔父之丧，括发于堂上，袒，降踊，袭绖于东方；奔母之丧，不括发，袒于堂上，降踊，袭免于东方，绖，即位成踊，出门，哭止。三日而五哭，三袒。”其次是奔兄弟之丧，《礼记·奔丧》：“奔兄弟之丧，先至墓而后之家，为位而哭。所知之丧，则哭于宫而后之墓。”穿的丧服和表情也有规定，《礼记·间传》上说：“斩衰之哭若往而不反，齐衰之哭若往而反，大功之哭三曲而偯，小功、缌麻哀容可也。”在出殡前的丧礼中又有初终、属纩、复、易服、报丧、饭含、为铭、设重、吊丧、小殓、大殓、成服、朝夕奠等礼仪。

如今我们参加追悼会要挂黑臂章，黑臂章的由来就是《礼仪·丧服》中“朋友麻”变化而来的，郑玄注：“朋友虽无亲，有同道之恩，相为服缌之绖带。”所谓“缌之绖带”，就是问丧时挂在身上的布带。而采用黑色，则是引用了西方宗教下葬披戴黑纱的习俗，因此中西合而为一，到民国时期就演变为现在的形式了。由此可见我国的丧葬民俗与社会政治体制相辅相成，具有千丝万缕的联系，是社会一项重要的管理、教化手段和时代的缩影。正如《荀子》中说：“圣人明知之，士君子安行之，官人以为守，百姓以成俗。其在君子，以为人道也；其在百姓，以为鬼事也。”

在中国文化与民俗相互影响，民俗与政治相互作用，政治又与文化相联系，从而形成了一个十分稳固的依存关系，而三者之间的结合点就落实到“孝”这个原点上，则充分体现了中国哲学以“和”为核心的思想。“子曰：‘夫孝，德之本也，教之所由生也。……夫孝，始于事亲，中于事君，终于立身。’”《礼记·祭义》中曰：“众之本教曰孝，其行曰养。养可能也，敬为难；敬可能也，安为难；安可能也，卒为难。”从以上事例中我们充分地领悟到，文化只有深入民众的生活习俗中，才得以不断地延续而具有生命的力量，同时又促进了民俗向更高等级的文明形式转变。所以中华民族一以贯之而得以延绵至今的民间风俗，特别是殡葬的文化传承，《礼记》之功莫大焉。《礼记·郊特牲》：“唯为社事，单出里；唯为社田，国人毕作；唯为社丘，乘共粢盛，所以报本反始也。”追寻先祖坚韧不拔的开创精神，守护人类发祥的神圣净土，回望初始人文之华光，深怀恭敬之心和感恩之情而“报本反始”，以激励后生至诚明德、格物修身之道，就是中华几千年延绵不绝的丧葬风俗的源头，也是“教民化俗”而“凡人之所以为人者，礼仪也”之根本，更是先哲们开启“礼”的终极目的。因此整理、研究、延续和提升中华民族的传统风俗,使之适应当代乃至今后的发展,实为我们义不容辞的责任。

我们的先哲们从一开始就以人性关怀的姿态,对生命的本质及其现象给予了充分的关注,先圣孔子更是以自身的体验来认知生命的本体。孔子在为自己父母建坟时,认为逝者的安葬地应该有一个标识,以便表达后人敬祖的本性,然而在建好后遇大水冲塌,于是孔子泫然流涕曰:"吾闻之:'古不修墓。'"可见圣者也是在不断的反思中充实自己的思想。因而历史需要回望,文化需要溯源,因为人文的初始和文化的初心需要我们不断地关照,我们对民俗与殡葬文化的探索,就是重新认识其本源,不断地反思与思考,并在此基础上发展。所以我们纪念先哲孔子,就是为了表达对文化的敬意。因为殡葬具有的文化内涵,直接影响和指导社会发展的走向,因此应该作为一个文化的现象来深入研究和探讨,并在传续和丰富中华文化的生命核心价值的同时,以更加符合现代文明精神需求的表现形式,推进殡葬产业的转型,而不是简单地全盘否定与僵化地一味推崇。而今天我们倡导生态殡葬、厚养薄葬、文明祭祀等一系列殡葬改革,正是对传统文化核心思想的继承、发展和创新,也是当下社会文明和精神重建的现实需求。

2016 年 7 月

《清明文化散文集》序

中华民族从商周分封天下,到汉唐风流盛世和宋代先进的文化礼邦,一直发展到今天,成为具有世界影响力的大国,历经了数千年漫长的岁月。无论是封建割据的战乱纷争还是外族势力的野蛮入侵,文明的基因始终在华夏大地上孕育、繁衍和充实,由此形成了区别于世界其他地区的文化脉络,延绵不绝,至今仍然保持着特有的生命力。或许得益于对一方土地的眷恋和对自然的情愫,以及对先祖开疆的敬仰,所以才有了我们对节气、节日的浓郁情怀。

节日赋予了中国人独特的生活方式,并凝聚族群的终极情感。文化士人则以"道"的修为,通过其文化情趣的表现,向世人传递一种脱去世俗的人文风骨,而这风骨又为我们民族的节日注入了更加丰富多彩的文化习俗。所以祭祀成为一个民族的特定符号,而清明节就是最富有民族特性的一项重大的节日。

清明作为节气早在周代以前就已经具有了雏形,《周髀算经》说:"二至者寒暑之极,二分者阴阳之和,四立者生长收藏之始,是为八节;节三气,三而八之,故为二十四。"所以可以推断在商周时期农耕水平就已经从粗放式向精耕细作发展,而精耕细作的生产方式必须是以长期稳定的居住族群为基础,这就为中华文化形态的发展确立了社会的范畴。清明正是阴阳与生长之始,也是大地清朗明媚之时,更是人们走出严冬,祈求先祖庇佑苍生,并开始以新的生命形式,向人们昭示心中梦想的时节,宋陈元靓《岁时广记》:"清明者,谓物生清净明洁。"我想取名为"清明",可能是气象时令、农业生产、精神诉求和社会文明的相互结合。因此,祭祖、祈福成为清明的传统活动,清明成为每一个中国人心中的情结,他们用各自不同的方式去表达情

三 陵阙烟雨

感,这又使得清明的内涵获得了更加充实的文化特性。

清明本以祭祀、祈福为主,而逐步引申为具有祭祀、扫墓、踏青、歌咏、插戴柳、寒食赐火、放风筝、荡千秋、蹴鞠、拔河、斗鸡等丰富内容的综合性活动的习俗,则源于上巳节。上巳节形成于春秋末期,开始日期在农历三月上旬的巳日,魏晋以后改为三月三日,早期主要内容为"被禊"。由于"被禊"在河边临水进行,所以老少云集,又值春暖花开之际,自然吸引众人以水为戏。据《荆楚岁时记》记载:"三月三日,四民并出江渚池沼间。临清流,为流杯曲水之饮。"所以才有了后来东晋文人的兰亭雅集,从此开启了文人学子的清明咏怀之风,并创作出大量流传千古的经典艺术杰作,使清明逐步成为历代文人表现其卓然风骨的舞台,从而为清明赋予了一份风雅。南宋的《梦粱录》记载江南的清明踏青盛景为:"车马往来繁盛,堵塞都门。宴于郊者,则就名园芳圃,奇花异木之处;宴于湖者,则彩舟画舫,款款撑驾,随处行乐。此日又有龙舟可观,都人不论贫富,倾城而出,笙歌鼎沸,鼓吹喧天,虽东京金明池未必如此之佳。梦带酒贪欢,不觉日晚。红霞映水,月挂柳梢,歌韵清圆,乐声嘹亮,此时尚犹未绝。"由此可见以清明为主题、以畅怀达意为形式的郊游活动,从东晋开始就形成了江南社会风俗的一大盛况,也使得清明的文化重心逐渐开始向长江流域转移,这完全应该归功于士族文人对世俗节日的积极参与。

中国士夫文人所具有的卓然风骨,构成了中华文化历史脉络的脊梁和东方精神的审美价值中枢,这一带有哲学取向的写意气质,来自于文化士族的灵魂自觉,即以抱道自守的意识自觉,独立思维的文化自觉,自由情趣的生活自觉和不拘世俗的人格自觉,来完成对精神的重塑和对生命的关照。正因为此,所以清明节向世人传递和孕育的社会风尚,以及深藏于其中的文化观念,维系着整个社会的未来走向。在以实现民族复兴大业为目标的当下,我们更应该不时地在前行中回望,去找回我们曾经拥有的自信、从容和淡定。

今年的清明,由浙江安贤园发起并承办,浙江安贤生命博物馆、浙江省历史学会、杭州市历史学会联合主办的《清明文化散文集》征集活动,是对清明这一具有悠久历史的祭祀大节的恭敬与致礼,更是唤起我们文化自觉的再一次尝试,同时也是我们在多年良好合作的基础上开展的又一重要的学术活动。在当今利益驱动的市场中,作为一家从事殡葬业的新兴企业,浙江安贤园和他们当中具有远见卓识的精英们,能如此执着于对殡葬表象下的文化内涵孜孜以求地发掘和探索,且成就不凡,这本身就是充满自信和从容的表现,对此我由衷地敬佩和赞赏。同时也对杭州各高校热忱的支持和社会各界的有识之士积极参与表示衷心的感谢,并由此深感我民族不衰、文化不亡!

是为序!

2013 年 6 月 22 日

三 陵阙烟雨

艺术精湛的陵墓建筑

　　殡葬及其所包含的文化价值是非常宏大和丰富的,它直接深入我们这个民族整个历史文化发展的核心,它是社会形态、文化意韵、精神观念乃至血缘传续的集聚和浓缩。也直接触及我们每一个家庭的内心深处,以至于影响到我们的日常生活,所以我国把"清明"定为国定节假日自有其深远的意义。今天就让我们一起随着墓地建筑的发展脉络走进历史、走进艺术、走进文化,再从中走出,去创造新的文化历史。

　　殡葬及其文化,其实与我们关系密切,然而同时又令人感到十分遥远。可以说我们一辈子都不是为自己而活着,我们为先人而活,为家人而活,为别人而活。我们民族几乎所有的传统节日都是和老祖宗密切联系的,春节古时叫上元节,是和祭祖有关的;清明到汉代叫寒食节,要祭祖扫墓;端午节是为了纪念屈原而形成的,农历七月十五叫"中元节",就是我们俗称的"鬼

少林寺塔林

洛阳关林

节",佛教称作"盂兰盆节",为地狱中众鬼做法事;"中秋节"是家庭团圆的节日,每逢佳节倍思亲,要思念先人,也要祭祀;"冬至"古时叫"下元节",也是祭祖的日子。但殡葬又离我们很远,因为我们无时无刻不在回避它的存在,人们忌讳、规避、畏惧、远离但又无法拒绝它,以至于在人们心中保持了一份神秘的色彩,在社会生活中被边缘化,在学术研究领域也被人们忽视。所以这一充满文化特征、强烈的民族地域属性和独特的社会象征意义的课题,在我国至今还没有较为系统、深入地展开研究,从而制约了殡葬的发展,这不能不说是一大缺憾。

南京明孝陵方城

三 陵阙烟雨

| 217 |

洛阳关林

洛阳宋太祖陵

洛阳东汉光武帝陵

我们在痴迷于追求各民族的文化现象和表达形式时，恰恰忘记了对它所形成的源头开展有效的探索和研究，而殡葬及其表现形式正是文化的活化石，陵墓建筑及其艺术特征正是中华文化核心内涵永恒的记忆。中华民族历史文化源远流长、厚重广博，由于民族的文化特性和饱受战火的摧残，就其建筑艺术来讲，大量留给后人的只有这些久已淡出人们视野，在荒野中寂静地为岁月所摧残的陵墓建筑。我们为西方的大量艺术建筑所震撼，我们也为西方的文明所折服，我们曾经以为我们没有雕塑，没有宏伟的艺术建筑，这是因为东方文明所赋予的深邃博大的文化底蕴和高度成熟的思想体系，早已深深地隐藏在我们生活中的每一个元素中。当你面对一座座帝王陵墓无法想象的浩瀚宏大时，看到那极富艺术表现力和丰富文化内涵的一座座石刻时，你一定会感到一部凝固的史诗和一个神秘的世界呈现在你面前，这就是中西方文化的不同之处。

我国对古建筑开始进行较为专业的调查和研究是从 20 世纪 20 年代开始的，所以中国古建筑研究是一门年轻的学科，它的创始人就是当代著名建筑学家梁思成林徽因夫妇。梁启超先生是当时清华大学国学院四大导师之一，其他三位是王国维、陈寅恪、赵元任。梁先生精于国学，但思想又具现代意识，非常富有远见卓识，当年他有意识地安排大儿子梁思成主学建筑学，梁思成的夫人林徽因主攻建筑美学，另外一个儿子梁思永致力于考古学。梁启超曾经非常得意地说，他的安排在将来一定会对国家与民族做出重要贡献，而且他们所学的专业又相互支持、相互辅佐，一定会大有成就。果然梁思成成为我国一位开创性的古建筑大师，梁思永成为我国卓有成就的历史考古大师，曾参加了殷墟的考古发掘，而林徽因则是一位极富传奇色彩的旷世才女，并参加和主持了人民英雄纪念碑的设计。

梁思成先生认为中国的建筑"发育"于汉代，成熟于唐代（7—8 世纪），臻于完善于宋代（11—12 世纪），然后于明代初叶（15 世纪）开始显出衰老之象。（见梁思成《图像中国建筑史》）从梁思成的分类看，基本概括了中国建筑艺术的历史发展特点，与整个中华文化孕育、发展、成熟和衰落的历史基本吻合。当然汉以前的建筑艺术其实更具有中国文化的哲学审美元素，只是大多已无从对实物进行考证而已。到目前为止能直观地呈现在我们面前的古代建筑艺术，恐怕也只有古代陵墓建筑，所以中国古建筑其实就是一部

洛阳石窟佛塔

殡葬文化的历史,是中华数千年艺术的结晶。

　　以中华文化为代表的东方人文精神,其核心就是对人与自然关系的思考,是以生命为关注对象的生死哲学观。主要来源于对自然天象的探索,对生命现象的追究,对掌控人类生活和主宰人类命运的一种无形力量的崇拜,所以天、地、人及其相互作用、相互依存的关系,发现和认知人在其中的价值及意义,由此生发的精神趣向构成了东方文化的精髓,这就是我们所说的"道"。对"道"的体悟和表述只有通过艺术的形式才能生动地传达,所以东

宋代皇陵

西方文化差异的关键之处就在于目的和对象的不同。西方的艺术是为了表现，而东方的艺术是借助于艺术的表现力来传递一种心源，同样诗赋、散文、绘画、书法、雕塑、音乐等中华文化艺术的一切表现形式，都是对"道"的体察、探求和思考，因此中国的建筑本身就充满了艺术的符号和对生命的体认。

在现实世界中，这一切最后都集中地附着于对待死亡的一种姿态，从而使文化脱离物质的感观认识，达到精神层面的最高境界。所以文化的产生，必须建立在心灵活动对物质和实际生活状态分离的基础上，才会使文化富有丰富的生命力和表现力。因此我们可以说正是殡葬活动的不断提升，才诞生了人类的文化精神。

中华民族的先人们在对"道"的不断体识中，逐步形成了自己的生死观。从万物的生生不息和生死两离中返璞归真地认识到，万物是由简到繁，再从繁归于简，而得出太极生两仪，两仪生四象，四象生八卦的阴阳相生相克、无往不复、无始不终的哲学体系。天、地、人三者构成了世界的基本关系，称之为"三才"。刘勰的《文心雕龙·原道》说："仰观吐曜，俯察含章，高卑定位，故两仪既生矣。惟人参之，性灵所钟，是谓三才。"只有阴阳相合而有三才相通，四象成形得五行相生相克，达到天地合一、天人合一的大和状态，所以《易》曰："一阴一阳之谓道。"天地合一靠人来相通，那么天人合一靠什么来相通呢？这就是"鬼神"。《礼记·祭义》说："众生必死，死必归土，此之谓鬼。骨肉毙于下，阴为野土；其气发扬于上，为昭明。"《礼记·礼运》说："魂气归于天，形魄归于地。"因此"鬼神"是沟通天与人的中介，天命通过"鬼神"向人类传递信息，人又通过"鬼神"求得上天的关照，所以生命的循环是在"和合"中求得顺天应人，正如《易经》中所说："夫大人者，日月合其明，天地合其德，四时合其顺，鬼神合其凶吉。"古人视死如归、敬重生命、逝者为尊、祈福保佑的生死观，正是敬天事人思想在现实中的体现，而墓地的建筑艺术就是在这一文化的指导下产生的。

东汉光武帝墓碑

宋代陵墓

殡葬是一个民族的文化精神的集中反映,我国从远古时期就形成了一定的殡葬礼仪,主要是从殡、葬、祭这三个方面展开,按不同的形制和等级来体现对生命的理解。《礼记·檀弓上》曰:"周人殡于西阶之上,则犹宾之也。"又说:"葬也者,藏也;藏也者,欲人之弗得见也。"但建筑艺术在殡葬领域出现则主要是从墓葬出现以后的战国时期开始,在此之前对逝者的仪式重在祭祀,故墓地地面上的建筑还不为人们重视。《周易·系辞下》记载:

"古之葬者,厚衣之以薪,葬之中野,不封不树。"对墓地的重视主要来源于孔子对"礼"的尊崇,孔子在《论语·为政》中说:"生,事之以礼;死,葬之以礼,祭之以礼。"从而开启了我国数千年延续至今的殡葬礼仪,使丧礼、葬礼和祭礼这三大礼仪成为中华文明重要的支柱,而慎终追远与民德归厚的文化传承造就了中华民族丰富灿烂的文明史。

因此我国建筑艺术的形成与完善是随着文化体制的构建而有序地展开的,而汉以后儒学成为主导整个社会的文化思想体系,基本构成了我国文化艺术的主脉。所以从这个角度来讲,梁思成提出中国建筑"发育"于汉代是有其合理性的。但就陵墓的建筑来讲,墓是其重心,早期的叫作"方上",就是用黄土层层夯实成上小下大的方锥体,这种墓以汉代和宋代为代表;第二种叫作"陵",它是利用山地为坟头,以唐代为代表;第三种叫"宝城"或者叫"宝顶",就是为了不使坟土流失而用石料筑起像城楼样的建筑,以明十三陵为代表。因此随着墓形墓制的变化,中国陵墓的建筑不断完善,形成了以皇家陵园为代表的规模宏大、气势宏伟、艺术精湛、风格鲜明的世界性文化遗产。

墓碑是我国墓文化的一大特色,为书法艺术提供了一种新的传承方式,它首先作为神器或者礼器而广泛地为人们所采用。石碑在我国主要的功能是用于丧葬、祭祀和彰显功德,同时还具有标识的作用。汉代的郑玄注释碑曰:"宫必有碑,所以识日影,引阴阳也。"早期丧葬用的碑是木制的,它的一个作用是在葬礼时作为移动棺木的支柱,《礼记·丧服·大记》说:"君葬用

唐乾陵神道

三　陵阙烟雨

| 223 |

唐乾陵无字碑

辁,四綍二碑,御棺用羽葆。大夫葬用辁,二綍二碑,御棺用茅。士葬用国车,二綍无碑。比出宫,御棺用功布。凡封,用綍去碑负引。君封以衡,大夫士以咸。"汉以前的碑首部分有一圆孔就是穿绳之用,而且大多没有文字。到汉代碑的作用和制式已基本确定,并且具有儒家的教育功能,因石碑经久耐用,与逝者永垂不朽的愿望相联系,因此广泛地被采用。碑的形制是由碑首、碑身和碑趺组成,碑首又有圭首、平首、柱首、圆首和螭首五种方式,主形在汉代非常流行,但很快就消失了。碑的基石为方趺或龟趺,在碑的所有不同形制中,最威严的是螭首龟趺,仅为高层官员所用。大多被用于已故的人,但也有少量的功德碑用于健在的人。

汉代的帝王陵墓从公元前 206 年起,到公元前 8 年止,西汉先后有 11 位皇帝,其中汉文帝的霸陵(白鹿原)和汉宣帝的杜陵(杜东原)建在渭河之南。另外九位皇帝都建在渭河之北的咸阳原上,它们一字排开,长达 50 多千米,从东到西依次为:汉武帝的茂陵、汉昭帝的平陵、汉成帝的延陵、汉平帝的康陵、汉元帝的渭陵、汉哀帝的义陵、汉惠帝的安陵、汉高祖的长陵、汉景帝的阳陵。西汉最著名的是汉武帝刘彻的茂陵和他的爱将霍去病的墓。

唐乾陵无头石俑

北京故宫外墙一景

北京故宫太极殿

三　陵阙烟雨

茂陵位于陕西省兴平东北的茂陵村,距县城9千米,距西安40千米,1961年被国务院定为全国重点文物保护单位。汉武帝在我国历史上是一位雄才大略的皇帝,在他执政时期,强化中央集权,对北方的匈奴连年发动战争,打通了丝绸之路,成为当时空前强大的帝国。汉武帝从他继位的第二年(建元二年,公元前139年)就开始修建陵墓,直到去世前二年才结束,历时五十余年,当汉武帝入葬时,墓上的柏树都已是合抱之粗了。当时汉朝规定每年拿出国家税收的三分之一修建陵墓,可见茂陵耗资之巨。茂陵是汉代陵墓中最大的一座,据《关中胜迹图志》记载:"汉诸陵皆高十二丈,方一百二十步,惟茂陵高十四丈,方一百四十步。"可见规模宏巨。茂陵的封土为黄土夯筑的覆斗形,即前面说的"方上",现在的坟堆高46.5米,底部东西宽229米,南北长231米,外围围墙为长方形,东西宽430米,南北长414米,现墙基仍存。陵园内建有寝殿、便殿、陵庙等祭祀性建筑,陵园外设茂陵邑,主要是为供奉皇陵的人口居住。《汉书》记载:"金银财物,鸟兽鱼鳖,牛马虎豹生禽,凡百九十物,尽瘗藏之。"由于存放的随葬品太多,在入葬时不得不又拿出部分扔掉。

汉代皇家陵墓的建筑,现存的标志性建筑就是作为大门的"阙",这一形式一直保留到宋代,目前发现的四川雅安高颐墓阙非常精美,艺术和历史价值极高。汉阙的形式有很多,它是那个时代建筑符号的缩影和建筑精神的凝聚,是中华门的早期图形和斗拱结构的雏形,它充分表达了当时人们对亡灵的一种信仰。其斗拱、浮雕、立柱及上大下小的结构比例,都具有较高的

西安法门寺

艺术性,并向人们昭示了对神灵的敬仰。《诗经·郑风子衿》云:"挑兮达兮,在城阙兮。"这说明早在商周时期阙门就已存在。"门"在中国是建筑中一项十分重要的部分,也是一种民族文化的象征,所以门的形制在古代有着严格的规定。

霍去病(公元前140年—前117年)。西汉平阳人(今山西临汾),汉代大将军卫青的外甥,汉武帝时封为大司马、骠骑将军、冠军侯。18岁领兵对匈奴作战,曾6次出塞外,一生征战不停,大破匈奴,斩获无数,驱匈奴于塞北而不敢小视中原。霍去病在河西之战中,率精骑一万,势如破竹,横穿五个匈奴王国,转战六日,行程千里,歼敌万人。匈奴曾绝望地唱到:"亡我祁连山,使我六畜不蕃息;矢我焉支山,使我妇女无颜色。"就是这样一位撼世奇才,却在24岁时英年早逝,汉武帝悲痛不已,诏命在茂陵旁调遣十万士兵堆土为山,状如祁连山,其上建墓,并运祁连山巨石雕刻置于墓前,所以当地人又叫它石陵子。霍去病墓宛如一座秦汉风格的石雕艺术园,大量的石雕堆置和排列,并根据其自然形态,运用浮雕、圆雕、线刻手法,轮廓天成,形态生动,层次分明,朴实厚重,给人以粗犷有力和大气精致的美感,在我国雕塑史上享有举足轻重的地位。

西安小雁塔

北京颐和园白塔

三　陵阙烟雨

西安鼓楼

霍去病战功显赫,为汉武帝所赏识,当得知霍去病在前方大获全胜后,汉武帝快马赏赐美酒一坛,霍去病洒酒于泉水中,与军士同饮,此泉后被称作"酒泉"。汉武帝曾赠送一座豪华住宅给他,但是霍去病婉言谢绝说:"匈奴未灭,何以家为?"这句千古名言一直流传至今。

另外还有东汉的皇陵12座,大都坐落在洛阳地区,即北邙山陵区、洛河南陵区和山阳。东汉由于战乱而国力大衰,所以皇家陵园远没有西汉陵规模宏大,但发生了以下变化:第一不建陵庙,第二不建墙垣,第三办公住所建在东边,第四坟丘之前建石殿,以后出现的享殿、献殿等都是在此基础上发展而来的。其他有名的还有惠陵、武侯祠等,这些都比较简陋,规模不大。

汉代乃至更早时期的建筑特点已具有了中华民族鲜明的文化元素,如斗拱、大屋顶、门楼及石像生。皇家陵园的基本格局也开始成形,如汉墓的阙门、寝殿、祭庙、石碑以及地宫。在这一时期的建筑特点已从春秋战国时期的凝重和朴拙,向唐宋时期的神韵灵动发展,创造出光彩夺目的汉代艺术。特别是以汉八刀为雕刻手法的石雕、壁画艺术,更成为民族的珍贵文化遗产。

唐代的陵墓建筑从整体形式上仍然延续了汉代的格局,但经过魏晋南北朝的历史变迁也发生了重大的变化。北魏时期佛教在我国受到尊崇而开始大兴佛教为题材的石窟雕塑建筑,而南朝的细腻文风使得雕塑风格发生了变化,从简朴向飘逸转变,从意象自然向规制化发展。另外印度佛教的浮

唐代佛像

屠与汉代的塔楼相结合为"塔"的盛行,也使建筑在用材方面和结构上呈现多样性、丰富性,从而基本奠定了中华民族的建筑文化格局。

中华文化是一种海纳百川的文化,文化士人具有兼收并蓄的文化心态,从而造就了中华文化的包容性和多样性,雍容大度,包罗万象。因此对待外来文化既保持了自身的独立性,又消化吸纳而不失其本性,更具生命力。

从陵墓建筑来说,我们必须关注的是六朝文化对中原文化的影响。所谓六朝,就是指主要建都于江苏一带的三国时的东吴,魏晋时的东晋,南朝时的宋、齐、梁、陈,六朝文化所处的地理环境和相对稳定的社会状况,使之为中华文化注入了更加飘逸优美和文质俊雅的艺术特色,并影响了我国文化艺术的走向,我们从残存的六朝陵墓遗址中可窥其一斑。

六朝帝王陵墓前石刻艺术品的遗存非常丰富,望柱、天禄、辟邪、角瑞、石狮、麒麟等在继承了汉古朴凝重的同时,又呈现灵动俊美的造型,在整体布局上方位感十分强烈,青龙、白虎、朱雀、玄武图案表明风水已引入陵墓的建设中。其艺术特质无疑受到来自异域的绘画风格的影响,如罗马神韵的立柱,佛教的莲花瓣,以及S形线条和脱离具象的审美空间。

唐代是我国历史上难得的一个发展时期,其政治、经济、文化和军事伴

三 陵阙烟雨

随着国力的强盛而达到一个新的高峰,是一个承前启后和民族大融合的黄金时代,也基本奠定了我国的社会格局、政治体制和文化体系,特别是在建筑风格和布局规制上有了较为成熟的发展。唐代的建筑,首先是城市的格局按里坊进行了划分,整个长安城形成了108个长方形的坊,每个里坊都有大门,这就是我们今天看到的"牌坊"的由来。里坊的坊门大都设在十字路口以供出入,门上既有坊名,又有木牌,所以就叫牌坊。其实这种里坊之门早在春秋时就有,古时叫"闾",为了彰显有功之臣的功德,把他们的事迹刻石或书写木上,并悬挂在门上,形成"表闾"的制度,所以牌坊既有记载地名又有表彰功德的作用。凡柱子上没有屋顶的叫"牌坊",有屋顶的叫"牌楼",我们一般统称为"牌坊"。但是唐代的陵墓建筑大门仍然延续汉代的阙门,并在此基础上增高,气势恢宏,一变阙门为阙楼,这一格局一直到明代才得以改变。

唐代的陵墓经过魏晋南北朝的变迁,已经开始发生了较为明显的变化,在传承汉墓定式的基础上进一步完善和规范我国陵墓的形制。第一是形成坐北朝南的方位格局,北高南低,左右环抱,四象有形。整个陵区布局为一个完整的城市格局,即分内外两城,由门阙、神道、祭坛、献殿和皇城(宝顶)组成,旁边有寝殿及办事用房。第二采用了依山而建,并开山为陵的形式。这样一是采用风水地形的原理;二是增加皇陵的气势;三是出于天人合一的文化理念以及使环境统一和谐;四是为防止以后被盗。

唐代的陵墓最有代表性的是唐太宗李世民的昭陵和武则天的乾陵,昭

唐皇陵

西安大雁塔

陵位于陕西省礼泉县东北,乾陵位于陕西省乾县东北的梁山上。这两个唐代的皇家陵墓之所以重要,一是因为唐太宗李世民和武则天这两位人物对唐代历史的影响力巨大;二是两个皇陵规模宏大、气势雄伟;三是精湛的雕刻艺术和内部的格局规制对后世有巨大影响;四是它们都是建造在山地之上并开山为陵。

昭陵是唐代诸多帝王陵中规模最大的一处帝陵,在这座陵墓中珍藏有大量的珍贵文物,以碑刻、浮雕、壁画等最为有名,1961 年被国务院列为全国重点文物保护单位。昭陵在贞观十年开始修建,离唐太宗驾崩有 13 年,建造也长达 13 年之久。九嵕山海拔 1188 米,山势高峻,气势雄伟,唐太宗曾在此作战和狩猎,便为长孙皇后在此建陵。据说长孙皇后临终前向唐太宗提出希望勤俭安葬,以免劳民。唐太宗特为其撰写的碑文中说:"王者以天下为家,何必物在陵中,乃为己有。今因九嵕山为陵,不藏金玉人马、器皿,皆用土木形具而已,庶几奸盗息心,存没无累。"其实是为掩人耳目而已。

昭陵四周长达 60 千米,面积三十万亩,以陵为中心,呈扇形展开,建有内外二城。内城按南朱雀、北玄武、东青龙、西白虎,两侧有 14 位少数民族首领石刻像及昭陵六骏,在东西宽 17 千米、南北长 10 千米范围内拥有 167 座陪葬墓。

霍去病墓前石刻

昭陵六骏石刻是唐代的稀世珍宝,艺术价值极高,他们由唐代大画家阎立本绘出草图,并写出战马的名称、来历,再由工匠雕刻而成。东面的三骏分别是李世民平定宋金刚时的坐骑"特勒骠",镇压窦建德时的坐骑"青骓"和平定王世充时的坐骑"什伐赤"。西侧的三骏分别是平定王世充时的坐骑"飒露紫",镇压刘黑闼时的坐骑"拳毛䯄",平定薛仁杲时的坐骑"白蹄乌"。

乾陵所在的梁山海拔1049米,有峰三座,北峰较高,南峰为两座小山,东西对峙,状如双乳。内城有四门如昭陵,门外各有石狮一对。朱雀门南有司

霍去病墓

马道(神道),道旁两侧依次有石望柱一对、翼马一对、石马五对、武士像十对、石碑一对、六十一尊藩王像。

唐代的陵墓建筑中的屋顶造型是我国建筑艺术当中十分重要的一个特色,基本奠定了我国大屋顶围廊式的建筑风格,我们从对唐大明宫的复原图形和五台山唐代建筑佛光寺的造型中看到了大唐那大开大合、率意简洁而又充满灵动之气的盛唐气象。巨大而向四周伸展,如大鹏翱翔般地形成优雅雍容和抱合大地的雄伟气象,而两边高耸的阙楼给人以腾起之势,从而主导了人们的视线,使人们的生活行为很自然地隐藏起来,而不像西方用厚重的石材建筑遮挡,从而造就了世界无与伦比的独特的屋顶艺术。唐代的屋顶坡度较小,曲线也较小,给人以疏朗的美感,到明以后则加大了曲线和翘沿,给人以流动飞翔的美感。五台山的佛光寺是 1937 年由梁思成与林徽因在五台山发现的,之前日本人曾断言在中国已没有唐代现存的建筑了,要研究唐代建筑,只有到日本的奈良去。

石狮在唐代的陵墓中出现也是一大特点,它标志着狮子的形象开始与传统文化相融合,并成为中华象征的一大特点。在汉以前主要采用虎的造型,给人以威武雄壮的威严感。传说在东汉时由安息国(伊朗)国王赠送狮子给汉章帝,当时认为其过于凶猛而视之为不祥之物,据历史记载曾发生过把赠送的狮子退还的事。但随着佛教的传入,狮子在佛教中作为护法使者,于是狮子的形象经过艺术化的改造开始进入社会。最早在南朝的陵墓中使用的"辟邪",就是由狮子的形象加上中国化的艺术表现而创造的。到了唐代,在陵墓中已大量地用石狮作为守护者。中国化的狮子造形更多地采用艺术化的手法,以意象的形式表现出来,这完全不同于西方写实的风格,这才有了今天我们看到的中国狮子的形象。

在唐陵墓中还有一项艺术建筑,就是"墓表",后来被人们称作"望柱"。墓表在造型上类似于华表,但与华表在外形和功能上都有不同之处。石柱子上面刻文字,标明为某某人的神道,所以称为墓表。这也就说明了墓表是放置在神道前的。古时又称为"标",就是墓的标志。墓表在早期是为了立标,并用绳子将木板困在柱子上方,板上书写姓名,所以墓表造型的上方有一圈绳纹做装饰。墓表出现的时间早在东汉以前就有,北京西郊东汉时的秦君墓就有墓表,一直沿用到唐、宋、明、清,但明以后华表在陵墓中大量使用而逐渐替代了望柱。

梁思成与林徽因夫妇在山西考察

四川雅安高颐墓阙

　　唐代以后，中国又经历了多年的分裂与战乱，直到公元 960 年后周大将赵匡胤称帝建立大宋王朝开始，中华文明进入了一个更加灿烂辉煌的历史高峰。宋代是我国社会生活高度文明、政治体制开明宽松、文化艺术精湛绝伦的一个朝代，是中华文化发展历史上的巅峰，虽然宋代在中国历史上相对柔弱，但其文明程度在当时的世界范围内为各国所仰慕。

　　宋代的皇家陵墓位于河南省的巩义市南郊，北临黄河，南向少室，东依青龙，西傍伊洛。巩义土地肥沃，地势平坦，景色壮美，风水奇佳，据山河之胜，素有"东都钥匙"之称，又近邻宋太祖的家乡洛阳。相传赵匡胤经过此地，对其绝景佳地大为赞叹，并拔箭一射，转对群臣说："人生如白驹过隙，经须有归宿之地。"箭落处命人以石马定记号为陵。当年随意的一箭，造就了一个朝代的皇家圣地和历史文化的宫殿。中国人挑选墓地非常讲究风水，古时叫"堪舆"。其实所谓的"风水"，讲究的是自然地理藏风聚气合于感受者的精气心神，即一要入眼，二要宁神，三要得气，四要合心，五要通顺，六要随意。所以大清朝雍正皇帝也是有感于易县永宁山一带山灵水秀，是"乾坤聚秀之区，为阴阳和会之所，龙穴砂水，无美不收。形势理气，诸吉咸备"，故另建东陵。如果刻意追求风水，迷信算命，未必得其所，人心合于天地乃为大吉。

宋朝一共有九位皇帝，其中除了宋徽宗赵佶、宋钦宗赵桓死在金以外，其他的七位皇帝都葬在巩义。但是在巩义却有八个帝陵，这是为什么呢？因为宋太祖对自己的父亲赵宏殷进行了追封，也迁葬在巩义，称为"永安陵"，所以有了"七帝八陵"。他们分别是赵宏殷的永安陵，宋太祖赵匡胤的永昌陵，宋太宗赵光义的永熙陵，宋真宗赵恒的永定陵，宋仁宗赵祯的永昭陵，宋英宗赵曙的永厚陵，宋神宗赵顼的永裕陵，宋哲宗赵煦的永泰陵。

宋代皇家陵墓的布局与建筑特色在唐代的基础上形成了更加成熟的形式，各陵的布局都比较统一，所有的八座陵墓都坐北朝南，由两道门阙、众石像生组成的神道、宫城、享殿、陵台、地宫和寝殿按中轴线排列。由于门阙是以土堆积而建，经岁月变幻已无踪迹，其他的遗迹仍可发现。宋太祖在立国之初，为了休养生息，恢复国力，制定建陵从简的政策。并明确规定不得在位时开始建陵，故宋代的皇陵大多是在驾崩后兴建，由于灵柩停放的时间不能太长，一般都是建得比较简易和仓促，这样就大大地减轻了社会的负担。这一点无论怎样都比前朝历代大为开明，再加上重文轻武、以和代战的基本国策，促进了宋代社会稳定和文化的大发展，也造就了中华文明的辉煌成就。享殿后面的陵台采用的造形结构是覆斗式，呈梯形层层垒砌，宫城的东

北京清代砖牌坊

三
陵
阙
烟
雨

西北门分别有石狮一对守门，南门外的神道两侧石像排列整齐，从石望柱开始有象奴、石屏凤凰、麒麟、马、虎、羊、朝臣、跑狮、镇殿将军、传胪等，特别值得一提的是开始以兽形隐喻宋代倡导的忠、孝、节、义的理学观念，以及艺术加工的凤凰浮雕进入皇家陵墓。同时石雕的风格一改过去传承的粗犷、古拙和不加修饰的风格，向精巧、细腻、生动、传神的意韵转变，精致而不失古拙，宁静而不失大气，反映了正统皇家文化伦理与社会文化阶层的融合，无疑是宋代文人对政治体系的渗透和影响，这对以后的艺术风格的演变产生了划时代的意义。

自宋代以后，从总体上说中国的社会体系已现僵化之态，使得文化心境凸显颓废。因而反映在建筑艺术上的变化则是精深、厚重、大气的神韵渐失，而机巧、萎靡、呆板的繁沉风格渐增，当然也不乏精彩之处，如清末受西方影响出现一丝生机，但整体上正如梁思成所说的呈衰老之象。

明代的皇家陵墓由于受多年战乱格局和明代皇家内部的政治纷争影响，所以开国皇帝朱元璋在快要夺取天下时，在自己的根据地家乡安徽凤阳开始建立都城，称为中都。又在距中都城南五千米处为其父建造一座陵墓，但在1421年又迁都于南京。所以朱元璋父亲的陵墓在中都，自己的皇陵建在南京，明成祖朱棣夺得皇位又把自己的陵墓建在北京的昌平，至明灭亡建有13座陵墓，即"十三陵"。于是明代一共16位皇帝的陵墓，一座在南京，建文帝下落不明，景泰帝葬在北京的金山，其他13位皇帝都葬在昌平。明代陵墓的分布特点反映了明王朝在建国之初的战略构想，可能朱元璋确实执行

唐代大明宫复制品

昭陵八骏石刻之一

了一条"高筑墙，广积粮，缓称王"的战略部署，也说明当时反元力量呈三足鼎立之势，元帝国蒙古骑兵的威力仍然记忆犹存，谁也不可小视。但战争的变化瞬息万变，元王朝发生内乱，在较短的时间里退出中原，以致朱元璋能迅速确立胜局，这恐怕连朱元璋也是料想不到的。

朱元璋在中都为父亲建造的陵墓规格十分庞大，完全按一座标准的皇帝陵规模建设，而且有过之而无不及。

中都陵墓据《中都志》和《凤阳新书》记载，全陵区设皇城、砖城、土城三重，立华表、石人、石兽三十六对，御桥五座，神道三里，下马碑八座。而十三陵则是中国古代皇陵中规模最大、建筑最完备、最具艺术特色的陵墓。整个陵区共有十三座皇陵，全部按中轴线排列，北靠天寿山，南面紫禁城，东西有龙虎两小山对峙，入口大牌坊后为长达七千米的漫漫神道，各陵从神道上分支排列，单檐歇山式大红门为正门，后有祾恩殿和方城宝顶。

明陵的建制与前代相比发生了重要的变化，首先是将阙门改为牌坊，作为整个陵区的大门，从此牌坊进入了墓地，作为一项纪念性门庭艺术建筑，其特点是集装饰性、功德性、纪念性、艺术性、标志性和通透性为一体，并聚合中华建筑元素为一身，成为中国园林与建筑艺术和谐统一的重要组成部分。牌坊分为木牌坊、石牌坊和琉璃牌坊三类，大多是由单排柱子组成，加屋顶的牌楼有单檐和重檐之分。但也有例外的形式，如安徽歙县明代许国公的牌楼为八脚牌楼,北京碧云寺的大门是完全用砖砌而不贴琉璃的牌坊。最著名、最高等级的牌坊就是明十三陵的入口处的牌坊,号称"五门六柱十一楼"。

其次一改过去石望柱作为墓地的主要纪念性标志,而采用华表为主的纪念标识。"华表"最早是由舜为了听到百姓的意见而设的"谤木"发展而来的,《淮南子·主术训》中说:"尧置敢谏之鼓,舜立诽谤之木。"《后汉书·杨震传》说:"臣闻尧舜之时,谏鼓谤木,立之于朝。"后来谤木的作用渐渐消失,只起到一种标识作用,称为"表木"。崔豹的《古今注》上说:"尧设诽谤之木,何也?答曰:'今之华表木也,以横木交柱头,状若花也,形似桔槔。……'"再到以后因为木易腐,用石代之。华表由柱头、柱身和基座组成,柱头设一圆形盘,叫"承露盘"。承露盘起源于汉代,仙人托盘承接天露,象征长生不老。承露盘由上下两层莲花瓣相叠组成,中间有一道连珠,盘上立一兽,称为"犼"。柱身雕刻盘龙和云纹,上方横插云板,又叫日月板,华表的基座采用八角须弥座。天安门的前后各有一对华表,前面的一对上面的石犼面朝南,后面的面朝北。朝北的意思是希望君王要经常到民间去体察民情,所以叫"望君出",朝南的是希望不要久出不归而荒芜朝政,叫"盼君归"。

唐代地宫壁画

北京天坛

　　另外中国的大屋顶的建筑风格到明清时已经非常成熟和完整,我们从明清的宫殿和民间的建筑结构中可以看到共分为悬山式、硬山式、歇山式、庑殿式和攒尖式五种形式,依次为不同等级。

　　中国的陵墓建筑的地势、布局、形式、方位、结构、园林以及艺术特色无不渗透和体现了中华文化天人合一的精神内涵,是一项"大和"的完美的再造,就像中国的斗拱一样成为一个完整的组合,缺少任何一个构件就会破坏整体的完美性。所以中华文化就是一个包容的体系,相互之间处于环环相扣、互为联系和互为依托的作用,而不可以任意借用和随意截取,更不能分解。所以我们在对中国文化的认识过程中,必须具备完整、全面的知识层面,才能准确地把握和运用,就像阴阳太极虽简而变化无穷一样,这也正是中华文化博大精深之处。可能很多人认为,西方的文艺复兴所创造的人文思想和艺术杰作改变了整个世界,但是中华文化正是在近两千年的历史长河中发展、融合与创造的,两千年的文化史就是一个复兴的历史,它不但长达两千年引领着世界的文明,而且将改变人类的未来,这就是中国文化艺术的伟大之处。

　　从单个的陵墓来看唐高宗与武则天合葬的乾陵最为完美,从整体来看,则是明十三陵最为精致。十三陵就像一个精美的艺术大园林，天人合一、天地合一，借用天然地理之妙、人工巧合之精，恐怕是天下无二，难怪乾隆皇帝观览后大为赞赏。中国人非常讲究视觉与心灵的感应，形成心与物的交流，达到意象与现实的呼应，因此在设计上宝顶处于中心的最高位置，外围植以大量的松柏，这样使天地处于交融的视觉中，从而产生天与地接壤，神灵在天地之间共生的画面。而不像西方机械的思维方式：为了靠近天国，就不断地把建筑增加高度，就像哥特式的大教堂，高耸入云。中国的艺术审美是在平面中呈现立体，在心灵意境中表达空间，就如中国画以高远、平远、深远的"三远"视觉原则，绘就大千世界的山川丘壑一样，使江河日月跳出了有形的世界，达到无境的精神天地。我们今天领略的只是其中的冰山一角而已。

2012 年清明

守望民族终极生命的精神净土

　　生命起源于自然的机缘造化,而文化来源于对生命的考问,因此人类在生与死的生命形式的转化中,产生了对自然的膜拜与对生命的敬仰,以此影响了人类的社会意识,从而造就了社会历史的发展脉络。民族的文化力决定了民族的生命力,而殡葬文化是否深邃、厚重与广博,则又决定了其文化的力度、深度和宽度。

　　殡葬是社会发展历程的活化石和凝固的记忆,以独特的形式承担着民族文化血缘的传续和维系着社会的道德体系。

　　中国的殡葬具有三千年历史,在社会政治和文化体系的形成过程中起到自下而上的推动作用,并从殡葬礼仪开始深入社会的各个层面,形成了从文化意识、哲学观念、道德伦理、治国思想、政治形态到生活习俗等全方位的社会综合架构,所以周以《周礼》《仪礼》为典制,汉以《礼》和《礼记》为法理,唐代开始更是直接上升为国典,如《开皇礼》《贞观礼》《显庆礼》《开元礼》,宋代的《政和礼》,明代的《明会典》等,皆以殡葬法度为核心,从国家礼制的高度,自始至终贯穿、影响、引导和辐射社会的各个层面。因此殡葬在我国已成为生命崇拜、文化传续、开风化俗、启智教化、凝神聚亲和敬睦知远的开宗立社的本源,从而构成了中华文化的核心思想。一个国家的法制体系,由国法、律法、条例和规定组合而成。国法是国家政体、法理、思想和观念的核心价值,律法是对社会秩序的架构,条例和规定则是日常生活中的行为规范。然而殡葬在当今已从中国古代的国法下降至条例,则说明殡葬的核心价值已经脱离了社会的精神价值、伦理法统和文化观念,这显然是造成了社会的精神缺失的一大关键原因。

　　中华文明建立在山水田园式的以家庭或宗族管理的农耕社会形态基础

上,其自然变化如天时、气候、地理、土壤、水源等环境因素,决定和影响了人们的生活方式,以及由此生活方式形成的主观意识和价值观念,从而形成了表现和影响社会生活的民俗,并形成从习俗、礼俗到文化风俗的发展轨迹。所以人与自然的关系构成了文化起源的基本元素,在对自然(阴阳)、环境(风水)和人(生死)的思考中,形成以自然为基础、以生命为核心的价值观,通过对自然的崇拜、对图腾的崇拜、对神灵的崇拜、对祖宗的崇拜,形成对生命崇拜的信仰意识,从而构成了天、地、人三者合一的哲学观和以孝为核心、以礼为内涵、以祭为形式、以敬为思维的行为准则。由于殡葬文化的属性所在,它自始至终应具有神圣性、庄严性、崇高性和本土性,所以中华文化从一开始就具有高度的精神性、哲学性和伦理性,并且以文化性的方式对自然物象给予了哲学性的表达,即对与生活(精神和世俗)中相关联的物质和用品赋予了生命和情感,并给予意象性的拓展空间,从而使物质成为展现人类心灵意境的一种形式。以此使生命成为一种永恒,并在不同的形式转换中以物质为载体呈现出对世人的关照,从而构成生生不息、往复循环和聚合嬗变的哲学观。因此整个中华文化史就是一部哲学史,而浓缩着中华文化价值观的殡葬及其风俗则是中华文化构成的基本元素,因此殡葬其实就是一项浩大的精神工程,具有厚重广博的文化内涵和丰富繁多的表现形式,完全有必要建立一门"殡葬学"。所以当我们在经营殡葬时,其核心就是必须沿着文化精神这条主线开展,即所有物化的现象都必须以精神性的文化意识向社会传递生活的价值观念,而不是反其道而行之。

然而当代国内殡葬业,因多种文化交错而导致中国数千年绵延不绝的文化体系与生态格局混杂无序,乱象丛生。其一,因文化的缺失把殡葬作为商品采取纯市场化的商业经营;其二,因精神的缺失把生命及其外在的存在形式用物质化的思维模式来对待;其三,因道德的缺失而把对待生命的态度当作一种题材来炒作;其四,因信仰的缺失而用行政化的管理思维看待生命的终极。殊不知殡葬行业具有文化传承、社会规范、道德指向、生活形态和精神价值的综合属性,涵盖哲学意义、民族特性和社会导向。因这四大缺失,导致了当今殡葬业方向性的迷茫,也因为我国社会正处于一个特殊的转型期,致使殡葬与文化的导向发生了分离与错位,更因为殡葬至今在国家民族振兴发展的总体战略中地位的模糊与弱化,更助长了因政策法规的缺乏导致急功近利的经营方略充斥于殡葬市场。究其根本原因：一是文化与殡葬的分离，如研究殡葬的文化学者不参与殡葬经营，经营殡葬者不懂殡葬的文化意义；二是只关注骨灰或遗体的物质属性，着眼点放在如何进行物理处理的方向上，如拘泥于面积、空间、碑形、时间、葬法、造型、降解、处理等形式。

一、经营目标从传承性向市场化转变

目前社会殡葬业发展虽较十年前已有了较大的转变，但在这一转变中，由于民营资本的进入和社会以所谓的市场经济为导向，以及政府职能部门的行政化划分，其监管的法律依据简单化等因素，文化已作为营销的一种手段，政策导向已作为一种宣传的包装，经营体系只是普通商品经济的运作方式，其核心目的其实只是市场经济初级阶段的经济利益最大化和效益单一化。殡葬不是单纯的商品，也不是市场经济下的产物，它是生命的一方净土，是生命的终极归宿，是人类不会迷失自我的精神家园，更需要人们对它深怀一颗敬畏之心。因此它自身也需要社会多层面的呵护与关怀，而不是在经营中只注重短期经济效益，忽视或无法理解殡葬行业的社会主导性、精神导向性、文化传承性。大量的促销宣传，价格的欺诈意识，过度的产品包装，以及充斥市场的五花八门的营销手段，使殡葬成为一种牟利的方式。

二、宣传导向从神圣性向娱乐化转变

殡葬喻教化、传道、达礼、致情、敬宗于一身，是一个民族和国家神圣的大事，所以《礼记》中说："国之大事，在祀与戎。"在中国五大礼仪中，殡和葬属于凶礼，祭则属于吉礼，因而在整个文化价值中又处于不同的位置而承担了不同的道义。故"殡"主情，此时逝者在人们的心目中还是自己的亲人，主要通过哀情来表达亲人不要离去的期望；"葬"主位，这时人们知道亲人已经离开了我们，由人转为鬼，则希望以哀素之心，侍奉逝者到归属之位；"祭"主敬，此时逝者已成为神灵，则必须要以虔诚之心和敬仰之情来表达敬意，以保佑苍生。所以子曰："鬼神之为德，其盛矣乎！视之而弗见，听之而弗闻，体物而不可遗。使天下之人齐明盛服,以承祭祀。"(见《中庸》)《礼记》也说:"祭不欲数,数则烦,烦则不敬。祭不欲疏,疏则怠,怠则忘。"(见《礼记·祭义》)其目的就是要保存一颗神圣的敬畏之心。敬畏之心要以静穆的态度、庄重的行为、慎重的方式、恭敬的心态和中和的语言来表达,而敬的根本则是"孝","孝"又从三个层面为人们确立了应有的责任,这就是《孝经》中所说的:"夫孝,始于事亲,中于事君,终于立身。"同时更是上升到道德与治国的政治高度,正如《孝经》所言:"居上而骄则亡,为下而乱则刑,在丑而争则兵。三者不除,虽日用三牲之养,犹为不孝也。"并以言传、身教、立文、达礼的形式向后人传递人文的精神和道德的规范。但是当今为了达到经济目的,以此为名,牵强附会、猎奇招揽、巧立名目、随意操作的行为大量出现在人们的视野中,破坏了殡葬的禁忌和生命的尊严。如名目繁多且不分时间、不分地点、不分场合的各种以纪念、关怀、公益为名的宣传活动,以及以价格、面积、宗教、环境等制造社会舆论,以达到背后的商业目的。殡葬需要社会的一份尊重,需要一个良好的环境,更需要一份冷静与坚守。

三、民族本体从精神性向普世化转变

由于中华民族起源、发展的过程中与特殊的地理环境相互作用,相互依存,其文化的生发源自于天地自然与族群生活形态的和谐共处,并在宗族形成和王道天下的聚合过程中,产生了早期中华民族文明的智慧之光和文化体系的思想基础,这就是我国历史上一部重要的典籍《易经》。《易经》是中华文化的哲学根源,从历史发展看,中华民族的文化观皆以易理为源泉而取象于不同的视角,如老子取其阴阳之道,孔子取其君臣之道,荀子取其用法之道,墨子取其德惠之道,鬼谷子取其诡异之道,孙子取其奇正之道,而殡葬则成为正本清源、神灵聚合之所。《易经》以天地为乾坤,日月为阴阳,人性为性灵,奇偶为机缘,蒙养为道始,尊受为开悟,以达天、地、人和合相生。而人之所生,灵之所启,天地亦须人之通和,方得通达。因此知生命所由来,感天地之关照,敬宗祖之肇起,更应对自然保持一份崇敬,对生命保持一份尊严。

何谓正本清源?族群有所归依为本,精神血缘之所出为源,因此中华民族以天道（王道）为本，社稷（国家）为源。天道即易变之乾坤阴阳，乾为天为阳，地为坤为阴，而阴阳相合则天地清明。阳生气而为精，阴聚水而为土，阴阳聚合，则生命由此诞生。天地（宇宙）和合则万物滋润，而和合之关键在于人，从而构成了中国文化的基本元素，即性灵所钟之"三才"（天、地、人），正如《易》曰："天行健，君子以自强不息；地势坤，君子以厚德载物。"落实到殡葬祭祀的核心就是对天、地、社稷、宗祖、山川的敬奉，所以此五祭为中国历代之大祭。《礼记·礼运》说："故先王患礼之不达于下也，故祭帝于郊，所以定天位也；祀社于国，所以列地利也；祖庙，所以本仁也；山川，所以傧鬼神也；五祀，所以本事也。"何谓社稷？为什么社稷成为家国的概念？明尚书张筹考证："按《通典》，颛顼祀共工氏子勾龙为后土。后土，社也。烈山氏子柱为稷。稷，田正也。唐、虞、夏因之。此社稷所由始也。"（见李媛《明代国家祭祀制度研究》）《山堂考索》曰："'社为九土之尊，稷为五谷之长，稷生于土，则社与稷固不可分。'其宜合祭，古有明证。请社稷共为一坛。"（见李媛《明代国家祭祀制度研究》）根据以上世界观，确定了人、鬼、神各归其位又相互关联的原则，并形成了中国特有的土葬。因此土地对中国人来说是情感的归属、精神的寄托和宗祖的朝拜所向，是整个文化脉络、精神趣向的归源地和价值核心，所以"视死如归"的"归"，就是回到自己来的地方之意，故《礼记·礼运》说："魂气归于天，形魄归于地。"以形成从开始到结束，从天地中来，又回到天地中去的生命轮回。"道生一，一生二，二生三，三生万物"而又"万宗归一"。因此古人认为人死后其阴阳分离，阳气即"魂气"上升归天，阴气即"形魄"应下沉归于土。所以对逝者的尊重应该通过"礼"的行为使之各归其位。礼则通过仪式来向世人专递文化的要素，因此著名学者沃尔森认为，礼仪的规范化是创造并维护统一的中国文化的主要因素。然而由于文化的断裂与污染，价值体系的崩塌和人文精神的游离，以至于殡葬所具有的文化传承性不得不从属于以金钱为第一要素的市场商品经济，从而在殡葬界发生诸多反文化、去文化的行为与导向性的偏差，因此当代殡葬行业更应该在殡葬领域承接起传承民族文化、引导社会正确发展的重任。

四、值得商榷的几个问题

1. 厚养薄葬

由于社会传统习俗中对殡葬的重视,在实际操作中因过于形式化,而造成在现实生活中为了体现孝道,对丧葬事宜大操大办,过度铺张浪费,并成为百姓的一种负担。同时也反而忽视了对老人生前的赡养和关照,因此一直以来政府大力倡导厚养薄葬的新观念,希望以此改变陋俗,形成文明的新风俗。其实这也反映了中国文化在传承过程中的一种精神的缺失和价值观的迷失,因为古人宣扬和倡导的孝道,是一种对生命全方位的身心关怀,更是在对孝的宣扬中,修炼人生品质,树立人生的正确价值观。什么是孝?孔子说:"孝子之事亲也,居则致其敬,养则致其乐,病则致其忧,丧则致其哀,祭则致其严,五者备矣,然后能事亲。"(见《孝经·纪孝行》)进而上升到"居处不庄,非孝也;事君不忠,非孝也;莅官不敬,非孝也;朋友不信,非孝也;战阵无勇,非孝也"(见《礼记·祭义》)的为人处世的品德的高度。如何在生前尽孝呢?曾子说:"孝子之养老也,乐其心,不违其志;乐其耳目,安其寝处,以其饮食忠养之,孝子之身终。终身也者,非终父母之身,终其身也。"(见《礼记·内则》)对父母尽孝,其实就是对自己的一项道德修炼,"教以孝,所以敬天下之为父者也。教以悌,所以敬天下之为人兄者也。教以臣,所以敬天下之为人君者也"(见《孝经·广至德》)。可见孝是在日常生活中自始至终应该恪守的行为准则。殡葬礼仪是对生命的一种终极的关怀,是对生命尊严永恒的追忆,更是对道德文化的一种教化与传承,因此厚养可矣,薄葬不该。按照中华传统文化思维,应该是赡养、慎葬、重祭。慎葬包含了对逝者的关怀、不舍和追忆,也是孝之所在的终极关照。至于办理丧事耗费财力,增加负担,更不是传统文化的导向所在和礼之初衷,因为殡葬礼仪重在尽心,故达情、量财、尽孝才是根本。孔子与弟子子路曾经有一段对话,子路问:"伤哉,贫也!生无以为养,死无以为礼也。"孔子说:"啜菽饮水,尽其欢,斯之谓孝。敛手足形,还葬而无椁,称其财,斯之谓礼。"(见《礼记·檀弓下》)

2. 遗容瞻仰

中国的殡葬文化中，"殡"是开始，因为亲人刚刚离去，家人陷入亲离子别的悲痛之中，所以《礼记·檀弓下》说："丧礼，哀戚之至也。节哀，顺变也，君子念始之者也。"同时又要为后面的安葬祭祀等一系列礼仪留出时间做准备，所以古人为"殡"设计了套程序，主要有适室、复、设帷、吊丧、沐浴、饭含、袭、设重、小敛、大敛、成服、出殡、大遣、入葬、反哭、虞祭等。在这段时间里以不同的礼仪来完成逝者生前各种关系的情感表达。如《礼记·檀弓上》："始死，充充如有穷；既殡，瞿瞿如有求而弗得；既葬，皇皇如有望而弗至。练而慨然，祥而廓然。"在殡的过程中最重要的就是要体现对生命的尊重和敬仰之情，其中特别重要的一点，就是不能在大庭广众之下暴露遗容。中国文化理念中对逝者的遗容暴露是最大的不孝与不敬，所谓暴尸、掘坟、弃尸等都是最犯忌的，并为道德所不容。所以在人逝后首先就是设帷，即在帷帘中为逝者洗浴、梳妆、穿衣、整容，而吊唁者不得进入帷帘，这样使逝者保持了一份尊严。1942年八路军战士张思德牺牲后，举行了追悼会进行吊唁，这种吊唁形式在毛泽东的倡导下推而广之，成为现代追悼会的雏形。追悼会这种简单易行，又不失生命关怀的纪念方式，既保持了中国文化传统，又在艰难条件下易于实行，实是一种有效的方法。但是在国泰民丰的和平时期，则于礼不合而丢失了文化的精神。特别是现代在追悼会上的遗容瞻仰，更是有违传统道德，也是对生命的不敬。应该在继承传统守灵仪式核心观念的基础上，采用现代文明的抒发情感的方式，以传续和发展民族文化，展现时代的人文风尚。

3. 海葬与江葬

中国丧葬文化的发展，也是在文化的构建过程中，经过一个不断完善、不断丰富和不断深化的漫长演变过程，特别是安葬的制式从上古时期的不封(坟)不树(碑)，到汉唐时期形成中华民族文化礼制的封土筑陵，到宋元时期的陵墓定式，形成了一整套与政治文化相统一的完整、规范并且等级森严的前殿后寝格局。我国著名建筑学家梁思成将建筑风格的演变定义为："'发育'于汉代；成熟并逞其豪劲于唐代；臻于完善醇和于宋代；然后于明代初叶开始显出衰老羁直之象。"(梁思成《图像中国建筑史》)这一定义虽然是

三 陵阙烟雨

从建筑艺术的视角考量,但艺术与文化、经济、政治乃至社会的走向相关联,因此基本与中国文化的发展脉络与精神趣向相一致。因此自1949年到20世纪90年代,处于在文化废墟上的摸索与文化复兴时代。这里要提示的是复兴不是重建,复兴是在承袭原有文化精神脉络基础上的再次起飞,因而它是中华民族的再发展。重建则是在原有废墟上按照现实社会的观念重新构建,只是再建过程中自觉和不自觉地吸收了残存而零散的原有文化元素,因而不具有承接性,因此不属于同一个文化体系。因此今天在中华民族伟大复兴的进程中,继承、弘扬和发展中华民族优秀的文化应该成为文化精神的核心体现,而殡葬文化则应该成为这一核心的主导。

因此当代殡葬改革的方向应立足于始终把握和贯穿民族文化的核心精神,以适应现代生活形态和社会发展方向为形式,在回归中向更高的形式发展,而当前倡导生态葬这一形式正是从土葬到火化,再发展到回归自然又高于自然的殡葬革命。但是我们在殡葬改革过程中,应清醒地认识到文化发展的这条脉络与走向,因而理论与文化应该先行,从而引导殡葬事业的健康发展,使殡葬的文化属性和精神导向不至于发生逆行与错位,从而导致文化的污染与精神的沙漠化。例如海葬、江葬就值得商榷。

首先海葬、江葬与民族风俗相抵触。文化是独立于物质现象的社会性精神活动,并通过物质形式来表现和作用于世俗,从而形成民族的风俗。同时民族的风俗又作为文化繁殖的温床,并在文化的作用下得以影响世风,而依赖于民俗的殡葬则必须与民族的风俗保持密切的联系,才能向社会传递人文的教化作用,所以古人"君子行礼,不求变俗"。因为"修其教,不易其俗;齐其政,不易其宜。中国、戎夷,五方之民,皆有性也,不可推移"(见《礼记·王制》),故皆知尊俗而因势利导之理。因此海葬、江葬与中华民族数千年形成的承载着文化导向的民俗所尊崇的魂归大地的思维有违,故强推之则与民俗不符。

其次海葬、江葬在中国带有凶葬的观念。凡因暴病、凶死及夭折者,以其灵魂不安易给后人带来晦气,故不能归葬于宗祖之地,或易地而葬,或抛尸江河,让魂魄逐流而去,以免为祸乡里。《礼记·檀弓上》也说:"死不吊者三:畏、厌、溺。"其中溺死者因不洁而不前往凭吊。藏族有天葬和水葬,但"也认为乞丐、孕妇、凶死者或患麻风病、传染病而死的非正常死亡者是极不干净之人,对他们实行水葬的目的不是让他们升天,而是对他们进行惩罚"(见《中国民俗通志》)。

再则海葬、江葬与中国社会安定思想相违。中国文化意识中的鬼魂观与社会安宁有直接的关系,认为战争祸民,无道殃民,厉鬼扰民。所谓厉鬼,就是居无定所的孤魂野鬼。《春秋传》说:"鬼有所归,乃不为厉。"在《周礼》中有祭厉的祭祀内容,并列于七祀之一。(见《祭法》)认为人死后,其魂魄有所归,方不为厉害人。秦蕙田《五礼通考》曰:"帝王治天下,建宗伯,秩三礼,俾神人上下,无一不治且和。虽鬼之不得其所者,亦恻然有所不忍,而思以慰之,俾有血食以安其类,其义固深且远矣。"《明集礼》卷15祭泰厉文说:"此等孤魂,死无所依,精魂未散,结为阴灵。或倚草附木,或作为妖怪,悲号于星月之下,呻吟于风雨之时。凡遇人间节令,心思阳世,魂杳杳以无归,身堕沉沦,意悬悬而望祭。兴言及此,怜其惨凄,已敕天下有司依时享祭。"于是明太祖朱元璋为天下安宁计,乃下令由朝廷集中安葬。历史上的义葬,即是由好心者义务出资为暴死在外的无主逝者进行安葬的活动。而海葬、江葬以尸体或骨灰撒海、撒江的方式,使灵魂不至于随波逐流、死无定所。

另外海葬、江葬与乡情和爱国主义教育有违。在中国文化中,植入中国人血脉之中且至死不渝的对家乡、故土充满的依恋和深情,使叶落归根、衣锦还乡、光宗耀祖、荣归故里、造福家乡等思想构成了中华民族对家国热爱的情结。故古人对后人与宗祖的关系有严格的要求,如《礼记·曲礼下》说:"祭祀之礼,居丧之服,哭泣之位,皆如其国之故,谨修其法而审行之。去国三世,爵禄有列于朝,出入有诏于国。若兄弟宗族犹存,则反告于宗后。去国三世,爵禄无列于朝,出入无诏于国。唯兴之日,从新国之法。"

近代大量华人移民海外,但他们仍然秉承了中华传统文化的观念,咸丰八年(1858)由在美华侨成立的番禺昌后堂文献中就有记载:"旧金山距离中华二万余里,自美邦拓土以来,以地产金矿,加意招徕,华人遂趋之如鹜。期间壮心未遂,赍志以终,魂未归乎故乡,骨长埋于殊域,望断家园之路,悲深寒食之时者,不知凡几矣。凡有触于目,实怆于怀,故我番邑于咸丰八年(1858),爰集同人,倡建为昌后堂。特设规条,凡梓友满载荣归者,每捐洋银十元。殷富者,随意加捐。敛资雇工,搜捡遗骸,运回故土,俾安窀穸,永享蒸尝。"(见叶汉明《东华义庄与环球慈善网络:档案文献资料的印证与启示》)可见实行海葬、江葬将造成对故土情怀的淡化。

同时海葬、江葬与中国传统文化中对待生命的价值观不符。在中华民族的文化意识中,始终站在形而上的哲学高度来认识,所有的物质生活形态经过文化的干预,都成为一种意象和凝固的心灵诉求。因此在殡葬中则以"事死如事生,事亡如事存,孝之至也"的观念,即以生命永恒的思维和灵魂不灭(物质不灭定理)看待生命,所以国人把死亡叫作"去世""亡(离开)""夭折""驾崩""仙去",故殡葬的目的是寄托亲情、恩情、养育之情和尊崇生命。在亲者心灵深处所感受到的遗体、骨灰都是鲜活的生命和与自己血肉相连的先祖魂脉,而不是单纯的物质。因此《葬经注》中说:"父母骸骨为子孙之本,子孙形体乃父母之枝,一气相荫,由本而连枝也。"(见《葬经·内篇原注》)蔡季通曰:"生死殊途,情气相感,自然默与之通。"(见《葬经·内篇原注》)因此海葬、江葬在中国人心中就是对先人灵魂的放逐与丢弃,在我们深层意识中感受到的是横尸江海、死无葬身之地的伤痛。江河湖海,是我们生命的源泉,是心灵的一方净土。我们应该精心地去呵护,并创造一个洁净、清明、生态的环境,这份纯净不单是物理和生理的纯净,更应该是心灵的纯净、精神的纯净、文化的纯净、情感的纯净。因此在现实生活中,虽然我们对逝者生前的嘱咐应该尊重,也赞赏他们的勇气,但是不应该推广和宣扬。

殡葬是生命神圣的殿堂,是文化的终极指向,所以世界各国对待殡葬都保持了一份冷静、庄严与神圣的态度,对待海葬和江葬也始终抱着谨慎的态度,把殡葬作为一个民族的文化、观念、精神、情感的延续和凝固,并精心守望这片净土。无论是发达的文明国家和希望发展的落后国家,从没有像我国当前这样大力倡导海葬、江葬。而且我国以大陆为主,海葬、江葬只能在局部地区实行而不具有普遍性,故不具有推广的价值和意义。

五、走向民族复兴的殡葬发展方向

一个民族要强盛,其民族的文化必须复兴,而复兴中华民族文化的核心,应该是在追寻远古文明之光的同时,系统地梳理其文化的脉络与隐藏在其中的精神脉络,并以此构成今天民族的脊梁,并以现代文化意识的文明态势去丰富、完善和发展。追寻文明的初始,报本反始,理解文明之本意,就是不忘初心。何谓文明？体现在殡葬方面,生态葬就是远古文明之始。中国文化作为一项人与自然和谐相处关系的学问,发源于赖以生存的土地,并以天文、季节、土地和山川形成其文化的基因,故十分注重对自然的尊崇、敬畏与朝拜。远古时殡葬就实行"不封不树,葬之中野"的方式,以保持对自然与神灵的一份敬仰。《说文》段玉裁注说:"冢茔之地,孝子所思慕之处。"因此对宗祖之地不可不敬,所以要有标识。因此汉仲长统《昌言》说:"古之葬者,松柏梧桐以识坟也。"这就是生态葬的依据。孔子开了影响后世的建坟造墓的先例,《礼记·檀弓上》记载:"孔子既得合葬于防,曰:吾闻之:'古也墓而不坟。'今丘也,东西南北之人也,不可以弗识也。于是封之,崇四尺。孔子先反,门人后。雨甚,至。孔子问焉,曰:'尔来何迟也?'曰:'防墓崩。'孔子不应。三,孔子泫然流涕曰:吾闻之:'古不修墓。'"从而开启了长达二千余年的殡葬格局,以至于豪华大墓之风愈演愈烈,虽有魏晋、宋明及1949年后的严令禁止和移风易俗的大力倡导,至今不绝。因此我们在继承民族传统文化时,应该对传统文化进行系统的梳理,并逆行而上探其源头,去伪存真,从中发掘其文化的根源与真谛,并在继承的基础上赋予时代精神的意义。所以殡葬的回归就是从生态开始,以承接中华文明之光。文明就是文化的昌明,就是发掘、研究和整理长期隐藏在社会生活形态和民族血缘中的文化基因,并使之成为指导和掌控我们生活方式、适应新时代的新特性。殡葬要主导并干预社会价值观念的发展方向,应立足于以下几点:

1. 文化构建

在政府主导下,立足于中华文化的源头,通过民风民俗的传播途径,建立起集整理、研究、传播、教育、普及、指导、开发、管理、运作于一体的"殡葬学"理论体系,以此指导国家殡葬政策与管理思维。

2. 道在民间

在政府的监管下,培养以民间实体经营为主体的殡葬服务和殡葬文化机构,并整合公益性质和经营性质的经营体制,以具有现代管理规范的市场运作机制的文化产业主导殡葬市场,并承担社会公益责任,由此形成承载人文历史、传递教化文风、凝聚民族意识的文化经济。

三
陵阙烟雨

3. 生态主导

大力推广全生态概念(不保留骨灰)的树葬、花葬、草坪葬和森林葬等安葬方式,让殡葬回到文明的初衷,让逝者的生命回归家乡大地,永远庇佑着后辈,并通过园林化、艺术化、小型化、分散化的形式,建立起以地域分布为特点、集团化统一管理为体系的殡葬管理体系。实现经营的市场化,管理的现代化,设计的艺术化,产品的生态化。

何为生态?生态不是绿化,而是根据自然环境与植物生存条件构成的由关联树种、植物所形成的生态链。其中要认识到草地与树木的关系,因地球生态结构是根据海拔与纬度而形成的由针叶林、阔叶林、灌木林向草原、沙地的退化,因此草地是生态弱化的一个重要标识,而大面积地用草地构建园林是当今陵园设计的一大误区。

生态体系与艺术园林相结合是未来陵园发展的方向,生态注重的是植物与植物间的关系,园林注重的是水、木、石三要素的取舍。只有用文化的观念引导,才能使两者形成完美的统一,而不同的文化各有自己的审美观,因而保持文化的纯粹是生态陵园的核心价值。

4. 教民化俗

以丰富宾仪礼节、穆行简化安葬、强化注重纪念、尊崇记录恩德为导向,从而达到教化于民、改变世风、传续文明的社会作用。丧、殡、葬、祭四个环节构成了殡葬文化的整个过程,其目的在于用情、立节、知敬、教化,并在不同的环节发挥不同的作用和为后面铺垫。因其作用不同,所以表达的形式相异。在丧、殡、葬、祭四个环节中,祭是殡葬文化的重心,殡是殡葬文化的关键,殡不举,情不彰;情不彰,敬不力;敬不力,心不正。所以殡的运作滞后,则必将阻碍葬、祭的功效发挥。

5. 价格推动

推动殡葬发展应将市场和政策、法规、标准等相配套,利用价格杠杆主导发展方向。坚持以经营支持公益,以传统墓支持生态葬,以高价墓支持低价墓的原则。

6. 发展脉络

以民族文化及其所呈现的精神取向为主线,以释放人性关怀和亲情孝爱为形式,以传播社会道德和生命价值为核心,沿着生态园林、艺术墓园、纪念公园的发展脉络,营造生命的精神家园,为后人留下丰厚的文化精神财富,实乃功德之举,千秋之业。

2016 年 2 月

三 陵阙烟雨

现代殡葬与传统风水学

1988 年 1 月,诺贝尔奖获得者云集巴黎,会议主题为"面向 21 世纪",结束时,汉内斯·阿尔文博士从其等离子物理学研究领域的辉煌生涯,得出以下结论:"人类要生存下去,就必须回到 25 个世纪前,去汲取孔子的智慧。"两千多年前我国春秋战国时期,面对社会的剧烈变化,一大批先贤们以生命的本质为出发点,站在人类社会发展的高度,对人与大自然的关系进行不断的探索与追求,并在此基础上把整个宇宙看作一个完整的生命包容体,以生命的形式动态地在变化中发展,且相互作用而形成变化万千和充满生机的多彩世界,如《葬经》有曰:"盖生者气之聚,凝结者成骨,死而独留,故葬者反气入骨以荫所生之法也。"其原注曰:"乾父之精,坤母之血,二气感合,则精化为骨,血化为肉,复籍神气资乎其间,遂生而为人。"这与世界其他民族和文化产生了认知上的差异,这种极高明的哲学思维,

安贤园山水

使得中国文化因具备极大的综合性而拥有无限的生命力,并涌现了像老子、庄子、孔子、墨子、孙子等这样的一大批文化圣者,他们剖析宇宙生命的奥秘,共同创造了中华民族的独特文化精神,其思想与智慧影响了我国两千余年的历史。

进入后工业时代,科学的发展遭受到越来越多的质疑和阻力,迫使人们不得不改变原有的思维定式,对各种文化的源头进行梳理,以求从中找到或者回归人类在发展过程中的正确道路,中华文化就是他们关注的一个重点。中华民族文化内涵悠久博大,用超脱的精神状态去研究自然空间的万千变化。其工程浩大、系统繁杂,但又具体表现在各个方面,风水学就是人与自然关系的一个侧面反映。

一、风水与传统文化

中国的风水学说来源于中国先民以农耕为主要生产方式的族群生活,中国先民经过长期对自然现象的切身体验及观察思考,因生死现象产生了对自然的崇拜,并逐步形成风水学说。风水学说以我国早期一部十分重要的理论著作《易经》为源头,并经老子、庄子、孔子等宗师阐发而构建了思想体系,受宗教、巫术、谶纬等影响,经历代加工,逐步形成完整的风水理论。它集中体现了中国传统文化的精神状态和生活观念,也可说是各种思想流派共存的黏合剂。风水学中的基本要素,如阴阳、五行、八卦等均可在诸子百家的论述中寻到踪影。

风水者,阴阳易变矣,易曰:"天尊地卑,乾坤定矣。卑高以陈,贵贱位矣。动静有常,刚柔断矣。方以类聚,物以群分,吉凶生矣。在天成象,在地成形,变化见矣。"因而为风水学奠定了基本的思维空间。老子在《道德经》中则说:"道之为物,惟恍惟惚,……其中有象……其中有物,窈兮冥兮,其中有精;其精甚真,其中有信。""道"就是自然规律,"一生二,二生三,三生万物",何为三? 天地人也。三就是综合,这就是"精",其"精"为核,故气聚之为精,而"精"有信,即"灵",也就是我们所说的灵气与灵性,即宇宙之初处于混沌的状态,因交合而聚之为气,气分为二,升之为阳,沉之为阴,万物生矣。自然规律可以造福人类,也可以给人类带来灾害。只有为自然规律所支配,并在自然规律的控制下对其合理利用,世界才会安宁。一切违背自然的现象和事物都是反规律的,都具有破坏性,因而也必然为人类带来隐患,而且这隐患越是滞后,越是隐蔽,则其破坏性越大,因为所有违背自然规律的现象都必然会为自然所报复。庄子清楚地看到阴阳之气的关系,认为"阴阳者,气之大者也"。阴阳相合,其大无比,阴阳相分,其形则散。而孔子则从社会的层面深入理解风水的作用,并为风水学注入了人性化的基因,使天地之间人所发挥的作用得到了进一步的确认,因此也更加具有指导意义,故为后世所尊崇,其观点如"三纲五常""宗族制度"等树立了人类社会所应该遵守的规则及伦理道德。孙子更是把风水理论运用到实战中,其兵法关键在于因势而动,因形而变,因机而谋,可说把风水运用到极致。先秦诸子的很多观点都可在风水学中找到印迹,风水是诸子百家研究探讨天、地、人之间相互关系的一个侧面。

春雨安贤

安贤园爱与孝雕塑

二、风水与社会关系

古人将风水学作为确立社会体系的准则，并且归纳到社会关系及其等级制度上，以体现内圣外王之道。同时也把易变精微之象引升到道德的层面，体现了中华民族在发展过程中人与人、人与自然的对立统一，再现了当时特定环境的政治与经济关系。从远古时代开始人们在从事社会活动的过程中，就非常重视对环境地理的研究，充分利用地形、地势为人类活动服务，城市的设计、村落的选址、房屋的构造、经济的生产都有机地与天时、地利、人和相协调。天然而成的山形地貌护佑了我们的生活，就像一条龙脉盘踞。就其关键就是对生命的尊崇，对逝者的崇敬，对自然的敬畏。认为生死殊途，情气相感，枯骨得荫，生者受福，事死如事生，故安葬于山峦环抱的清幽之处，居于龙脉之位，既有庇福子孙繁荣的美好愿望，又与可耕之地不相挤占，还能不干扰人们的生活环境，这充分体现了先人对环境的重视。

远古时期社会的平民意识较强，表现在丧葬意识上，就是淡薄从简，尊而不贵。《礼记·檀弓》云："古者墓而不坟"，"不封不树"，就是深葬而不封土堆。无论地位的高低，皆一视同仁深埋于地下，这也和《易经》中阴阳之说的"气生于大地"相吻合，也反映了土地为万物之源的远古农业观念。但大约从春秋战国等级观的形成开始，丧葬习俗也随之变化，开始有了等级之分，并以"上墓""坟墓""冢墓"等区别，来显示逝者生前的地位，而君王的坟

秋色明光

三　陵阙烟雨

墓因讲究高大,故始称为"陵",表现在风水上也有不同。而到了秦之后,完全用儒家的思想融于风水中,强调了帝王之气和伦理之分。因此风水学说也是特定历史条件下社会活动的反映。

三、风水与迷信

中国古代人们对风水的认识,原本是先哲们对自然界演变规律和对人类生活影响的探索,而总结出的内在联系,阐述了事物的对立与统一的关系,它的理论基础来源于《易经》,而《易经》本身作为我国文化典籍里最难懂的著作,后人往往在理解和解释过程中掺杂了自己的主张,故容易蒙上宗教与迷信的外衣。诸多先哲们在追求思想的过程中,也有意无意地使用神秘、玄奥的语言,使后人在理解上各执其词。随着风水学说在实际生活中的运用,更加世俗化地遮上一层迷信的色彩。中国历史上盛行在传播思想学说时,多采取神秘和迷信的方式,同时风水与宗教、谶纬相互联系,也助长了风水迷信的泛滥,这也与中国封建社会通过对百姓的精神麻醉而达到统治目的有密切的关系。因此人们越来越注重它的体现形式,而忽略其核心实质。在继承和发展中华民族优秀文化的进程中,我们需要用科学的眼光来重新认识风水学说这一人类的财富,剥去其附加在表层的糟粕,研究其精华,把它作为一项人类文化的地理环境学来开发,并在现代文明的发展中使其重放光芒。

四、风水与现代文明

一批传教士把中国的风水学说带到了西方,使他们为古老民族的大智慧而惊叹。西方人以中国风水中人与自然的和谐关系重新审视他们为工业发展而造成的生态灾难。如 19 世纪,一位英国新教徒伊特尔来华传教后认为:"在我看来,风水无论如何是自然科学的另一种名称。"著名的英国科技史专家李约瑟先生说:"风水与占卜不同。中国建筑总是与自然调和,包含着一种美学成分,风水使生者和死者之所处宇宙气息中的地气取得和合艺术。"(见其著《中国的科学与文明》)

兰苑静野

　　特别在现代西方文明中,中国文化"天人合一"的风水哲学体系已广泛地为各国所运用到建筑及环境构造中,并在此基础上建立了"生态建筑学"。1984年托德夫妇认为:"风水世界观源于对天地的仰观俯察,也包含着深奥的精神感应,人们对环境的破坏基于对风水的轻视。"(见其著《生态学设计基础》)风水不但影响了人类社会的各种关系,也是生死学中的一门独特的学问,并且与殡葬文化紧密联系,指导着人们对生死、人神、宗族、家系、血缘和荣衰的观念,这体现在我国一部重要的风水典籍《葬经》之中。

五、风水理论的形成

　　风水作为一种"环境选择"和"鬼神会通"的学问,经历了从萌芽、产生到

三星天落

发展的阶段，风水作为一种文化现象，经历了从无形到有形、从经验到学问的转变过程。纵观风水发展的脉络，大致从时间上分为先秦、魏晋、唐宋、明清等四个阶段的发展过程。风水理论的形成过程，是与中国文化的发展相互作用和渗透的，可说是中华文化的产物，它是阴阳、五行、儒、释、道等思想对自然规律的辩证总结。何为风水？《葬经》曰："古人聚之使不散，行之使有止，故谓之风水。"此风水说并不是常人认为的藏风聚水，而是行止聚散之间的中和关系。人死，为什么要安葬？《礼记》说："葬也者，藏也。"《葬经》说："葬者，乘生气也。"并进一步解释道："生气即一元运行之气，在天则周流六虚，在地则发生万物。"可见人死，生命未死，而是进入另一种形式的循环中，并且与万物的生发紧密联系，所以不得不慎之以厚，敬之以德。所以天、地、人三者构成了宇宙之间的相互联系，因天阳而地阴，阴阳两分，唯有人与之通则合。天地相通，人神相合，今古相连，因此风水实关乎人情、人伦、人道也。

六、风水学说与现代殡葬

殡葬是联结过去、现在和未来的纽带，也是族群血缘情感得以维系的精神要素，同时又是文明教化的一个重要平台，更是一个民族文化脉络的凝聚地，因此殡葬远远超出了世俗的生活范畴，并以高度的哲学思维和精神价值启迪后人。所以殡葬及其陵地具有特殊的、神圣的和终极的意义，呈现诗意兴发和心灵涌动的审美意境。城市没有殡葬、墓地和祭祀则没有文化，文化没有音乐、诗意和雕塑则没有生命，生命没有品质、灵魂和追求则没有人类的未来。因为只有音乐才会体现生命的优雅，只有诗意才能表现生命的浪漫，只有雕塑才会凝固生命的记忆，所以陵园建设所营造的就是凝聚生命的品质、生命的意境和生命的优雅，其经营也应有一份独特的品质、优雅和从容。因此现代殡葬无风水则不宁，无德惠则不安，无民俗则不齐。

1. 风水与生态环境的关系

中国古代的风水学说是中国文化人在哲学思考下对宇宙生命综合体察的一门独特的自然观，也是一门包容性极强的生死环境学，是中国传统文化

安贤神道

的一个重要的组成部分。它在对待人与自然界关系中,将道德、自然、生死、教化、伦理、人文与民族等作为一个整体来综合考量,因此它是一门带有哲学意义和社会属性的学问。《葬经》说:"五气行乎地中,发而生乎万物。"只有金木水火土相生相克,在转合中万物由此而生,则世界才会生机盎然,神灵其中则灵性充沛,而万物生则自然和谐。并对自然环境提出了具体的要求:"峰峦蓋拥,众水环绕,叠嶂层层,献奇于后,龙脉抱卫,砂水翕聚。形穴既就,则山川之灵秀,造化之精英,凝结融会于其中矣。"(见《葬经原注》)所以构成了天地人神互为依靠的关系,因此敬鬼神重自然,则庇佑苍生。其次在葬地选择时必须兼顾对自然的呵护,如《葬经·内篇》曰:"童断石过独,生新凶,而消己福。"何为童断石过独?童山、断山、石山、过山及独山也。童山(水土不丰)需养,断山(气脉不继)需接,石山(阴阳不调)需避,过山(植物不当)需让,独山(气血不足)需远,可见其极高明之处。所以现代殡葬应该注重自然科学和环境保护的意识,以能守笃、善体悟、知动静而立命天下,才能达到引领社会良性发展的作用。

2. 差异与同一的关系

自然环境与人们的生活存在着微妙而复杂的相互联系,因而有一方水土养一方人之说。自然生态同时是由各要素相互作用而形成的必然结果,因此在一个良好的自然环境下,不可能存在较大的差异。从风水学讲,就是

怡园雅韵

首选大风水,再挑适应自己需要的小风水,就如同处一村,有的住东头,有的住西边,各有风景,各有便利,又相互往来,共享生活。但在自然条件较差的地方,生存条件差异就相对较大,其选择的难度也相应增加,比如在中东沙漠地区就注重水源。生命是世界生发荣衰的基本结构,并且在差异中凸显各生命单体相互作用的多彩特性,又保持其相对稳定的态势,这种变幻无穷的生命关系正体现了阴阳相生、相克、相融和相向的宇宙观。

3. 方位与生活的关系

人们在现实生活中对居住的方位与朝向具有一定的要求,这是由人们的自然需求和观念所决定的,因而在我国各地区、各民族都有各自不同的认识。自古我国有靠山而不居山、近水而不临水、居阳而不葬阳之说,这是由人们长期对自然的认识和由此产生的精神状况决定的。这主要是根据靠山稳固干燥,而山属龙脉,无位无福居此,近水而得生命之源,临水易遭洪涝之害,居阳享受温暖朝气,葬阳则为刚烈所害,不能安宁,所以葬地和居地不可混淆。

为什么有些传统思想认为墓地应坐北朝南呢?这是受封建帝王的文化思维误导的结果。因自汉以来,从五行理论分析,中华属土,国色定为黄色,土据中原,且中国地势北高南低,所以大多定都北方,如西安、洛阳、北京等地,主坐王位,居高临下,俯视中州国土,从这种永葆万世基业的愿望出发,死后墓位也坐北朝南。但也从这一思想,秦国各王的墓都坐西朝东。朱元璋的祖墓坐东朝西,因为他认为西方是自己的福地,所以现今安徽一带住宅也朝西而座。同时我们从十分讲究风水的寺庙建筑看到,灵隐寺大门朝西南,而晋祠却朝西北。这些都说明在尊重天然而成的地理风貌的前提下,可赋予各自的人生理想、愿望和文化内涵于其中,并且在文化观念的导向作用下,形成人、情、理与物、形、势的辩证关系。

曲水流觞

圣水盼鹤

4. 自然与人为的关系

人们为满足自身的需求、愿望,应该尊重自然、利用自然、完善自然。所以尊重自然就是重视生命,也是尊重自己。体现在风水上就是正确地处理势与形、形与位的关系,更应遵循"占山之法,以势为难,而形次之,方又次子"(见《葬经·杂篇》)的法则。因为天各有时,人各有命,地各有形,所以应该知其命而求其位,否则为不吉。秦始皇掘山断脉以正霸气而自气终绝,今江苏丹徒地名即由此而来,丹徒乃气尽之意。中华民族的祖先们正是站在宏观的高度,用辩证而又超世俗的观念,不断探索、阐述与总结,形成丰富深奥的宇宙哲学思想体系。风水学作为这一体系的组成部分,也创造出改变自然而又能融入自然的一些办法,如用于辟邪镇煞的敢当石,昌文远、固形势的塔、阁、楼等,这些都是利用风水学说来引导人们精神世界的产物。

中国文化历经数千年而不衰,具有科学性、综合性。殡葬与风水关系到整个人类社会的生活,也由此反证中国文化的博大精深。所以现代殡葬非传承不可发展,非用心不可立正,非致学不可识其真象。

2008 年

墓园文化的作用、地位及其价值

殡葬业目前在我国可以说是正处于社会关注的焦点,呈现出一片兴旺的局面,在看似巨大的经济利益面前,各大经济实体纷纷开始涉足于殡葬行业,并且以商品的形式和商业的手段走进市场,形成了中国一个独特的景象。

殊不知殡葬行业并非现代商品社会的产物,它所具有的文化传承、社会规范、道德指向、生活形态和精神价值的综合属性,以及它所涵盖的哲学意义、民族特性和社会导向,使其成为一项关乎民族未来的有形的精神产品。而殡葬是既引导社会生活形态而又隐藏于社会深层的灵魂产业,它既不能过度彰显,又不能排斥于社会之外。因为我国社会正处于一个特殊的转型期,致使殡葬与文化的导向发生了分离与错位,更因为殡葬至今在国家民族振兴发展的总体战略中地位的模糊与弱化,更助长了因政策法规的缺失导致急功近利的经营方略充斥于殡葬市场。

出现的这些问题,主要是因为在市场经济和社会发展的初级阶段,对文化的漠视与生疏而造成对金钱的崇拜。文化是人类的一项精神产物,是享受生活、丰富生活的一种催化剂,但是我们发现这样一个现象,经济越是发达的地区,文化取向越是市场化,生活节奏越是快捷的地方,其生活状态和幸福指数越是低下。这就是现实生活与人类精神、历史文化与物质社会的背离,由当今发展中和欠发达地区因急于摆脱困境而产生的急躁心态所致。因此有必要让我们重温文化及其概念。

一、文化的定义及其功能

所谓"文化",主要是指人们由精神生活所发散和衍生的一切现象和生态习性。现代辞典解释为：人类所创造的财富的总和，特指精神财富，如文学、艺术、教育、科学等。中国古代解释为："以文教化""修养"。何谓"文"？文即理智，也即是文明之意。六朝的刘勰在《文心雕龙·原道》中说："心生而言立，言立而文明，自然之道也。"何谓教化？《白虎通·三教篇》中说："教者，效也。上为之，下效之。"孟子曰："有如时雨化之者"，赵岐注："化，教之渐渍沾洽也。"何谓修养？"修"即修身，《大学》说："格物、致知、诚意、正心，修身之道。""古之欲明明德于天下者，先治其国；欲治其国者，先齐其家；欲齐其家者，先修其身；欲修其身者，先正其心；欲正其心者，先诚其意；欲诚其意者，先致其知；致知在格物。"而修养落实到实处就是一个字"孝"，孝是什么？不是只有孝敬父母才是孝。"居处不庄，非孝也；事君不忠，非孝也；莅官不敬，非孝也；朋友不信，非孝也；战阵无勇，非孝也。"（见《礼记·祭义》）"养"即为养性，《中庸》说："天命之谓性，率性之谓道，修道之谓教。道也者，不可须臾离也，可离非道也。"何为道？德也。故司马光有曰："夫聪察强毅之谓才，正直中和之谓德。才者，德之资也；德者，才之帅也……是故才德全尽，谓之圣人；才德兼亡，谓之愚人；德胜才，谓之君子；才胜德，谓之小人。"

　　文化的发源地在何处？文化是如何产生的？文化是心灵的活动，是精神的产物，而心灵的升华与净化有赖于对劳动生活的脱离。人类只有因畏惧、迷茫和对自然不解才会开始思考，而生与死一直到今天仍然是一个未解之谜，从历史考古和文献资料来看，一切文化的表现形式皆出自于殡葬。因此殡葬是文化的发祥地，也是一切文化艺术产生的源泉，墓地更是生与死、鬼与人、神与灵、阴与阳的交集之地。

　　文化具有以下特点：

　　1. 文化构成的核心要素：信仰、价值观、规范和法令、符号、技术、语言。

　　2. 文化的核心价值：民族性、精神性、哲学性、伦理性、导向性。

　　3. 文化所具备的作用：传承、教育、化俗、开风、立政。

　　4. 文化所具有的性质：气质（家风）、情致（风雅）、风骨（文性）、习性（生活）、内涵（学问）、人格（精神）。

　　5. 文化的形象特征：人格（理念）、风格（形式）、品格（形象）。

　　6. 文化的内在特质：综合性、发散性、包容性。

　　7. 文化所具有的条件：原创性、持久性、传承性、延续性、普世、社会性、物化性、主题性、导向性。

8. 文化所具有的品位：

绘画说（艺术品位）：能品、妙品、神品、逸品；

丰子恺说（人生品位）：物质生活、精神生活、灵魂生活；

我之说（文化品位）：民俗（生活）乃文化第一层面，心灵（文学）乃文化第二层面，精神（哲学）乃文化第三层面；

孔子说（工作品位）："悦之，乐之，执之。"

最高层次就是愉悦的心态（悦之），工作是一种享受，是一种快乐和幸福，是自己人生的价值体现；中间层次的是积极的心态（乐之），工作是自己实现目标的追求，是自己人生事业的途径和手段；最低层次则是被迫的心态（执之），只是谋生的基本需求，只是为了完成上级安排的任务。

文化如何传播？古人讲师传，即"传道、授业、解惑"。所以办学是主要的途径，其次通过民俗（习俗、礼俗、风俗）的传播，再其次通过法（王法、道法、宗法）的传播，另外通过媒介（读物、媒体、口碑）的传播，最后通过行为方式的传播。所以只有对文化的概念有所把握，才能指导我们的现实工作。

二、墓园文化的定义及其功能

从事殡葬行业必须具备丰富的殡葬知识、深厚的文化底蕴、浓郁的人文情怀、成熟的经营理念和通达的地域风情，这也是殡葬行业经营者的基本人格素养。达到这五个方面则必须具备高尚的品质，悲悯的心灵，寂寞的境界。为什么？因为经营陵园应该追求的是宁静而不寂静的情操，从容而不从俗的气质。殡葬行业经营者的五大基本人格素养，其核心是文化。

1. 墓园文化的定义

墓园文化是指通过对墓园的经营向社会传递和表达的文化内涵。

传递什么？传递的是生命的价值，而生命的价值观念则在于对生命的尊重、理解与关爱。中华民族的文化观念的基本元素是由家国、土地、宗祖、忠孝、人性构成，因为以农耕为主要生活方式所产生的风俗与文化，依赖于

三

陵阙烟雨

土地、环境与血缘、族群的关系，因此华夏民族的民俗核心内容与其文化价值始终保持了一致性，即尽"情"、尊"敬"、致"孝"。"情"就是人性，是民俗和文化之本；"敬"指有所敬畏，有所敬仰，有所敬重，是民俗和文化之形态；而"孝"则是整个社会的结构，是民俗和文化之伦理。"情""敬""孝"又最终通过道法、宗法、王法三者合一，以"礼"的形式来得到实现。

墓园的经营观念是什么？不是产品，而是附着于产品表象的社会的责任、市场的秩序、心灵的引导、文化的传续，并通过其服务表达人性的关怀。这种关怀则又体现在对生命的敬畏之心，对生命的敬仰之情，对生命的敬重之意。因为没有敬畏之心就没有道德可言，没有敬仰之情就没有信仰可言，没有敬重之意就没有诚信可言。墓园本身没有文化，是因为文化作用于墓园，所以有了墓园的文化内涵。因此在这里必须搞清楚的是一个民族只有一种文化，文化的多元不是多元的文化，是在一种文化的作用下，多元的表达方式而已。那么墓园文化的内涵是什么？首先让我们了解墓园文化有哪些内容。

2. 墓园文化的主题

墓园文化的主题有：生命关怀、人文纪念、精神家园。

殡葬是人类一项世俗化的精神活动，并在精神的活动中直抵对生命的理解，因此对生命的敬重、关怀、理解、表达、讴歌是殡葬的实质，所以殡葬既隐藏在社会的背后，又矗立在社会的前方。隐藏在社会的后面，让我们需要回望历史，因为可以看到前人一路走来的历程。矗立在我们的前方，让我们可以看到未来的方向。因此，殡葬不应该成为人们忌讳和遗忘的角落，而是指引人性知敬畏、存敬仰、懂敬重。人与自然的关系其实就是生命与生命形成相互交合与嬗变的关系，并在交合与嬗变中此消彼长，如阴阳和合而又否极泰来，由此使生命综合体不断衍伸出新的萌芽，而不是两个不同体系所产生的对立统一。所以只有在此认知的基础上才能把握自我，使生命本体在其体系中获得实在，也因此必须具有宗教般的虔诚才能对生命有所认知、理解和知行合一，这就是"不知死，焉知生"的道理。因而要懂得历史造就了我们的今天，任何无视、否定和篡改过去都是对自身的否定。要向每一个生命行礼，因为只有他们的存在，自己才有活着的意义。所以殡葬既是社会的导向，又是人们的生命之魂，因此它应该走进社会的主流意识当中，成为我们心灵的神殿。

一个活动、一件事情、一个项目都应该有它要达到的目的，以及表现的形式和核心价值，因此必定有其主题。陵园除了外在的市场属性，其实质是它所具有的民族特性、社会功能及精神支柱，所以其经营和建设所要体现的应该是其产品和服务背后所具有的文化价值和生命的意义，因此陵园是以开展人文纪念为形式、打造生命关怀为核心、构建精神家园为终极目的。

3. 墓园文化的核心价值

墓园文化的核心价值是：生命崇拜、文化传续、开风化俗、启智教化、凝神聚亲、敬睦知远。

中国的殡葬史具有三千年历史，并在其社会政治和文化体系的形成过程中起到自下而上的推动作用，并从殡葬礼仪开始深入社会的各个层面，形成了从文化意识、哲学观念、道德伦理、治国思想、政治形态到生活习俗等全方位的社会综合架构，所以周以《周礼》《仪礼》为典制，汉以《礼》和《礼记》为法理，唐代开始更是直接上升为国典，如《开皇礼》《贞观礼》《显庆礼》《开元礼》，宋代的《政和礼》、明代的《明会典》等，皆以殡葬法度为核心，从国家礼制的高度，自始至终贯穿、影响、引导和辐射社会的各个层面。因此殡葬在我国已成为生命崇拜、文化传续、开风化俗、启智教化、凝神聚亲和敬睦知远的开宗立社的本源。殡葬在当今已从中国古代的国法下降至条例，说明殡葬的核心价值已经脱离了社会的精神价值、伦理法统和文化观念，这显然是造成了社会的精神缺失的一大原因。

4. 墓园文化的组成

墓园文化主要由殡葬文化、祭祀文化、生命文化组成。

殡、葬、祭的文化意义就在于从哲学的思维理念来认识自然与生命的关系，通过追本溯源、敬天尊地和认祖归宗达到人类认知自我的本意。所以《礼记·大传》说："是故人道亲亲也。亲亲故尊祖，尊祖故敬宗。"这样，丧葬祭祀就从亲情、哀情的情感性宣泄推进到尊祖敬宗的精神寄托，再发展到对

三　陵阙烟雨

天、地、神的恭敬，即对神灵的敬畏，对先祖的敬仰，对长者的敬重，从而以孝的形式建立一整套各归其位、各忠其事、各敬其宗的社会秩序，最后又通过小宗、大宗的敬奉关系而归结于对"君子之道"的终极确立。

殡葬文化：殡葬以文化的姿态开启生命崇拜、文化传续、开风化俗、启智教化、凝神聚亲和敬睦知远的开宗立社的本源，从而构成了中华文化的核心思想（道德意识）。

祭祀文化：以自然为基础、以生命为核心的价值观，通过对自然的崇拜、对图腾的崇拜、对神灵的崇拜、对宗祖的崇拜，形成对生命的崇拜的信仰意识（宗教意识）。

生命文化：生命没有贵贱之分，生命也没有伟大与平凡的区别，伟大寓于平凡之中，平凡蕴含了伟大。墓园以生命为主题，运用优秀的文化表现方式，充分展现生命的风采，表达生命的艺术，揭示生命的意义，阅读生命的美丽，享受生命的品质，重塑生命的价值（哲学意识）。

中华文化是建立在山水田园式的以家庭或宗族管理的农耕社会形态基础上，其自然变化如天时、气候、地理、土壤、水源等环境因素，决定和影响了人们的生活方式，以及由此生活方式形成的主观意识和价值观念，从而形成了表现和影响社会生活的民俗，并形成从习俗、礼俗到文化风俗的发展轨迹。所以人与自然的关系构成了文化起源的基本元素，在对自然（阴阳）、环境（风水）和人（生死）的思考中，形成以自然为基础、生命为核心的价值观，从而构成了天、地、人三者合一的哲学观和以孝为核心、以礼为内涵、以祭为形式、以敬为思维的行为准则，这正是中华民族的文化所具有的哲学意义、精神价值和综合内涵。

三、墓园文化的表达形式

墓园文化的表达形式有：礼仪、安葬、墓型、纪念、活动、环境、服务、管理、设施、建筑、园林。

以中华文化为代表的东方人文精神，其核心就是对人与自然关系的思考，是以生命为关注对象的生死哲学观。探寻天、地、人及其相互作用、相互依存的关系，发现和认知人在其中的价值及意义，由此生发的精神趣向构成了东方文化的精髓,这就是我们所说的"道"。东西方文化差异的关键之处就在于目的和对象不同。诗赋、散文、绘画、书法、雕塑、音乐等中华文化的一切表现形式和精神诉求,都是对"道"的体察、感悟、追寻、探求和思考,因此中国的建筑本身就充满了艺术的符号和对生命的体认。

中国古典园林充满了诗情画意,充分体现了中国文化所孕育的深层次内涵及其哲学、美学思考,并且以意象的形式呈现出独特的审美姿态和内在的心灵表达。它所包含的内容涉及文化的所有层次,包括物质层的文化、制度层的文化、心态层的文化,其牵涉面之广、综合性之强,实为其他艺术门类所无法企及。因此自然山水的造化之功带给人们无限的思维空间,从而启迪了人们的智慧,净化了人们的心灵,因此它是中国文化的一个重要载体。

西方是把自然山水呈现在人们的面前,用眼睛去欣赏;东方是把人置于山水之中,用身心去品味。所以西方人与自然是分离的,东方人与自然是融合的。

1. 墓园文化的氛围

墓园文化的氛围是敦敬、庄重、静穆、和顺、自然。

通过身心合一,达到文化的传递与升华,并由此激发对生命的敬仰。而过度的竞争却是文化的一大杀手,因为文化是心灵的活动,它需要特定的环境、空间和时间才能产生精神与自然的灵动,这就是文化的生命力。

由于殡葬文化的属性所在,它自始至终应具有神圣性、庄严性、崇高性和本土性,所以中华文化从一开始就具有高度的精神性、哲学性和伦理性并且以文化的方式对自然物象给予了哲学性的表达,即对与生活(精神和世俗)相关联的物质和用品赋予了生命和情感,并给予意象性的拓展空间,从而使物质成为人类心灵意境表达的一种形式。以此使生命成为永恒,并在不同的形式转换中以物质为载体呈现出对世人的关照,从而构成生生不息、往复循环和聚合嬗变的哲学观。

2. 墓园文化的风格

一种文化必定有它所呈现的特有形式,在此形式的表现中凸显其人格。陵园作为一项特殊的产业,其传递和表现的内涵应具有诗歌的抒情,音乐的

三　陵阙烟雨

悠扬,钟表的严谨,图画的优美,仪仗的规整,生态的和谐,艺术的精致,由此才能让人们的内心生发出生命的优雅、宁静和庄严,从而激发出人性的至善。

3. 墓园文化的要素

墓园文化,因为其独特的价值与本质,所以它构成的各要素也与其他文化相区分,并且更加具有包容性与哲学性,其主旨在于对主体(类型)、体系(理论)、对象(客户)、团队(人才)、物质(载体)、环境(风尚)的相互关系的把握与掌控。因此我们只有认清其关键之处,才能了解殡葬文化的走向。

4. 墓园文化的关键点

如何把握墓园文化的关键点?首先必须站在民族文化的制高点,以超然于世的境界去体悟生命的本质,感受生命的价值,洞察生命的联系,理解生命的历程。这就需要我们充分了解地域人文历史,与各地的风俗融洽与衔接,并在理论、管理、服务统一的基础上,确立短中长期目标的延续性,敏锐地把握国家政策走向,以此引领殡葬事业的健康发展。

5. 墓园文化的条件

原创性:墓园文化必须立足于目标市场的文化传统,而不能自以为是地"创新",因为根植于市场灵魂深处的文化才具有真正的生命力。

持久性:墓园文化必须长期坚持其文化核心和精神脉络,潜心静气,日积月累,孜孜以求。因此只有不断地成熟、丰富和完善,而不能任意变化。

传承性:墓园文化的传播必须经过上百年或几代人的延续,以及客户群体几代人的口碑,而不能靠炒作"一举成名"。

延续性:墓园文化应始终贯穿其文化主线,并以此为核心形成一条不断延续的文化脉络,而不应随意地发生分离与断裂。

普世性:墓园文化必须建立在普世的文化观念和和谐的文化理念基础之上,而不能简单停留在喊口号和标语式的宣传上。

社会性:墓园文化必须在社会上具有一席之地,并通过社会的力量和精英群体影响社会的世俗生活风尚,而不是一厢情愿的闭门造车和自我欣赏。

物化性：墓园文化必须建立在具体的物化的产品上，并持之以恒地使文化的内涵完整地依附于相对稳定的物质及其衍生的服务功能之上，而不能单纯地借助文化的概念随意地转变产品的属性。

主题性：墓园文化必须从文化的范畴中提取和精炼其元素，并贯通于整个经营运作的过程中，从而形成企业鲜明的主题文化理念，而不能功利性地任意截取泛文化意义或偏离主题元素的文化概念。

文化品位：墓园文化反映了经营者的文化品位，也是对市场的定位，市场定位决定了墓园的品位。因此文化品位不能与市场的定位发生错位，同时文化品位也必须与员工的文化素质相统一，才能发挥文化的作用。

6. 墓园文化的功能

由于殡葬文化具有的精神高度，其功能紧扣纪念、安葬、祭祀、启迪、教化、抚慰这六大主题，并在实际运用中一以贯之地充分体现这六大主题。

四、墓园文化建设的定位

墓园的文化需要经营，建设墓园的文化应基于以下几个方面的定位。

经营定位：行业分析、市场格局、客户类型、园区风格、功能定向、区域分布、服务设定、主题建设；

文化定位：传统陵园、生态林园、艺术墓园、纪念公园、精神家园；

服务定位：传统服务、人性服务、延伸服务、公益服务、品质服务；

活动定位：营销活动、礼仪活动、纪念活动、公益活动、文化活动；

宣传定位：价格宣传、产品宣传、环境宣传、关怀宣传、形象宣传；

管理定位：行政管理、市场管理、制度管理、公司管理、网络管理；

产品定位：多样化、生态化、精品化、小型化、艺术化；

质量定位：精品设计、精品质量、精品价格；

客户定位：大众百姓（公益）、文化名流（品质）、社会贤达（教育）、行政官员（渠道）、商界精英（利益）；

目标定位：百年名企、文化殿堂、人文圣地、历史遗迹、教育基地。

三 陵阙烟雨

五、墓园文化建设的途径

文化建设是一项系统工程,涵盖了人文、历史、环境、意识、风俗、精神、形态、气候、艺术、风格、政治、经济等多个层面,是特定的社会历史时期的综合反映,而墓园则是这种文化内涵、意识与特质的凝聚,其关键点就在于:始终坚守中华文化的正脉,巧妙利用时代新闻的亮点,把握国家政策走向的趋势,建立准确严谨的现代经营体系,设计经典科学的总体架构,严格控制经营资金的使用。因此在墓园文化建设的设计过程中应重视以下几个方面:

1. 尊重地域风俗

在漫长的人类历史发展中,因血缘关系而结成的不同族群,在其特定的地理环境、气候条件、生活方式、生理特质等因素的共同作用下,形成了特定的原始生活的习俗,并在这种特定的生活习俗的影响下,经过长期稳定的孕育、演变和延续,沿着自然崇拜、图腾崇拜、鬼神崇拜、祖宗崇拜这条精神性、宗教性的轨迹,衍生了各自相对独立又相互影响的丰富灿烂、形式多样的文化现象。同时又在文化的作用下,生发出各民族不同的生活习俗、行为礼俗和文化风俗。所以一个民族生活方式和地域范围的差异,决定了其文化属性的不同。而生活习俗是该民族以血缘为纽带在自然状态的生活中形成的原始习性,行为礼俗则是为维护稳固的族群而建立的文明理性的习俗规则,文化风俗更是生活习俗与行为礼俗相结合所产生的精神属性。所以只有游离于物质生活之外形而上的文化基因对自然生活的干预,才会使得原始的生活习性萌发人文的内涵,并经过岁月的沉积,进一步转化为具有文化价值的民族风俗。因此文化艺术、民族风俗、生活方式和思维特性的相互融汇,造就了一个民族乃至人类文明的历史进程。

2. 承接人文历史

首先就是接地气,要融入当地,就必须尊重和符合当地的气质,笔者每到一地,首先就是去感受当地的风土人情。应从历史脉络、生活意识、审美特性等方面把握墓园文化经营的方式。据《左传》记载,哀公七年子贡言:"大伯端委以治周礼。仲雍嗣之,断发文身,裸以为饰,岂礼也?"杨伯峻先生解释说:"大伯初至吴,或仍其旧服,即所谓'治周礼也。'但仲雍不得已而从吴之旧俗。"

3. 自然地理条件

自然地理条件决定了人们的生活方式,生活方式影响着人们的生活态度,生活态度又促进了其文化意识和生活观念的形成,因此墓园文化应充分结合当地的环境、植被、地质等特点,并在艺术化的设计中量身定制和规划园区景观。

在凝聚民族情感、传承民族文化和反映时代风尚的同时,殡葬企业一个十分重要的责任就是通过殡葬文化引导社会风俗转变,这就是中国古代先贤们所追求的通过尊俗、化俗、移俗、易俗从而达到以礼为俗的文化导向。因此我们对文化的经营首先从尊重风俗开始,结合地域的风俗习惯,在维护其文化元素的基础上,结合企业自身的经营理念,赢得市民的认可。其次对风俗采取以文化俗的方式,对原有的风俗给予文化上的思考,并研究和创建符合风俗背后的核心文化价值又富有时代特征的形式,从而引导社会观念的转变。最后实现提升社会的文明精神,创造和建立一整套既承接文化脉络又具有现代形式的新的社会时尚生活方式,并在此基础上引进现代科学理念,构建现代殡葬文化的理论体系,即殡葬学。一个成熟的企业,必有成熟的理论为指导,任何没有理论依据的行为,都是盲目的。

墓园文化的建设只有通过一整套管理体系,形成具有特色的管理模式才能得到保障。何为管理模式?管理模式就是经典理论、现代思维和地域文化。管理模式必须由一个专业的精英团队来实现,这个精英团队在其管理模式下,应该培养出一批忠诚于事业,忠实地为企业服务,在统一的文化熏陶下,具备相应的文化品质和人格品性,并把自己的人生与企业的未来合而为一的人才。团队成员可以有才干的差异,但必须有一致的信念。这就是多样化与一致性的统一。

在墓园文化的建设中,艺术生态园区的设计也是一个重点,它主要体现

三
陵阙烟雨

在园区的主题文化与功能的合理配置，并运用市场经营手段对市场分析、分割与拓展。适时开展符合时代特性而又反映社会热点的以公益、关怀和文化为主题的宣传活动，以建立和健全具有差异性、概念性、综合性的特色服务体系，从而建立起凸显其品牌的核心价值、主题概念和功能区分的墓园文化。

2016 年 7 月

现代殡葬服务策划与市场营销

　　企业策划与企业的市场营销是现代市场经济与现代企业的一大标志，一个企业如果没有明确的战略目标体系，全方位思维构架的系统性策划，以及与成熟的市场相适应和配套的营销模式，则不成为一个现代的企业，可能其完全装备了现代化设备，但其思维理念、管理体制和运作方式仍然处于原始水平，仍然不能成为现代企业。企业策划与企业的市场营销是一对不可分割的整体，他们之间互为作用、互为支持，而且是在相同的市场历史进程中产生的。没有策划就没有营销的市场，没有营销也就没有策划的平台。

　　企业的真正意义上的策划与营销是在二三十年代开始产生的，成熟于20世纪80年代。

清明祭典仪式

企业策划的定义就是：按照企业的总体战略目标,根据市场特性开展分析和研究,从而对企业的品牌战略、宣传策略、营销推广、文化构建的运作进行系统地设计与规划。人生需要规划,家庭需要规划,同样企业也需要规划。没有规划就不成体系。从系统层面上策划可分为：品牌战略策划、文化构建策划、管理体系策划和营销系统策划。从时间周期上可分为：企业的长期战略策划、中期经营策划、短期营销策划。企业策划是企业的经营思维理念的核心和目标,是企业一切经营活动、产品设计、项目开发、规章制度、服务理念和组织结构的基准和原则,因此必须要求策划人员具有综合的文化素质、专业的科学知识、系统的分析能力、独立的思维模式和卓越的组织能力。

根据不同企业的经营特性,策划人员或者策划部门应该懂得历史学、运筹学、园林学、地理学、美学、文学、管理学、建筑学、哲学、营销学、社会学、心理学等综合类学科。同时还必须具备较强的沟通能力、人格魅力、活动能力、操作能力、思维能力和学习能力。也就是说要能坐得下、跑得动、想得多、看得清、望得远,这样才能走得长、活得久。只有通过坚持不懈地学习,才能积累大量的知识；只有善于思考,才能具备思维能力；只有深入社会,才能获得大量的信息；只有以诚相待,才会拥有社会的资源,同时也获得存在的价值,受到社会的认可。可以说,安贤园对现代陵园的总体策划水平,已经走在国内同行业的前列,所有目前殡葬业所推出或筹划推出的所谓的创新理念和举措都在我们早已思考成熟的范围内。我们深入社会,走进社会,参与社会,与社会各界建立了良好的关系,从市场中学习,从市场中获取信息,在市场中思考观察,也从市场中找到自身的价值和人生的快乐,而这价值和快乐又成为企业策划工作不可缺少的动力。我们不停地在外奔波,走进了千家万户,走过了大街小巷,但我们不知疲倦,不畏辛劳,深入社会文化的各个层面,把企业的经营理念和文化思维无形地向社会传递,只因为责任所在,使命所在,道义所在。企业的成功在于企业高层的决策能力、中层的管理能力和员工的执行能力这三大能力所形成的合力。当然策划的作用也就在其中了。

文化构建、品牌战略、管理系统和营销模式这四大策划构成了企业的整个策划体的核心。企业的文化理念,就是通过对文化的理解和思考,以其

两弹一星奉献者纪念园启动仪式

文化的一种观念作为贯彻于整个企业经营全过程的精神价值,与企业的目标和理想形成互为支撑的思维定式。企业的文化理念是企业得以存在的精神生命,是企业活动的灵魂和企业运作的基础,也是企业立于市场的支柱。

企业品牌的建立是以企业的文化为基础的,一个企业的文化是否成熟、是否先进、是否牢固、是否完善,注定了这个企业的品牌的含金量和生命力。企业文化就是企业的人格,只有形成完整的企业人格,才能具备企业品牌构建的脊梁。

企业的品牌策划应该是在具备了上述文化特征的基础上,再对企业的形象设计、管理体系、团队建设、营销模式、培训体制、客户培育、奖励机制和宣传策略等八个方面在以企业文化为灵魂的策划下一以贯之,企业品牌这座大厦才能一层一层地建立起来。企业成功的关键是人,是团队,是社会的诚信。十年树木,百年树人,但企业的品牌终得几代人持之以恒的努力才能树立,因此我们看到一个品牌的建立是多么的艰巨和困难。一个好的产品并不等同于一个好的品牌,牌子不是品牌。什么是品牌?品牌等于企业员工的品格+企业管理的品质+企业服务的品位。

所谓营销,有狭义和广义之分,狭义的概念,顾名思义就是"经营销售",我们要注意的是"经营"这两个字的概念,我们说经营企业、经营事业,乃至经营人生,其实就是对企业、事业和人生确立一个目标,并在此基础上通过我们的文化理解和人生阅历来勾画、设计、规定和执行,从而调动一切能量和运用一切资源始终朝着目标方向运行。广义的营销则是对产品开发、设

三　陵阙烟雨

计、生产、销售、服务等整个市场链条进行管理的过程,其核心通过服务来实现,其手段通过管理来实现,其法则通过策划来实现。所以现代意义上的企业营销则是对市场的经营和主导,因此企业的经营活动实际上就是广义的营销活动。目标、策划、管理、服务构成了企业生存与发展的四要素。在这里需要予以重点阐明的是:目标重在"标","标"就是看得见、行得通、达得到,并给予员工以希望和方向的目标;策划重在"划","划"就是方案,就是思想,理论再好也必须要有切实可行的操作方案;管理重在"理","理"就是以身作则地解决问题,夸夸其谈、指手画脚不如深入基层、化解矛盾、调动员工的积极性;服务重在"务","务"就是行动,服务的内容再好,只有行动到位才能发生作用。

从现代企业的管理理论来分析,企业的一切活动都属于商品经济的范畴,因此其目标是市场,所以我们所说的营销应该叫作"市场营销"。那么什么是市场营销呢? 国际著名的营销学权威——美国的菲利普·科特勒教授的定义是:市场营销是通过创造和交换产品及价值,从而使个人或群体满足欲望和需要的社会过程和管理过程。在这里我们应该注意"社会"和"管理"在市场营销中的重要性,因为营销首先必须具有社会的属性和功能才有其现实的意义,所以我们认为市场营销是一项社会活动。其次要实现这个过程必须依靠管理,只有通过管理才能达到营销的目的。而二者都必须通过策划来成功设计它们的运行过程。所以我们通过营销理论可以认识到策划与营销是一个整体的两个部分。策划是对过程的设计,营销是对过程的执行。有了策划才有了营销的方法,有了营销才有了策划的平台。营销活动的过程其实就是策划的过程,而策划的过程又是对营销的设计过程。所以我们每一个合格的营销人员应该学会在营销过程中对自己的行为进行充分的思考、分析和策划。企业要实现自身的价值和目标,"过程"是成败的关键,那种只要结果不要过程的观念最终是不可能得到结果的。没有过程就没有思想,没有过程就没有实现目标的欲望和能力。在国内有很多讲授营销的经常以美国西点军校为例来说明,其实都走入了误区。在美国等著名的现代企业里,从来不把西点军校的管理思想运用到企业管理中,只是取其西点精神而已。因为每个知名企业都有自己独特的经营理念、管理方式和企业文化,各自的企业都由专门研究的专家进行精心设计和科学规划,而不会把社会上各种不同的理论引入企业内部,这样只会使得企业的运行出现混乱。在国内各种培训、各种讲座五花八门,招摇于市,扰乱了人们的思想,扰乱了市场的秩序,所以乱象百出。一个企业要想成功,必须时刻保持冷静的头脑和独立的思维,走自己的路,干自己的事。

市场营销的基本要点主要有以下三点:

1. 市场营销的最终目标是使个人或群体满足欲望和需要。

2. 交换是市场的核心。交换过程是一个主动、积极寻找机会,满足双方需要和欲望的社会过程和管理过程。

3. 交换过程能否顺利进行,取决于营销者创造的产品和价值满足顾客需求的程度以及对交换过程管理的水平。

从这里我们可以看到市场营销的根本目的就是为了满足客户的欲望和需要,根据现代市场营销的理论,把欲望和需要纳入整个体系中,这就是说企业的经营不只是为了满足客户的需求,而且明确提出了还必须满足客户的欲望。需要是功能的需求,而欲望是一项精神需求,是心理上的满足感和认同感,它包含了现实欲望和潜在欲望两大内容。所以现代营销是在满足功能需求和现实欲望的基础上,开发、调动和引导潜在欲望,因此我们不光是为了满足,而是必须通过我们的文化引导、宣传策划和营销服务来激活和调动潜在的欲望,使之变成现实的需求。所以过去那种"客户就是上帝"的理念仍然停留在旧有的思维上,客户永远是不成熟的或永远处于发育的过程中,所以企业应该走在客户的前面。客户是需要我们不断培养、引导和抚育成长的对象,而他能否健康成长则取决于我们的理念是否成熟,取决于我们的文化是否先进,取决于我们的策划是否科学,取决于我们的管理是否规范,取决于我们的服务是否周到。

市场营销要想成功,首先应对市场进行科学、合理的分析,一切的思考、目标、策划、运作、管理和服务都是建立在对市场进行分析的基础上的。市场分析就是对目标市场的市场环境、文化特性、生活形态、人群结构、心理状态、物质条件进行分析、整理,从而找到自身的生存空间。

市场是由价值观念和情感需求引导的,市场是可通过人来主导和开发的。因为一个成熟的市场并非铁板一块,而是充满了活力和弹性的,它所具有的客观规律和巨大的市场潜能一旦被人们认识和激活,必将爆发出无穷

三 陵阙烟雨

的价值。资源有限,市场无限。

企业要走出一条与其他企业不同的,并形成差异化的,培育自身品牌基因的发展道路。殡葬产业的策划应坚定不移地按照企业的发展战略和经营理念,始终把握殡葬发展的文化主线,明确企业的市场定位,通过品牌形象、生命关怀和纪念文化这三个层次的营造,形成具有较强市场导向的一整套独特的宣传模式、文化模式、管理模式和服务模式,根据不同层次进行市场定位,则是现代殡葬产业的战略目标。

在确立了市场客户的细分和定位后,就需要对目标群体的购买行为和购买心理进行分析和制订正确的营销方式。按照顾客购买目的或用途的不同,市场可分为组织市场和消费者市场两大类型。殡葬企业的销售属于消费者市场的范畴,而消费者市场又可分为生活类消费和精神类消费两种类型,安贤园应该属于后者,即以心理情感寄托为主、生活实用功能为辅的精神类消费。所以企业营销的策划、模式和实施要在其精神文化属性和心理情感传递上下功夫。

构成消费者购买决策过程的因素是十分复杂的,综合分析则主要表现为消费者个体因素、环境因素和市场营销因素这三类。个体因素主要包含:生理上的年龄、性别、健康;心理因素的个性、文化、职业、地位;生活因素的经济条件、家庭地位、居住条件等。环境因素主要包含:人口、经济、人文、社会、交通、环境、服务、政治、法规和习惯。市场营销因素主要包含:质量、功能、品牌、价格、信誉、广告、推销、管理、服务、素质、形象、设计、售后等。

消费者的购买决策过程是潜在欲望转化为现实欲望和购买动机转化为购买行为的过程。殡葬服务的消费者我们可以把它分为两大类;即潜在需求的消费者(生者)和现实需求的消费者(死者)。现实需求消费者的购买只要完成动机向行动的转化过程,而潜在消费者则必须完成更加复杂的过程,但潜在消费者的开发和引导是企业确立市场地位的主要战场,这正是企业的营销和策划乃至企业决策者必须重视的问题。

消费者在购买过程中扮演的角色有五种:

1.发起者:第一个提议或想到去购买某种产品的人。

2.影响者:有形或无形地影响最后购买决策的人。

3.决定者:最后决定整个购买意向的人。

4. 购买者：实际执行购买决策的人。

5. 使用者：实际使用或消费商品的人。

对消费者的分析与了解，需要营销人员对消费者的进一步贴近，才能判断打交道的客户属于哪种类型，然后才能有的放矢地对其开展营销工作。所以走近客户，深入客户，了解客户，服务客户，最终才能引导客户。在这里还必须关注客户对企业的"参与程度"，"参与程度"就是消费者对所需产品的认知程度，其认知的有无、高低则直接关系到客户的购买行为及其方式。为此我们又可以把消费者分为四种购买类型：

1. 复杂型：属于高度参与者，心理活动较为复杂，对该产品的各种品牌、品种、规格有一定了解，并具备自己的理解、要求和期望。复杂型的大多是具有一定的文化层次的，且又不熟悉这一行业的运作，故在行动前反复考虑和比较。面对这类客户，在购买时服务人员必须在趋同于客户文化心态的条件下，表现出其专业素质、文化修养，使客户产生信任感和依赖感。

2. 怀疑型：属于高度参与者，热衷于对本类产品的追求，但又不了解各种品牌的特性，容易受眼前利益如价格等因素影响，因而对自己购买的产品又产生怀疑。对于这类客户，营销人员应强调产品的优越性和完善的售后服务，并及时通过各种渠道提供对该产品有利的相关信息，使其相信自己决定的正确性。

3. 多样型：属于低度参与者，他们对购买的产品不甚了解，喜欢随意性和新鲜感，但容易喜新厌旧，带有很大的盲目性。对这类客户应注重对企业的持续性广告宣传，并不断推出各种新颖的服务项目、优惠条件和新概念产品来刺激其消费。

4. 习惯型：属于低度参与者，他们的从众心理较重，往往习惯于已有的方式和观念，不太注重新鲜事物，所以比较看重实惠和实用的产品。对这类消费者往往通过打折、优惠、奖品等促销手段来吸引他们的关注。

从以上分析中我们看到对不同的消费者应该采取不同的营销策略和服务形式，通过有效、长期、稳定的宣传和科学的营销模式来引导客户建立起一种以企业品牌形象为核心的思维习惯，从而培育和建立长期、稳定、成熟的市场消费群体。所谓的现代营销的本质就是以文化和市场的理论来构造现代社会的消费体系，从而引导整个社会有序地发展。舍本求末地以追逐

三 陵阙烟雨

重阳节音乐诗会

利润为目的，借用文化和市场的概念玩弄消费者的购买心理是对市场良性秩序的破坏，是一种自杀性的恶意炒作。

殡葬企业目前的主营特性在很大程度上难以进入社会的主流生活中，其根本原因在于仍然局限在传统殡葬经营的范畴内，也就是战略与战术的脱节，策划与经营的脱节，宣传与营销的脱节，理念与管理的脱节，究其根本就是期望与市场的脱节。所以也正因为此，企业在实际营销活动中面临来自观念、习惯、心理等诸多社会形态的阻力，无法有效、直接、系统化地全面展开，而不得不从侧面渗透式地开展，以至于事倍而功半。因为现代管理理论认为在运行过程中，环节越多则损耗越多，程序越复杂则成功的效率越低。

鉴于殡葬服务的经营状况和服务特性，应该把握市场规律，结合市场特点，综合研判社会发展趋势，开拓现代经营创新思维，运用现代营销手法有效地掌控目标市场，走出一条品牌独创的营销模式和创新发展之路。我以为首先企业的营销应该突破原有的殡葬概念和传统的服务模式，以大营销开放式的思维理念，以纪念文化作为企业品牌经营的基石，以现代设计的管理体制，创建一整套人文关怀的服务系统，与社会的文化精神构建融为一体，成为支撑社会文明体系组成部分的现代文化产业。

所以殡葬产业的营销不是单纯的商品营销，它具有社会的精神属性，因而是多重功能的整合体，也因此要求营销人员应该具备有别于其他产业的综合素质，同时其管理、培训、激励更不能简单地照搬企业管理的一般理论。

因此要真正地走进市场，必须不断学习，善于学习，懂得学习，把营销作为一门学问来研究。现代企业的管理理论基础是由美国的泰勒建立的，并经梅奥、韦伯、法约尔、戴明、孔茨、卡耐基、松下等管理经典大师的不断提升和完善发展而来，形成今天的文化管理、网络管理的现代体系。

策划和市场营销就是一门深奥的学问。"学问"二字首先就是要"学"，学什么？学知识，学做人，学明理。如何学？读万卷书，行万里路。就是多读书，会读书，善交流，细观察，勤思考。学了以后还要"问"，问就是思考。问什么？问天（社会的发展变化），问地（市场的内在规律），问人（客户的心理需求）。只学不问是学而不化，学无所用。问而不学则是不知所问，不知所求。我们面对的是一个未知的世界，必须走在市场的前面，才能在市场中有立足之地。所以我们必须不断地学习，不断地思考，不断地改变自己。

我们应该时刻清醒地认识到，营销的根本就是市场，就是客户，因此了解客户、走进客户、引导客户，从而掌控客户，是策划和营销的根本目的。营销就是管理客户，经营客户，服务客户。管理有三个境界：最高境界是创造人才、培养人才，中国历史上春秋时期有一位大隐士，叫鬼谷子，他培养出的孙子、庞涓、苏秦都是流传千古的人物；第二境界是认识人才、使用人才，大家知道的伯乐就是识才的高手，汉高祖刘邦就是用才的高手。很多企业的老板叹息手下无才，只是自己不识而已，其实人才到处都是，就在你的身边。不会用才的人，真正的有才能的人就是来了，你也不会用，到头来留不住；最

抗战老兵百年晚会

低境界的是无视人才、贬低人才，使人才变蠢材，使勤劳变懒惰。晏子曾经说过："有圣人而不识，为一不祥；识而不用，为二不祥；用而不任，为三不祥。"营销同样也有三种方式，每个营销员要对自己有一个清醒的认识，要找到自己的位置，才能发挥各自的作用。哪三种方式呢？第一种方式是智慧型，第二种方式是实力型，第三种方式是苦干型。智慧型的能充分调动社会的各种资源达到营销的目标，看似与营销毫无关联，实则无处不在营销。营销法则之一：在营销过程中不得心存杂念，你心中越想得到，则目标离你越远，这就是著名的墨菲定理。在不同行业中具有一定的影响力和亲和力，拥有较高的文化层次，是营销的天才。实力型的是理论与实际能力并重，勤于思考，善于组织，行动果断，是营销的精英人才。苦干型的意志坚定，吃苦耐劳，勤奋努力，工作踏实，是营销的骨干力量。这三种方式都可以达到营销的目的，营销人员应根据自己的特点采取相应的方式，才能发挥出最佳效益。而管理人员的责任就是把合适的人放到合适的岗位，通过能动作用激发和调动员工的热情，引导员工朝着目标前进。每个人都有自己的闪光点，都有自己的强项，都能在适应自己的岗位上发挥作用。员工有问题，原因在领导，否则就不需要管理者。营销法则之二：营销依靠的是沟通，学会沟通和善于沟通是一个成功的营销员必须具备的基本素质。沟通的基础在于学习（思），沟通的素质在于观察（察），沟通的艺术在于知变（行），沟通的要领在于深入（恒）。营销法则之三：在营销过程中不得露"穷相"于顾客。何为"穷相"？见利忘义、贪得无厌、唯利是图、急功近利、夸夸其谈、欺行盗市。在这里我们所说的"穷相"的"穷"，是指精神的穷，品格的穷，因此只有尊重文化的儒商才能立足于社会。

营销在整个经营中的作用是什么？营销是企业与市场连接的桥梁，是社会需求的中介，而殡葬服务的营销更是社会精神寄托的载体。人们因交换需求而产生了市场，市场因货币得以运行，货币的作用通过市场得到充分的发挥，于是就诞生了营销，因此营销就是为社会提供一个获得需求的最便利最快捷的平台。人们要在茫茫人海中找到自己的终身伴侣，怎么办？找婚介。在快节奏的紧张工作生活中要购买物品，怎么办？去网购。在生与死的痛楚中寄托和释放自己的情感，怎么办？找专业的服务机构。所以殡葬业的营销：第一，必须建立具有安贤园经营特色的稳定的、完整的、成熟的营销网络、服务体系、管理机制。第二,必须建立一支能为目标客户接纳,深入走进社会,代表安贤园品质形象的团队。第三,必须根据市场特性精心构建一整套运作机制,使安贤园的文化特质准确地向社会传递。这就是殡葬产业的营销模式。模糊是企业经营的大忌,营销法则之四:营销不是靠制度来保证,而是依靠激情、责任和决心。

我们每一个营销人员实际上都是市场的管理者和经营者,我们只有把自己放在这样的高度,才能胜任这份工作。企业的经营者是社会的客户,企业的员工是经营者的客户,市场是营销员的客户。因此营销员应该为客户服务(营销),老板为员工服务(激励),市场为企业服务(效益),由此形成一条现代市场的良性发展的可持续不断的服务链,这就是现代营销的运作模式。

如何管理和经营市场?实际上和经营企业、经营人生、教育学生一样,首先要扮演好三个角色,即导师的角色、朋友的角色、家长的角色。导师的角色就要做到看得比顾客远,站得比顾客高,做得比顾客更专业,顾客没想到的你要先做到,使顾客产生信服感。朋友的角色就要做到与顾客心灵相通,为顾客切身利益着想,站在客户的角度,比客户想得更仔细,做得更温馨,使客户产生信任感。家长的角色就是处处以身作则,事事冷静思考,时时关怀备至,在客户心中树立榜样,使客户产生依赖感。营销法则之五:营销通过寻找客户、培养客户才能拥有客户。也就是在客户中建立信誉度、知名度、追随度和忠诚度。因此殡葬业的营销是一项社会性、文化性的大营销,殡葬服务的营销员是殡葬政策和国家殡葬发展的宣传人员,是纪念文化和殡葬知识的专业人员,是生命关怀和感情疏导的服务人员,是企业品牌形象的传播人员。

2011 年 8 月

三　陵阙烟雨

造怀雅润

ZAO HUAI YA RUN

孤尘诗稿

祭秋瑾

幽林藏村稼,湖水卧云霞。孤山梅尤在,西泠出剑侠。

夜无眠

缘起本见性,万物任衰兴。入尘独扬清,随风踏歌行。

秋瑾墓前

万松古道道,青山碧水流。鉴湖出巾帼,不让须眉羞。

湖畔有感

天地本无心,飞叶随我行。花开情为先,相知落日停。

赞朱馥生师

笔尽西湖韵,学识著超群。松老枝更劲,独傲众草逊。

赠诸毓

幼染书香气,淡芳藏深幽。常与笔墨舞,新春墨长流。

夜月思

庭前听蝉鸣,月下花前吟。中秋对酒眠,醒来见霜影。

无　题

野渡寻无径,轻岚云绕襟。梅兰笑松竹,花醉不看岭。

赠周沧米

墨含西湖韵,笔出雁荡峻。万象汇心源,造化何处寻。

游泰顺

路回云深沉,山高鸟绝声。泉澈心见禅,廊桥渡众身。

赞潘飞轮师

墨凝高山水,笔沉精气神。识得五色纯,万宗归太真。

林中行

万物皆缘起,山川性本空。林中独行客,不与尔争锋。

中秋抒怀

山空夜自宁,江影怡清平。尘埃本无意,天心月自明。

南无寺偶遇活佛

溜溜跑马山,凌波踏云端。不见嫦娥舞,欣遇活佛丹。

春色如花

春雨三月三,风光尽斑斓。此时最相思,无语述衷肠。

端午节有感一

屈子何修远,江畔吟离骚。囊中藏风骨,碗底见浪涛。

端午有感二

屈原已作古,复有何人在?山河非旧颜,过眼云烟载。

无题

佐我喜临风,更待细雨稠。凭栏望春水,好酒入梦收。

雨中行

山隐烟雨后,雾沉江影愁。往来游人稀,河畔露新柳。

静夜独坐

岩上一枯草,随风乱飞摇。根系泉石间,独获山川照。虽历冰雪摧,无意春来早。梦觉霜晨远,天涯何时了。

南京游之二

苍茫钟山雨,寂寞灵谷风。王谢门前客,夫子庙中书。秦淮歌舞醉,乌衣巷子空。闻涛燕子矶,濯石大江东。

午后小区散步有感

浮云遮远日,晚春月似钗。小园鸟对语,茶清忙亦闲。一泓碧水静,幽馥幻境来。窗外风雨声,一夜花感慨。

女儿在美学习,生日祝诗一首

两地瀛水间,相邀月同圆。长夜思如絮,书香情在天。西子烟岚远,女神望海巅。何日归乡切,鬓白似雪填。

读陈建一诗作赋诗一首

此山云雾中,似曾住神仙。青藤缠老树,泉映怪石涧。林深鸟语近,烟遮群峰远。能得一叶栖,管它是何年。

秋　思

湖畔柳欲眠,落叶几时回。亭台空留客,残卷已成灰。草虫低沉吟,绿荫随波垂。倦鸟追云急,风雨伴人归。

无　题

人生几个秋,世事尽由缘。饮马闽江东,飞驰随心远。酒肉似流水,功名落尘烟。不教青山负,灯下可耕田。

知　秋

霜天晓露寒,临水倚轩栏。望月知岁远,听风可解禅。残荷怜孤雁,红叶醉无言。小楼思故人,满眼尽阑珊。

无　题

五月清晨,从钱江闲步九溪山径,气清境幽,兴致所发,遂诗一首:

晨曦照碧微,满眼尽绿垂。气静心意爽,开天放初晖。清泉过九溪,茶园叠翠翡。江南怡蒲月,能作笠翁醉。

忆往昔

往事虽如烟,风光依旧在。繁华尽尘土,飞泪早成苔。常被桑林染,心涤云天外。孤影渐行远,残阳卧沧海。

静夜思

浊浪摧残壁,黑云压城低。人言虎狼狠,放眼鬼魅啼。谁识寸草心,难还三秋衣。合十思慎独,能得四谛齐。

播州行

天地乃我祖,灵系山川哺。鸟惊峰石咽,猿醉松涛舞。赤水映丹霞,飞瀑伴归途。茫茫林海间,采薇云深处。

西域行

大漠望长烟,黄沙卷狐禅。夜深听冷箭,汗血马备鞍。雪舞冰河碎,吹箫上天山。孤灯照千年,梦回酒已寒。

纪念诸乐三

软毫轻抹金石裂,画印诗书当世绝。信手飞花皆神韵,先师得意一人杰。

凤凰行

苗山绿水绕边城,吊脚楼前歌声沉。男儿提剑祭谁血?听涛投笔问从文。

赠吴永良

气沉笔韵浓似酒,墨如飞泻贯春秋。纸上师生存笑语,当数吴门最风流。

赠孔仲起

笔藏千钧托巨浪,家有盛德天地长。胸无险径容万物,遍游山海画道张。

纪念吴寅

苏堤春晓鸟知音,醉吟回盼断桥影。青峦碧水傲冬雪,西霞长伴故人行。

潘韵 100 周年诞辰

铁骨丹心见真情，风雨归舟闻墨馨。阅尽险滩成大河，甚叹后人不识今。

祭父诗

风雨凄凄浇心愁，满目青山似泪流。举案焚香灵前拜，深情尽作杯中酒。

送父行

惊蛰一声破天晓，欲哭无泪情未了。留得本性真如竹，叩首扶梯上云霄。

新　年

冰天霜寒乾坤清，老梅玉洁绽红芯。虎啸振起精气神，奋笔书就满园馨。

赠诸旻

三十二载卧幽林，静观八荒心自宁。而今画坛群雄起，一声长啸盖世新。

寄语李霜

沧桑如海世事颠，天有阴晴月缺圆。幽谷险径崎岖路，回首山河在心田。

从西湖到钱塘

夏日荷花艳如虹，年年桂酒满觉陇。六和钟声推巨浪，三江水打富春东。

为女儿生日诗

天地和合一化功,机缘自与磨砺同。二十四载风雨路,一枝独傲霜雪浓。

赞宾虹

三更灯火五更鸡,催我先师奈何急? 画笔破蛹已化蝶,留得仙迹世界惊。

壬辰年新春祝诗

天地轮回各西东,苍茫岁月独望空。寒冬春发知新意,不吝经年磨一功。

中秋感怀

月色朦胧花弄影,山青水静鸟丁零。把酒问天歌一曲,楼外秋风报佳音。

癸巳年新春祝诗

寒天踏雪一望新,笑傲山林画中行。把酒问君应无恙,窗外柳枝又见青。

和老梅墨生师

老梅傲雪道中行,画书诗见满座惊。踏破青山仰天笑,敢问先师何计名。

迎陈招娣归故园

西子碧水育巾帼,体坛矫健众人托。飒爽人生青史照,满目清明拜君廓。

悼孙晓泉先生

西泠艺兴首一功,文章翰墨与日同。岁月沧桑存傲骨,碧水长留先生踵。

苍南游

岫岩深处身无影,云蒸雾锁桃花岭。澄怀问道农家舍,楠溪江畔看青林。

南京游之一

南京城外荒草深,王公贵胄尽土尘。昨夜红楼十二钗,秦淮河边长袖焚。

重游玉泉竹林

杭城盛夏热浪喧,修竹一片世外园。清流和风知凉意,石上听泉忆从前。

读潘子龙微信,随意占诗一首

人生处处皆学问,对错只在一念间。从容淡定知进退,不待口舌后昆闲。

湘湖随想

秋雨惆怅云山远,水天一色雁声降。风月无霜孤芳影,湖畔寂静自潇湘。

无 题

晨曦初露水朦胧,莺飞草长吟小虫。抛却风尘随云去,留待西湖寄家中。

小园闲吟

偷得浮生半日闲，独坐幽境小洞天。村山云烟紫竹曳，秋叶尽染太湖边。

悯 秋

秋水无波月无影，一叶孤舟霜见寒。昨夜风雨花零落，满坡凄迷桂子还。

宛如春

岁月悠悠似水流，翠鸟吟唱碧微丛。莫道西风霜已寒，青山与我春意浓。

雁荡秋色

翠满岫岩意朦胧，天机巧夺一画功。山野深径人无影，何处芦荡寻雁踪。

冬行普陀

草木皆黄极目舒，合十方见一寸土。苦海行舟寻无路，痴心不改似当初。

新年登高

嬉笑人生尽风流，洗去尘埃何所求。欲上南山知路远，一任浊浪伴我游。

咏 梅

云山萧瑟霜满松，鸦雀无声月朦胧。残叶冷对风尘冽，一剪清幽笑春冬。

四　造怀雅润

| 299 |

湘湖晚冬

残枝枯叶醉黄昏，斜阳冷影气萧沧。清风伴月飞鸿远，袅袅炊烟绕野村。

玉兰吟

凄雨不碍春意浓，枯枝铁骨笑丛中。兰馨玉洁来如故，功名随云过眼空。

春来晚

冷雨凄凄梦轩阑，寒风切切归心晚。柳丝拂动花间客，春光已近三月三。

阅芳华

春风向晚归来迟，众芳争艳为谁痴。世事冷暖周而始，繁华尽付碧水西。

送 灵

青山传歌燕声啼，翠谷情深凤鸟栖。烟霞随风云天落，一泓春水化作泥。

山野行

常在山中不厌尘，粉黛尽施只待春。天赋芳心呈甘露，懒与世人争作臣。

湘湖吟

渚岸绿萝花欲醉，伍公山下听流水。不恨春色已随风，笑看仙人嫣然睡。

寻仙踪

　　孤芳莲影照紫烟，菩提问泉月自圆。花落无意人远去，流水有心送春晚。

临江怀吟

　　荒草不知世上忧，难见帆影立潮头。繁花春景空如梦，一抹清幽解千愁。

夏荷吟

　　芸仙吐艳红尘外，不与众芳争玉台。婆娑只待梵音起，含英露华沐晨霭。

闲　步

　　林秀气幽自天成，情到深处润无声。五色渲染层叠翠，疑是来年又一春。

西湖画舫与梅墨生雅聚

　　西湖初冬冽冰凇，满山披黄迎客中。画舫频传笑语声，南北煮酒论艺浓。梅公妙解和氏璧，杨老太极祝远朋。宾虹绝学今安在，自有从容行道弘。

寒冬春意

　　幽居三江钓霜寒，林下问道望天干。桃源品茗忘尘埃，青灯伴月照轩阑。石上听泉会禅意，笔下追风续前缘。渐忘山外秦与汉，我与梅花共缠绵。

贺新年

春暖不觉数九寒，家家门口闹新年。雾里观花水中月，功名是故过云烟。闲坐三江听涛醉，卧游山川心地宽。英雄寂寞剑抚琴，笑指千帆竞调侃。

游川西途中

远离喧嚣洗尘埃，走进深壑见天崇。青城山中寻秦月，都江堰边望汉樯。梦闻宾虹说太极，心中画意纸上雄。少时记忆今安在，满城尽在麻辣中。

悼孔仲起师

惊闻吾师已往西，痛失案前语禅机。画中墨流山水印，书上笔写神气精。钱江潮涌飞天坠，六和隔岸听钟吟。此生无缘再受尊，来世登台拜涕零。

除夕感怀

独行山林傲霜天，心中无剑高胜寒。浮云匆匆流水过，大河悠悠尽华年。石上抚泉见丹青，岭下听风意弄弦。月影雪舞书卷气，煮酒一壶笑世间。

同学相会

四十年前逞英豪，少华不畏虎狼豹。刀客有义剑无情，幼时同袍相见陶。往事如烟尘与土，锋芒化作笔墨潮。甘陪鼠辈同为伍，只寻东篱归来老。

无 题

惊闻杨公成寅先生仙逝，不胜悲痛，以诗感怀：

九里松柏涛声泣,南山柳垂鸟悲哀。湖畔真言犹绕耳,吾师已作飞鸿来。寂寞人生笔如炬,著述精绝筑云台。万籁俱静皈太极,每忆恩泽夜常怀。

重游西湖

夜沉鸟啼忆西湖,晨曦朦胧影从容。苏堤客流峰潮涌,退避三舍返家中。西子已非旧时景,常住临安也不同。闲坐家中笑晚霞,钱塘江水流向东。

道归夕阳中

秋水已逝波澜静,斜阳夕照孤山影。隔岸枫叶红胜火,湖上飞鸿云天寂。笔下丹青踌躇意,砚边残卷古道情。枯荷虽寒馥香在,抱朴太虚紫烟凝。

九梅闹春

霜晨露薇行人早,浮香数枝任逍遥。傲骨不惧冰寒峭,淡妆无语胜天骄。骚客远去笛声缈,低首含滢回眸笑。清风难觅芳心醉,九梅闹春美舜尧。

莫干山寄情

峰峦苍郁云天开,灿然一片忘尘埃。闲寄农家溪山外,欲上昆仑寻虎豺。剑气无影笑阴霾,清风有意叹沧海。岁月留痕传墨韵,几度春秋待重来。

春意抒怀

独向小径问新苔,望断天涯云自在。菩提无意弄玄机,莲心有缘化尘埃。满池嫣红付春水,遍地飞花度沧海。含苞欲萃半遮面,幽谷留馨待谁来。

晚间闲吟

云漱霞辉如梦长，江水犹记弄潮朗。小桥痴心悲流觞，大漠孤烟望天罡。椰树听风叙沧桑，田野盼君哭殿堂。谁言它山无仙草，敢赴崖台问关张。

期　归

霜晨露稀千里路，一叶春秋万卷书。月下抚琴伴虫吟，岭上吹箫忆巴蜀。常伴寒水钓清波，任凭雪花漫天舞。世间可有闲林居，只在云山不远处。

秋声远

绿荫葱茏遮小楼，满目风光尽可收。庭前观花思菱藕，池畔羡鱼任自由。习习修竹和乐奏，啾啾翠鸟立枝头。秋风未必真萧瑟，只因心远渐离愁。

朝中措·留宿大明山农家

空山寂寥临秋风，清晨影照松。晚霞挥洒田舍，苍茫几多哀鸿。白絮飘零，荒草低吟，思意万蛊。花前蝶舞依旧，来岁待做蓑翁。

少年游

山林落寞寄秋风，湖淼起烟波。草垂花歇，荒野暗渡，雨打霜叶红。斜阳重影忆往昔，转眼已成空。不恨当初，铁马冰河，沧浪情更浓。

阮郎归·中秋感怀

雨打风荷云似初，零落残叶浮。一轮明月几回疏，秋水无人渡。生是客,远行孤,杯酒对饮舒。梦芦待霜心千结,更有多情抚。

苏幕遮

秋叶摇,烟岚缈。草木依依,霜落知天晓。梦忆当年人最俏。素妆妖娆,窗外相思鸟。夜漫漫,长守望。雨打芭蕉,却待白头老。三十冬春风月早。遍地重阳,行在云山角。

点绛唇

同学少年,轻狂不知江湖魅。剑气惊鸿,刀舔黄沙垒。霜晨无泪,晓月碧天寒。听流水,秋叶枯深,风卷残云碎。

采桑子

残雪凄雨风吹尽,月影天丝。心画如痴,梦里依冀望新枝。山隐云寂倦鸟栖,烟霞恣意。藏珠含玑,却有暗香凭人寄。

诉衷情

春山一色挽斜阳,烟岚更苍茫。芳草含珠笛声长,昨夜花已黄。鸟低语,柳轻扬,望天琅。烛光重影,思绪难尽,唯见海棠。

浪淘沙

绿草思故园,月隐西山,小虫低语落窗前。嫣然一笑看桑田,回望千年。

清风推浪远,天色渐晚,倦鸟归巢话平安。刀锋未卷心已寒,把酒阑珊。

朝中措

晓山难度烟雨浓,王侯留几冢?塞上阡陌葱幽,黄河浪接天穹。荒野流沙,人在途中,烈酒弯弓。热血不待年少,策马贺兰山东。

如梦令

酷暑难消雨注,山高客远知秋。野风肆水流,问酒可了心愁。踌躇,踌躇,未凉偶遇牵牛。

浪淘沙·圆明园有感

金碧落长虹,烟轻柳淞,歌舞琴瑟喧舻琮。达虏不识上林赋,饮血刀弓。

海上舰炮轰,深宫春梦,一睡百年烽火浓。残垣无泪荒草枯,夜雨凄风。

浪淘沙

昨夜雨正浓,石榴珠红,一壶浊酒意朦胧。尘土未扬剑巳残,缥缈秋风。

龙门望远空,凤栖梧桐,南诏国中听晚钟。西山弦月晓露寒,蝉鸣苍松。

南乡子

日暮人欲醉,不见少年门外催。楼兰古堡琴瑟抚,问谁? 大雁低头紧相随。

月明风声远,瑶池能洗旧时颜。千里为寻香妃墓,挥鞭。魂萦梦萦忆从前。

又重逢

缠绵不觉秋意浓,几度重阳又重逢。湖畔垂柳疏卷袖,露染胭脂隔夜红。清溪由心对鸟歌,小院坐隐论英雄。拂尘可忘窗外事,一墙斑斓与天通。

望西风

老树不惧西北风,懒与众生竞邀宠。痴情难寻画外功,狷介无事笑隆冬。湖畔疏柳舞夜空,山中月隐诗更浓。莫道小园秋水静,一叶飞落半山红。

冬 色

霜遮雾锁江心寒,不见野岭鸣秋蝉。枯叶和风起蹁跹,疏藤无语挂窗前。山隐古寺钟声远,浓情淡墨写村烟。孤鹜高飞云天寂,五色散尽露真颜。

冬至感怀

灯下难眠不思量,欲盼天明夜更长。一山遮日如隔世,半江垂影半江寒。荒草含泪情切切,残花飘零胜椒兰。莫道美景似流水,霜染枫林祭神坛。

忆雪寻梅

寂静寒山空传声,数点清幽不世争。冰心玉骨傲霜雪,半遮冷眼看红尘。客随风舞云追月,一枝独俏暗香沉。欲盼群芳姗姗迟,再寻仙踪已无门。

苏幕遮

路行远,峰叠翠,孤舟独立,逍遥云中对。遍地黄叶残花坠。秋风干裂,早把功名废。

人未老,心已碎,寒山窈窈,倦鸟枯枝睡。尘烟散尽却无泪。江天一色,小径荒草颓。

踏莎行

荒草飞烟,流水枯叶。青山难付不尽夜。麓台不见敬香人,悲歌一曲心更切。

　　风急云乱，霜寒徐来。数枝冷梅悄然在。愿借扁舟行天涯，笑看蝼蚁浮沧海。

一剪梅

　　山涧碧水向东流，梦遗清溪，斜阳似酒。此生能得几回醉，满腹诗意，月影弯钩。

　　轻歌一曲众草攸，剑气随风，指点春秋。白发难改旧时颜，不羡王侯，忘却忧愁。

跋

　　小时候，每当夏日的夜晚降临，饭后总是一家人围在一起听着大人讲故事，以为传说就是这个世界的所有，抬头仰望繁星皓月，不时有流星划过，幻想也随着无垠的星河开始在心中萌动。学生时代，从科普读物和同学们相互炫耀的从长辈们那里偷来的一鳞半爪的知识中，开始认识了自然的奥妙。从大量红色题材的书籍中获取了对历史探究的欲望，从文学名著中点燃了心灵的火炬，从一幅幅名画中感知了审美的情趣，让我在梦想与理想的交织中度过了理想岁月。但是当我满怀激情地走出大学校门，踏入社会，才知世界的纷杂远超出我的想象，于是在困惑中冥想，在冥想中思索，并在一路荆棘中慢慢地走过人生，当年的意气和纯粹早已不在，留下的只有依稀残存于心中的童年时的梦想，以及流淌在血液中的叛逆。

　　阅尽繁花秋叶，读览残书破卷，行在山川桑田，迈过人生坎坷，无非沧海一笑，独自走来，又独自走去。想做自己，不知何为自己，欲行天下，不知天在何方，只有这片土地与根植于此的灵魂还在。所以恣意戏谑，诚如人生游戏，唯不可游戏自己，故埋首翰籍，为文立诚，以修心志。世事变幻，雾里看花，我们总是在自我感觉中存在，所以学会思考才知道世界的本原，学会理智才能明辨是与非，学会取舍才能找到归家的路。有些事，过去了就让它过去，因为往事早已烟消云散；有些人，离开了就让他离开，因为人生本就是擦肩而过。该记住的不会忘记，该忘记的不必留下记忆，有时善忘不失为一种生活的简单。不变的是依然湍急的溪流和恍如陌生人的自己，以及从山间不时吹过的晓风。

　　当我们面对曾经的生命，无论平凡富贵，终究黄土一抔，青烟一缕，以及墨迹数行和断碑一面。因为来到这个世界就在寻找各自的归途，人生就是在归途中行走，并由此演绎出一个个故事。我们翻过一座山，前面未必就是平川，可能又是一座山。我们跨过一片海，前方未必就是彼岸，可能又是一片海。所以不要急着赶路,有时停下来,身边风月无限。悠闲地旁观匆匆过客,品味一花一草,也是一种生活的态度。在我的心中一直有座圣山,我的人生就是走在通往圣山的路上。因为我坚信终有一天会走到,所以并不急着赶路,一路随意成文,虽不成章,亦积少成多。世事多变,心灵不变,其实人生就是一本书,或许是一本永远也写不完的书。不管你写了多少文章,或者出了多少书,只有一本才是你的真实写照。我们一生都在寻找自己心灵的归宿,走过千山万水,蓦然回首,家却在你的身后那不远的田野。故有诗一首曰:

> 霜晨露晞千里路,一叶春秋万卷书。
> 月下抚琴伴虫吟,岭上吹箫忆巴蜀。
> 长临寒水钓清波,任凭雪花漫天舞。
> 世间难寻闲林居,只在云山不远处。

书名也是随意摘取,名之曰"云山不远处"。云在天边飘动,山在云中隐现,我就在山的深幽之处,享受那一份醉人的寂寞和畅意的孤独。

在本书出版过程中,我衷心地感谢我的老师,浙江大学历史系的杨树标先生。杨先生在耄耋体弱之年,仍然不辞辛劳地提携名不见经传的后辈,并为本书撰序,其师表风范令我辈敬仰。我于艺事少时情有独钟,然机缘不至,无缘发慧。所以至今得闲暇赏阅,走进其中,偶有心得,实赖诸多良师益友指教,尤获吾师中国美院教授马其宽先生循循教导,渐悟鳞爪而入化境。马师早年得潘天寿、吴茀之、诸乐三、陆抑非亲授,其为人敦厚,艺学精湛,乃当代中国大写意花鸟画之执牛耳者。今生有缘,与交甚笃,如沐春风,意气相投,堪为师友,其为本书题写书名,当为笔墨至情于纸上矣。同时亦感谢给我创造平台的我国生命服务上市第一股的安贤园中国董事长施华先生,在我工作中给予充分信任的施俊总裁,一路艰难中给予关照的浙江安贤园常务副总陈金娟女士,以及与我一起工作至今的同事们。

余致力于生命文化而略有心得,乃日积月累所致,有赖于家人多年来不遗余力的支持,心存惠念而忧此生不足报也!

李 钢

2017 年 10 月